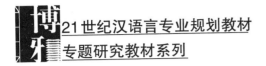

现代实用汉语修辞

（第三版）

李庆荣　编著　　卢燕丽　修订

图书在版编目(CIP)数据

现代实用汉语修辞/李庆荣编著；卢燕丽修订. —3版. —北京：北京大学出版社，2020.8
21世纪汉语言专业规划教材·专题研究教材系列
ISBN 978-7-301-31478-4

Ⅰ.①现… Ⅱ.①李…②卢… Ⅲ.①现代汉语—修辞学—高等学校—教材 Ⅳ.①H15

中国版本图书馆CIP数据核字(2020)第134900号

书 名	现代实用汉语修辞（第三版）
	XIANDAI SHIYONG HANYU XIUCI（DI-SAN BAN）
著作责任者	李庆荣 编著 卢燕丽 修订
责任编辑	唐娟华
标准书号	ISBN 978-7-301-31478-4
出版发行	北京大学出版社
地 址	北京市海淀区成府路205号 100871
网 址	http://www.pup.cn 新浪微博：@北京大学出版社
电子信箱	zpup@pup.pku.edu.cn
电 话	邮购部 010-62752015 发行部 010-62750672
	编辑部 010-62767349
印 刷 者	大厂回族自治县彩虹印刷有限公司
经 销 者	新华书店
	650毫米×980毫米 16开本 19.25印张 281千字
	2002年12月第1版 2010年9月第2版
	2020年8月第3版 2024年2月第5次印刷
定 价	49.00元

未经许可，不得以任何方式复制或抄袭本书之部分或全部内容。
版权所有，侵权必究
举报电话：010-62752024 电子信箱：fd@pup.pku.edu.cn
图书如有印装质量问题，请与出版部联系，电话：010-62756370

第三版修订说明

2009年4月,李庆荣老师委托我对本书进行修订,2010年2月修订完成。时至今日,作为李老师的委托人,我觉得有必要进行再次修订,以补充前次修订所未及完成的内容;并借此机会,深深地感谢李老师对我的完全信任,感谢李老师给了我这样一个学习的机会。

此次修订,除增删、修改了一些例句外,还在仿词部分补充了一些内容,并增加了"模糊"修辞一节。关于增加这一节的想法,在李老师生前,我曾征求过他的意见,先生认为可做。我思考并准备了多年,方敢动笔,今以此告慰老师。

本书的修订与再版,先后得到北京大学出版社沈浦娜、杜若明、邓晓霞三位主任和责任编辑刘正、唐娟华的信任、鼓励和支持,我非常感谢他们。

此外,在做学问和修订此书的过程中,我也一直得到毕文波教授(北大中文系老前辈、著名语言学家、我国普通语言学的开拓者和奠基人岑麒祥先生的研究生)的鼓励,有些想法我常常在获得他的首肯之后才敢落实到笔上。借此书第三版之际,我也对他表示衷心的感谢。

卢燕丽

2020年6月12日

修订说明

2009年4月,我受李庆荣老师委托,对本书进行修订,时间持续了将近一年。修订工作主要包括:删改并增补了一些例句;对原书的若干表述做了改动或补充。不妥之处,敬请指正。

卢燕丽
2010年2月22日

前　　言

　　修辞是现代汉语重要的组成部分。本教材编写的目的是为了使学生通过学习，了解和掌握汉语修辞的基本知识，提高语言文字的运用能力和汉语修辞的鉴赏能力，并为以后的学习和研究打下较为坚实的基础。

　　教材编写时力求做到以下几点：

　　第一，讲求实用。本教材不重于修辞理论的学术性探讨，主要从人们言语交际的实际需要和修辞实践中存在的问题出发，有针对性地讲述有关内容。在介绍修辞的手段、方法时，力求突出其修辞作用，加强范例的分析，并指出一些常见的易犯的错误，以引起注意。

　　第二，突出当前社会生活的修辞实践。"五四运动"以来优秀的文学作品和其他各类范文都是我们研究、学习的内容，而当前社会生活中的修辞实践更为丰富多彩，更应该予以重视。报刊、电视、广播以及其他方方面面的语言运用都纳入了我们的视野，加以分析介绍，力求使教材具有时代感、新鲜感。

　　第三，注意内容少而精。汉语修辞的研究领域十分广阔，本教材只是重点介绍了词语的锤炼、句式的选择和修辞格的运用。语言的声音美问题十分重要，但往往为人们所忽视，所以专门列有一章，介绍有关内容。以上这些都是语言表达中基本的东西，和人们言语交际的关系最为密切。

　　修辞是一种创造性活动，言语交际素养的提高是一个长期的过程，有待于自己不断地学习和实践，本教材只是在这方面提供一些帮助。

　　教材编写过程中承蒙姚殿芳教授亲切指导，胡双宝编审热忱帮助，谨致诚挚的谢意。

　　限于水平，教材中一定存在错误、疏漏之处，衷心地欢迎批评指正。

李庆荣
2002 年 9 月
于北京大学畅春园

目 录

第一章 概说 ··· 1
- 第一节 一门源远流长的学科 ··· 1
- 第二节 修辞的性质 ··· 3
- 第三节 社会生活需要修辞知识 ··· 9
- 第四节 修辞与语境 ··· 15
- 第五节 修辞是一种创造性活动 ··· 22
- 第六节 修辞主体的修养 ··· 26
- 第七节 在社会的大课堂里学习修辞 ··· 32
- 思考与练习一 ··· 39

第二章 词语的锤炼 ··· 41
- 第一节 词语锤炼的基本要求 ··· 42
- 第二节 词语锤炼与运用的几种方法 ··· 61
- 思考与练习二 ··· 77
- 第三节 成语和成语的活用 ··· 78
- 思考与练习三 ··· 98

第三章 句式的选择 ··· 100
- 第一节 整句和散句 ··· 100
- 第二节 短句和长句 ··· 114
- 第三节 肯定句和否定句 ··· 128
- 思考与练习四 ··· 133
- 第四节 设问句和反问句 ··· 134
- 第五节 口语句和书面语句 ··· 148
- 第六节 顺装句和倒装句 ··· 156
- 思考与练习五 ··· 164

第四章　语言的声音美 …………………………………… 166
   第一节　要讲究语音修辞 ………………………………… 166
   第二节　双音节化 ………………………………………… 167
   第三节　音节的协调 ……………………………………… 170
   第四节　几个多音节语音段落 …………………………… 175
   第五节　押韵 ……………………………………………… 184
   第六节　平仄的安排 ……………………………………… 188
   第七节　双声叠韵和叠音 ………………………………… 191
   思考与练习六 ……………………………………………… 200

第五章　修辞格的运用 …………………………………… 202
   第一节　比喻 ……………………………………………… 203
   第二节　借代 ……………………………………………… 220
   第三节　比拟 ……………………………………………… 228
   第四节　夸张 ……………………………………………… 238
   第五节　双关 ……………………………………………… 248
   思考与练习七 ……………………………………………… 252
   第六节　仿词 ……………………………………………… 254
   第七节　顶真 ……………………………………………… 260
   第八节　拈连 ……………………………………………… 267
   第九节　回文 ……………………………………………… 271
   第十节　引用 ……………………………………………… 278
   第十一节　模糊 …………………………………………… 288
   思考与练习八 ……………………………………………… 299

第一章 概　说

第一节　一门源远流长的学科

我国修辞学的研究源远流长,早在先秦两汉,古人就已经注意到了修辞现象,提出了自己的见解。孔子是儒家学派的始创者,他主张"辞达而已矣"(《论语·卫灵公》),强调语言要确切地表达思想感情。又说:"言之无文,行而不远。"(《左传·襄公二十五年》)认为言辞如果缺乏文采,就不会广为流传。"辞达"与"言文"的结合是孔子修辞学说的重要内容。他的论述在中国修辞学史上具有开创性。

"修"和"辞"的连用,最早见于《易·乾卦·文言》:"君子进德修业。忠信,所以进德也;修辞立其诚,所以居业也。"历代学者对此有种种解说,今人周振甫认为:"修辞指修治文教,文教指文化教育,这里也包括文辞在内。因此,这里的'修辞'既不同于我们讲的'修辞',它的范围所指更广,但也包括我们讲的'修辞'在内,所以并不妨碍用它来指修饰文辞。"(《中国修辞学史》)这一分析应该说是比较符合原意的。

先秦诸子论及修辞的不少,但多为分散的言论。两汉时期出现了一些比较深入的研究,但往往也是和哲学思想、政治经济、历史文化以及文学艺术的论述结合在一起的,还没有有关修辞的专门论著。先秦两汉在我国修辞学史上可以称作萌芽时期,它对后代修辞理论的发展起到了开创、引导的作用。

魏晋南北朝历时三百多年,文学创作有了重大发展,文学批评也十分活跃。这些都推动了与之关系密切的修辞理论的探讨。西晋陆机的《文赋》是一部对后世有很大影响的文学理论专著,其中对修辞的方法、技巧也有较多的论述。它强调创新:"谢朝华于已披,启夕秀于未振。"主张排除用滥的命意和文辞,就像丢弃已经枯萎的晨花;开拓前人没有运用的命意和文辞,就像振发没有开放的晚蕾。《文赋》把文章分为十种文体,并分别指出其风格特点,所论都很有见地。

南朝刘勰的《文心雕龙》是我国丰富的文学创作经验的理论总结,对修辞也有精深的阐述。它主张内容和形式的结合,认为一篇文章"必以情志为神明,事义为骨髓,辞采为肌肤,宫商为声气",在强调情感志趣、思想内容的同时,提出还必须有优美的文辞和动听的声律。该论著对文体和风格进行了细致的分析,对文章的词句、篇章结构和辞格等,也都有独到的见解。《文心雕龙》在我国修辞学史上具有重要的地位。

唐代刘知几的《史通》,是我国最早的一部史学理论著作,书中谈论修辞的地方很多。他从史传文体的特点出发,主张"言必近真",用今语记事;提出"拨浮华,采真实",反对雕章琢句;倡导"文约而事丰",以简要为工。这些对后世都有一定影响。

宋代陈骙的《文则》是第一部专门论述修辞的著作,它的出现在中国修辞学史上具有里程碑意义。该书涉及的修辞研究范围较广,包括文体与修辞、语法与修辞、消极修辞、辞格、风格等。他强调词语的运用要注意语境,并引述了前人的一个生动比方:麂子在颡则好,在颡则丑。说得有道理啊。陈骙还深入地研究了辞格比喻,分作十类,虽然有点烦琐,但有一定的参考价值。

宋代还出现了以欧阳修的《六一诗话》为代表的论说修辞的新著作样式,在他的影响之下,其后的金、辽、元、明时代的那些诗话、词话、曲话、小说话、传奇话等,对汉语修辞进行了更广泛、更深入的研究,标志着汉语修辞学渐渐步入了成熟时期。

清代是我国传统修辞学的丰收期。在修辞学理论的研究和资料的整理汇编方面,都取得了丰硕的成果。如李渔的《闲情偶寄》、刘青芝的《续锦机》、章学诚的《文史通义》等。尤其是中国传统修辞学的殿军刘熙载在《艺概》中较具总结性的研究,使清代成为汉语修辞学研究承前启后的一代。

此外,在几千年悠久的历史文化长河中,在古代卷帙浩繁的解经、文论以及其他著作里,还有大量分散的修辞论述,这些都是极其珍贵的文化遗产,有待人们进一步研究。

进入20世纪以来,汉语修辞学研究开始了一个新的历史阶段。在西方和日本修辞学的影响下,一些修辞学论著,如唐钺的《修辞格》、龙伯纯的《文字发凡·修辞》等相继问世。1932年陈望道《修辞学发凡》的出版,标志着现代修辞学的建立。全书共分十二篇,包括引言、说语辞的梗概、修辞的两大分野、消极修辞、积极修辞、修辞现象的变化和统一、语文的体式、结语等。书中提出消极修辞应该做到意义明确,伦次通顺,词句平匀,安排稳密,将积极修辞分为辞格和辞趣,把辞格共归纳为三十八种。该书创立了我国第一个科学而完备的修辞学体系,成为修辞学史上的一个高峰。

中华人民共和国成立后,汉语修辞学进入了一个新的发展时期。1951年6月6日《人民日报》发表社论《正确地使用祖国的语言,为语言的纯洁和健康而斗争!》,其中指出:"只有学会语法、修辞和逻辑,才能使思想成为有条理的和可以理解的东西。"与此同时,《人民日报》连续刊载了吕叔湘、朱德熙的《语法修辞讲话》。该书共六讲,包括语法的基本知识、词汇、虚字、结构、表达、标点。该书紧密联系语言运用的实际,因而受到社会各界尤其是文字工作者的欢迎,社会上出现了一个群众性的学习语法修辞的热潮。此后,又陆续出版了一些修辞学的论著和通俗读物。其中1953年出版的张瓌一(张志公)的《修辞概要》和1962年出版的张弓的《现代汉语修辞学》,都各具特色。

1976年以后,汉语修辞学的研究出现了空前繁荣的新局面。实用汉语修辞仍为人们关注的重点。许多大学开设了有关课程,有关的教材和介绍修辞知识的书籍、杂志不少。除此以外,修辞格的讨论,篇章结构的研究也进一步深入。特别令人高兴的是,汉语修辞学的研究范围大大拓宽了。如修辞学理论,修辞学史,作家、作品的修辞艺术,修辞学与邻近学科的关系,国外修辞学研究评介等,都纳入了人们的视野。其中有的是过去研究薄弱之处,有的是前人所未涉及的领域。这些研究已经取得了一批可喜的成果。

展望未来,汉语修辞学必将进一步发展,迎来繁花似锦的春天!

第二节 修辞的性质

一、什么是修辞

修辞是依据题旨情境,运用各种表现手段、方法,提高语言表达效果的一种活动。而研究这种提高语言表达效果规律的科学就叫修辞学。

同样一个意思可以有不同的语言表达形式，是否讲求修辞，效果是大不一样的。现代京剧《智取威虎山》中，有一段杨子荣的唱词，原来是：

① 抒豪情寄壮志面对群山。愿红旗五洲四海齐招展，哪怕是火海刀山也扑上前。我恨不得急令飞雪化春水，迎来春天换人间！

1965年毛泽东同志看了演出以后，建议将最后一句的"春天"改为"春色"。"春天"仅仅表示时令、季节；而"春色"为春天的景色之意，会使人联想到万物复苏、生机勃勃的万千气象。而且"春色"既指自然界，又指人类社会，语意双关，大大丰富了词语的蕴含，真是一字之改，全篇增辉。

《没有共产党就没有新中国》这首歌，是著名的音乐家曹火星于1943年10月创作的，当时的歌词是：

② 没有共产党就没有中国。

1950年的一天，毛泽东在听了机要秘书叶子龙的小女儿唱了之后，微笑着对她说："中国已经有五千多年的历史，而中国共产党成立才几十年，怎么能说没有共产党就没有中国呢？我帮你加上一个'新'字，这首歌就叫'没有共产党就没有新中国'，你看好不好？"

这个修改得到了曹火星的认可。增加一个"新"字，把中国共产党的历史贡献、中国人民对中国共产党和对祖国的热爱、中国人民站起来后中国大地的新面貌唱出来了。

二、修辞与语言三要素

语言包括语音、词汇、语法三个要素。语音学、词汇学、语法学是分别以语言的有关内容为研究对象的。修辞学和这三者不同，它所研究的是如何根据语言各个要素的构成、特点、规律、规则等，来提高表达的效果。有时话语修辞手段的运用，跟对应的某一语言要素直接有关。例如语言的声音美和语音有关，词语的锤炼和词汇有关，句式的恰当运用和语法有关。有时话语修辞手段的运用，甚至会同时涉及以上几个方面。所以，我们要学好修辞，一定要学好语音、词汇、语法等有关知识，这样才有牢固的基础。世代相传、脍炙人口的北朝民歌《敕勒歌》就是一个范例：

③ 敕勒川，阴山下。
　　天似穹庐，笼盖四野。
　　天苍苍，野茫茫，
　　风吹草低见牛羊。

整首民歌都很美，这里重点分析一下最后一句。这一句是由三个分句构成的。"天苍苍"，是一个主谓句，它把人们的视线引向了高远深邃的苍穹，那里一片湛蓝；"野茫茫"，也是一个主谓句，它又把人们的视线引向了平坦空旷的草原，那里无边无际。上一个分句描写色彩，这一个分句描写空间。第三个分句"风吹草低见(xiàn，同'现')牛羊"，是一个紧缩句，包含三点意思："风吹""草低""见牛羊"。要是说前两句呈现在人们面前的画面是远景、全景，是静态景物，那这里则是近景、特写，是动态情状，显示了勃勃生机。前两个分句的"苍苍"和"茫茫"都是富于音乐性的叠音词，韵母均为"ang"，第三个分句的末字"羊"拼音为"yáng"，三个分句都押韵。顺便要指出的是，第三个分句中的"风吹""草低"都是主谓结构，按说最后的一点意思也应该说成"牛羊见"，但为了押韵，灵活地改成了述宾结构"见牛羊"。前两个分句三字一顿，第三个分句前两字之后也可稍作顿歇，末三字之前则为较长顿歇，成为：

④ 天苍苍 ‖ 野茫茫 ‖ 风吹 ‖ 草低 ‖ 见牛羊

即成为"3＋3＋2＋2＋3"的音节停顿，具有整齐而又有变化的节奏美。整个句子匀称和谐，悦耳动听。正是这样内容和形式的完美结合，才表现了大草原景色优美、牧草丰茂、牛羊肥壮的无限风光。

不只诗歌的修辞手段同时和语音、词汇、语法有关，非韵文文字也是如此。例如：

⑤ 五年前的花白的头发，即今已经全白，全不像四十上下的人；脸上瘦削不堪，黄中带黑，而且消尽了先前悲哀的神色，仿佛是木刻似的；只有那眼珠间或一轮，还可以表示她是一个活物。她一手提着一个竹篮，内中一个破碗，空的；一手拄着一支比她更长的竹竿，下端开了裂：她分明已经纯乎是一个乞丐了。

（鲁迅《祝福》）

这是五年以后"我"回到鲁镇时所见到的祥林嫂,是她生命最后时刻的一段肖像描写。"(而且)消尽了先前悲哀的神色",述语和宾语的搭配很不寻常,从字面上看,似乎是"淡忘"了先前的"悲哀",可联系下文"仿佛是木刻似的",人们才发现,作品讲的原来是人物已经"消尽"了正常人所具有的情感反应,变得呆滞麻木了。"只有那眼珠间或一轮",比说眼珠"一动不动"更使人感到恐怖。"还可以表示她是一个活物","还",有勉强义,表示和"死亡"临近了;不说"活人",而说"活物",表明人物已经失去了"人"所具有的生命活力。"内中一个破碗,空的",这样的意思人们很容易用一个句子来表述:"内中一个空(的)破碗",即将"空的"当作句子的一个成分。然而鲁迅独具匠心,将这一意思写作两个分句:"内中一个破碗""空的"(此为这一分句的谓语,主语为"破碗",承上省略),这样就大大地增加了它的分量。有如一个特写镜头,把"破碗"放大让人看,表明人物不仅已沦落行乞,而且连乞讨也很困难了,给人以震撼。"一手拄着一支比她更长的竹竿","拄着",表明人物已经虚弱不堪,举步艰难,需要依赖外物支撑身体的重量。"比她更长的竹竿",则更进一步地表明她的肉体和精神已经被损毁到既无力也无心去选择竹竿的地步。"下端开了裂",用法奇突。"开裂",一般视为联合型复合词,"开"和"裂"为同义语素。这里的意思人们常常会写成"下端开裂了"。作品与众不同,写成"下端开了裂","开",述语;"裂",宾语,表示缺口、缝隙。"开了裂"朗读时前二字可有拖音,成为"开了——裂"。这样单音词"裂"便比较突出,构成对人们的听觉冲击力,表明人物行乞时日已久了。整个这一段文字由于运用了词汇、语法、语音等各种手段,因而深刻地揭露了封建礼教对一名勤劳、善良的农村劳动妇女的精神摧残。虽然这仅仅是有限的文字,但读者已经强烈地感受到了那血泪的控诉。

三、修辞与逻辑

修辞学是研究提高语言表达效果的科学,而逻辑学是研究思维的形式和规律的科学,二者属不同学科。但语言为思维的物质外壳,而思维为语言的思想内容,修辞与逻辑的关系是非常密切的。语言表达应该遵循逻辑的基本规律,运用逻辑的各种思维形式和思维方法。

自相矛盾的故事是大家都知道的。它出自《韩非子·难一》:有一个卖矛和盾的人,先夸自己的盾最坚固,什么武器也戳不破(吾盾之坚,莫能陷也);接着又夸自己的矛最锐利,什么东西都能刺穿(吾矛之利,于物无不陷也)。有人问他,拿你的矛来刺你的盾,怎么样?这个人哑口无言,回答不出来了。这是一则中国古代非常有名的寓言故事,这段为了夸耀自己的矛和盾而说出的自相矛盾的话语,也成了最典型的不合逻辑。但是,有时出于表达思想感情的需要,人们也突破逻辑的制约,构成超越常规的用法,从而取得特殊的表达效果。例如:

⑥ 为了忘却的记念(鲁迅)

1931年2月7日,柔石等五位革命青年作家被国民党反动派秘密杀害,鲁迅发表了《中国无产阶级革命文学和前驱的血》《黑暗中国的文艺界的现状》等文章,对国民党反动派的罪行进行了无情的揭露。1933年2月7日至8日,即在烈士遇难两周年的日子,鲁迅写下了这篇纪念文章,《为了忘却的记念》是文章的题目。

"记念(纪念)"是怀念的意思,与"忘却"意义相反。根据思维不矛盾律的要求,概念与相关成分之间的联系不能造成本身涵义上的自相矛盾。题目中"记念"与"忘却"似乎是矛盾的,然而正是这一"矛盾"才表现了鲁迅深沉的悲哀。他在文章的开头说:

⑦ 我早已想写一点文字,来记念几个青年的作家,这并非为了别的,只因为两年以来,悲愤总时时来袭击我的心,至今没有停止,我很想借此算是竦身一摇,将悲哀摆脱,给自己轻松一下,照直说,就是我倒要将他们忘却了。

鲁迅对柔石等五位青年怀有真挚的爱,他们的被害,使鲁迅难以承受这感情的重负,因此,说要"将他们忘却",实乃愤激之词。不仅仅如此,鲁迅在文章的最后还说:

⑧ 不是年青的为年老的写记念,而在这三十年中,却使我目睹许多青年的血,层层淤积起来,将我埋得不能呼吸,我只能用这样的笔墨,写几句文章,算是从泥土中挖一个小孔,自己延口残喘,这是怎样的世界呢。夜正长,路也正长,我不如忘却,不说的好罢。但我知道,即使不是我,将来总会有记起他们,再说他们的时候的。

可见,鲁迅说要"忘却""记念",正是对反动的血腥统治、对漫长黑夜"不能呼吸"的愤怒控诉。再例如:

⑨ "我们不是美国人,我们是外国人。"

这是一个外国小男孩的话。

那是1994年春三月笔者亲历的一件事。当时我带着学生去实习,在参加社会实践之余,拜谒了久已仰慕的南京中山陵。从中山陵下来的路旁,有出售旅游纪念品的售货亭,一个约八九岁的小男孩,正在跟摊主讨价还价。孩子皮肤白皙,高鼻深目蓝眼,却长着一头浓密而略带卷曲的黑发,他欲买一只九连环玩具,摊主要10元钱,而小男孩的母亲只给了他5元钱。小男孩恳求那个摊主:"你就卖给我吧,我只有5元钱。"摊主不卖。小男孩又恳求那摊主:"你就卖给我吧,我只有5元钱。"情急之下,他又大声地加了一句:"我们不是美国人,我们是外国人。"①

听到这里,我的心为之一震:可爱的孩子啊,美国人也是外国人,这才是正确的逻辑呀。再说,此情此景中,和哪个国家的人又有什么关系呢。

小男孩最终被她妈妈带走了,没买成那心爱的九连环玩具。但孩子正确地使用着汉语的肯定否定句时那无奈、求助的语气,那稚嫩的童音,情急之下,那天真的不合逻辑的辨语,却深深地印在了我的脑海里。

为了表达的需要,人们有时突破逻辑的约束以取得某种修辞效果,但这不是说修辞可以不讲逻辑,人们说话、写文章常常容易出现这方面的问题。下面的例子有毛病:

⑩ *我讨厌暑假的第二个原因是,一到假期,家里就会突然"冒出"几个孩子,而且近年还呈增长趋势。那几个孩子真跟三元牛奶似的,"天不亮就出发",满屋叫唤,到处乱窜……

"三元牛奶"是一种牛乳饮料,或一种牛乳品牌的名称,它怎么"天不亮就

---

① 这个孩子似乎觉得美国人才有钱。

出发"呢？这两个相关的概念不能配合到一起。作者所说的"三元牛奶"可能是指"三元牛奶"广告词。"出发"，也不准确，应为"下床"。这一句可考虑改成："那几个孩子真像'三元牛奶'广告词所说的，'天不亮就出发'，不过他们是'天不亮就下床'"。

⑪ ＊探洞，是冒着生命危险的科学考察活动。不少的洞穴，内有河流、瀑布，无法攀援的洞壁和陡坎，深不可测的竖井，充水的洞穴通道，探洞人员稍不留神，就会难逃厄运。

"难逃厄运"，"难以逃脱不幸的命运"之意。既然如此，"留神"又有什么用呢？上下文有矛盾。后一分句可以改成："就会遭遇厄运"。

⑫ ＊祝新的一年里，岁岁平安。

新年前后，我们经常听到这样的祝贺语，但这样说，是有问题的，而一般人已经浑然不觉了：岁岁，是"年年、每年"的意思，而前边说的可是"一年里"。

⑬ ＊不要的垃圾放到这里。

这是乘某次高铁时，听车箱里手拖大垃圾袋来回走动的保洁员不断重复说的一句话。"垃圾"本来就是不要的东西，"不要的垃圾"就不合逻辑了。当然，垃圾有的可以再利用，那是另一回事了。

除以上所讲的语音学、词汇学、语法学、逻辑学以外，修辞学和文艺学、心理学、美学、语义学、语用学、信息科学、思维科学等也都有密切的关系，我们应该学习、增长有关这些方面的知识。

第三节　社会生活需要修辞知识

现在已经进入信息化、网络化的时代，人们的交往极其频繁，语言交际中修辞手段的运用极其广泛。社会生活需要修辞，需要修辞知识的指导。这里介绍一些有关的情况。

一、过去人们研究修辞，常常把目光集中在文艺作品上，其实其他语体用得也很多。新闻报道就是一个重要的方面，尤其是它的标题制作十分讲究，许多深刻、生动的标题给人留下了难忘的印象。例如：

①"不折腾"怎么译？国际媒体"晕了"

有媒体推测"bu zheteng"或将成英语专属名词

(《扬子晚报》)

报道说,胡锦涛总书记在纪念十一届三中全会召开30周年的大会上发表重要讲话。他说,我们伟大的目标是,到我们党成立100年时,建成惠及十几亿人口的更高水平的小康社会,到中华人民共和国成立100年时基本实现现代化,建成富强、民主、文明、和谐的社会主义现代化国家。只要我们不动摇、不懈怠、不折腾,坚定不移地推进改革开放,坚定不移地走中国特色社会主义道路,就一定能够胜利实现这一宏伟蓝图和奋斗目标。

《扬子晚报》敏锐地抓住了"三不"中的口语词"不折腾"作为主标题,就够新鲜的了,再将"国际媒体"拟人化,说他们"晕了",不知如何把领导人在郑重场合所使用的北方口语"不折腾"译成外文,这就更能抓住人们的眼球,吸引人们的注意。语含幽默,发人深思,也给人留下了难忘的印象。

② "中国是我的名字"——采访盛中国印象

(《光明日报》)

记者刘茜采访著名小提琴演奏家盛中国时,盛中国很少提及自己在小提琴演奏中的成就,让人至今难忘的是他对自己的名字的诠释:"盛中国,强盛中国。从出生那一刻,父亲已为我定下人生使命,我终身努力践行。"文章标题巧妙地把他的名字和强盛中国的使命联系在一起,充分地表现了他的爱国人生。

③ 以"智高点"抢占"制高点"

(《光明日报》)

苏州吴江把发展智能工业作为实现先进制造业的最有效的抓手。标题用"智高"和"制高"的谐音,将二者紧密地联系在一起,充分地反映了当今中国以高智能带动先进制造业的特点。

④ 红的绿的紫的眼花缭乱　长的圆的扁的形态各异
　新奇菜多起来

(《新华每日电讯》)

肩题为工整的对偶句,两句的主语均为三个并列的"的"字结构,谓语为成

第一章 概 说

语或四字词组。上句的"的"字结构由表示色彩的"红、绿、紫"构成,下句的"的"字结构由表示形状的"长、圆、扁"构成,上下两句相互补充,表现了如今蔬菜品种的丰富多彩。正题也是主谓句,三字一顿,"菜"与"来"韵母相同,带有顺口溜性质。肩题为二音节或四音节的语音段落,而正题则为两个三音节的语音段落,整齐而有变化。以上这些因素使标题显得生动形象,具有音乐美。

⑤ 英国科学家发现
　　"天"距地面越来越近

(《报刊文摘》)

报道说:"位于剑桥的英国南极勘测所的专家们,在分析了过去40年中向大气层顶部电离子层发送并接收无线电反射波的实验记录之后,发现反射电波到达电离子层并返回地面的时间比1958年的记录短,表明大气层顶部即电离子层的高度已降低了8000多米。"标题将这一专业性较强的报道内容,说成"'天'距地面越来越近",通俗易懂,且富有趣味性。

以上为一般新闻报道的标题。有时关于气象消息的标题,人们也运用修辞手段精心制作。例如:

⑥ 市气象台报告今晚天气
　　金风送爽中秋夜　明月披纱照人间

(《北京日报》)

中秋之夜,人们都期待着玉兔东升的时刻,领略那"明月几时有,把酒问青天"的意境,然而天公不作美,朗朗明月却被流云所掩罩。标题制作者别具艺术匠心,他把这说成是"披纱照人间"。在人们心目中,"披纱"是和新娘、幸福、美好等联系在一起的;本已抱憾的心情,却又被唤起了新的愿望,去欣赏那中秋圆月的另一番风韵。

二、课堂授课,教学方法,也常常需要运用修辞。北京市小学教师霍懋征(特级教师)在她81岁高龄时,还要为"西部大开发"做贡献,特地去西部传授教学经验,中央电视台曾播放了她的一次现场教学实况:

⑦ 霍老师:你们想做聪明的孩子吗?
　　学　生:想。

霍老师：聪明的孩子都有四件宝，你们知道是哪四件吗？（在黑板上写下"聪"字）

学　生：……

霍老师：你们看，它左边是"耳"；右边的上面是"丷"，这表示眼睛；右边的中间是"口"；右边的下面是"心"。

（学生恍然领悟，露出会心的微笑）

霍老师：聪明的孩子单有这四件宝不够，还要"明"。（又写下"明"字）你们看，它左边是"日"，右边是"月"；就是说，这四件宝要天天用，月月用。

（学生凝神、静听、沉思，流露出兴奋、满足的笑）

霍老师这里运用的就是修辞的析字格，她用得那么巧，那么活，那么富于启发性，犹如雨露阳光，打开了孩子们的心扉。

三、翻译工作人员想到的常常只是外语水平问题，其实翻译和修辞有密切的关系。有一篇文章讲述了著名翻译家、心理学家、美学家朱光潜先生教学中的一则故事：

⑧ 朱光潜先生在一次英语汉译的讲座中，写下了一句极简单的涉及最高级形容词的英语语句让大家试译。结果，所有被问到的人都无误地译出了"当前国际事务中最严重的问题是石油危机"这类字样。朱先生在黑板上先把其中的"是"字改作"乃是"，不少人点头称善。当他稍作停顿再把"乃是"改成"莫过于"时，全体听讲者不约而同地鼓起掌来。

（刘时衡《请认真揣摩词义》）

"是""乃是""莫过于"基本意思相同，但在力度、语气方面存在着细微差别，这就涉及同义词语选用的修辞问题了。

四、标语口号为取得更好的宣传效果，非常讲求修辞。安全生产、安全行车、防止事故方面的例子不少：

⑨ 安全来自警惕，事故出于麻痹

这是对偶句，分别道出了"安全"与"警惕"、"事故"与"麻痹"之间内在的因果联系。用词也比较讲究，上句用"来自"，下句用"出于"，避免了雷同。

⑩ 安全是效益的保障

人们为追求"效益",往往忽视"安全",这一口号道出了二者之间的关系,指出了"安全"对于"效益"的重要意义。

⑪ 甜蜜的家盼着您平安归来

这是一则以情动人的交通安全口号。"甜蜜的家",会使人们脑海中浮现出年迈的双亲、温柔的妻子、活泼可爱的孩子。而"盼着您平安归来",则会使人想到亲人们的惦念和期盼:全家欢聚一堂,共进晚餐,多么醉人的幸福时刻。这些,都将促使人自觉地安全行车,避免车祸。

⑫ 宁在时间里等安全,不在危险中抢时间

(北京热力公司的宣传语)

这也是宣传交通安全、工作安全的口号,对偶句,"宁"怎样,"不"怎样,具体而明确。

其他方面的标语口号运用修辞手段的例子也很常见,例如:

⑬ 辛苦我一个,幸福千万家

服务行业口号,对偶。"辛苦""幸福",形容词,这里用作动词,有使动意。"我一个"与"千万家"相对,灵活巧妙。如果拘泥于字面上的一一对称,说成"一个人""千万个家庭",口号就不整齐了。这一口号表现了个人所付出辛劳的意义、价值,很有启发性。

⑭ 播种绿色,还北京碧水蓝天

这是北京市宣传保护环境、搞好绿化的口号。第一句不用"植树种草"之类的说法——那样过于平实了,而说"播种绿色",搭配新颖巧妙,富于诗意。第二句一个"还(huán)"字,表明北京原来不是这样的,只是现在被污染了,用词简约而寓意丰厚。"碧水蓝天",点到的仅仅是"水""天",而让人联想到的,却是清新优美的整个生活环境。口号中"绿""碧""蓝"词义相同或相近,避免了用词雷同,显得丰富生动。

⑮ 献血无损健康,救人功德无量

(解放军301医院献血车上的宣传语)

这是有关卫生健康方面的口号,对偶。用"无损健康"和"功德无量"比照,比空泛地说献血的重要更使人信服。

五、商业工作是否讲究修辞对工作影响很大。《工人日报》曾经刊登了一位营业员的文章:《一字伤了顾客心》。其中说:

⑯ 白天发生了一件事对我震动很大。事情是这样的:一位农村老大娘来买布料做布衫,她想买一块结实的布料。农村讲究实用,我就按老人的要求选了一种。

我一面量布,一面向老人介绍:"大娘,这布料是青岛产的,既结实,又不褪色,保您穿到老也穿不坏……"谁知,这句话刚落音,老大娘竟把眼一瞪,说了声"你咋连个话也不会说",扭头就走了。她这突然的变化把我闹懵了。晚上,我细细一想,才恍然大悟,心里追悔莫及,原来错就错在那个"老"字上。老人们非常珍视晚年,最忌讳这类字眼。看来服务工作大有讲究,不但要有满腔热情,还得学会语言艺术。常言说:"一句话能说得顾客笑,一句话也能说得顾客跳。"看来此话真有道理。

(河南清丰纺织公司　张建华)

上面说的是词语失当的例子,"老"本来就为女性所忌讳,更何况还有"死"的意思呢(参考鲁迅《祝福》中祥林嫂"老了")。也有词语用得好的,《文摘周报》转载了这样一篇报道:《京城"婆婆妈妈"开饭馆》,其中说:

⑰ 早上,上班前的高先生还是特意多走了几步路,来到离家半站地的一个名叫"老婆婆"的小店吃早餐。不大的小店中,60岁左右的店主大妈热情地招呼高先生坐下,不一会儿包子和米粥便端上了桌。高先生说:"以前我就在家门口的店里随便吃点儿早餐,自从看到这个名叫'老婆婆'的小店,心中总有股挺温暖的感觉,就时不时地来这儿了。"

其实,不光是一些街头不起眼的小店铺爱取这种贴近人心的店名,连不少大饭馆也是越来越爱取"婆婆妈妈"的名儿。与以前部分商店爱取洋名的哗众取宠及爱取偏名雅名的曲高和寡相比,如今京城不少饭馆的名称是走起了贴近百姓、富有人情味儿的路子。

以上两个截然不同的例子对人们是颇有启发的。

好的店铺名称,好的商业广告,富含人情,给人以亲切感,而不是赤裸裸、冷冰冰地向顾客捞钱,狠狠地宰顾客一刀,因此,顾客愿意掏出钱让你赚,如遍布京城的"大娘水饺""毛家餐厅""傣妹餐厅",如"今日又聚首,友情就像丰谷酒,滴滴在心头"的丰谷酒广告。

六、如今我们的社会生活中,会遇到很多有关法律的问题,每个公民都应该学法,懂法,学会用法,而法律用语也要讲求语言的修辞,尤其是语言的精准性。

例如,一些人对虐待猫、狗很反感,提出要立一个《反虐待动物法》,而另一些人说,你杀猪宰羊屠牛去吃它们的肉,它们不也是动物吗?应该立的是《反虐待宠物法》。一个"动"物,一个"宠"物,这里面是颇费考量的,当然涉及语言的精准性问题。

又如,2009 年,云南曾发生一起学生为报复老师而致老师死亡案。审判中,该学生属"故意伤害致死"罪还是"故意杀人"罪,庭辩了很久。2009 年南京还发生一司机酒后驾驶致撞死六人的案件,该司机属酒后驾驶还是酒醉后开车故意撞死人(该司机撞倒第一人后一直未停车),量刑时也有轻(无期)重(死刑)之别。包括当今法律上用"犯罪嫌疑人"一语,在改革开放之前是只称"罪犯"或"通缉犯"的,这涉及法律问题,也涉及语法修辞问题。可见,在法治社会的今天,语法修辞学习对我们是很重要也是很需要的。

⑱是战俘还是战犯?

(电视剧《特赦1959》第十集)

国民党将领叶立三说:"我们这些战俘……"北京功德林战犯改造所所长王英光马上纠正他:"不,你们是战犯。"战俘、战犯,一字之差,性质大不同。战犯是要承担发动战争的罪责的。这在法律用语上要准确地区分。

第四节 修辞与语境

语境就是语言的环境。平时我们说话写文章总得有特定的对象,特定的时间、地点、场合,一定的题旨,语言本身的具体环境;而且它不能离开更不能超越特定的社会、时代背景。所有这一切都是语言的环境。

语言环境对语言表达具有制约作用。试想,作品话语如果不考虑特定的听众读者,就会无的放矢,白费笔墨、唇舌;如果不考虑中心思想、篇章结构、语句的组织,就会庞杂紊乱,文理不通;如果离开社会、时代的大背景,就会让人费解,不知所云。这些都是很容易理解的。

　　但是,这只是事情的一个方面。人们也可以变消极的制约性因素为积极的创造性因素。人们如果巧妙地利用语境的某种特殊条件进行修辞活动,就能使语言焕发出夺目的光彩。"万绿丛中一点红",高明的摄影师总是喜欢用"万绿"来烘托"一点红",因而画面更具有艺术的魅力。这是人们的审美体验。修辞也是如此。甚至说,没有语境就没有修辞,关键在于人们是不是善于运用。王安石的"春风又绿江南岸"(《泊船瓜洲》),如果没有"春风""江南岸"的配合,"绿"只是一个平平常常的表示色彩的形容词。宋祁的"红杏枝头春意闹"(《玉楼春》),要是没有"红杏枝头""春意"的配合,"闹"也只是一个普普通通的动词。这些千百年来广为流传的炼词范例都表明了这一点。

　　下面举一些利用不同语境来提高语言表达效果的例子。

一、社会、时代

① 李玉和:(庄重接酒)妈,有您这碗酒垫底,什么样的酒我全能对付!(一饮而尽)谢,谢,妈!
　　　　临行喝妈一碗酒,
　　　　浑身是胆雄赳赳。
　　　　鸠山设宴和我交"朋友"。
　　　　千杯万盏会应酬。
　　　　时令不好风雪来得骤,
　　　　妈要把冷暖时刻记心头。
　铁　梅:爹!(扑向李玉和,哭)
　李玉和:小铁梅出门卖货看气候,
　　　　来往"账目"要记熟(shóu)。
　　　　困倦时留神门户防野狗,
　　　　烦闷时等候喜鹊唱枝头。
　　　　家中的事儿你奔走,

要与奶奶分忧愁。

(京剧《红灯记》)

这里李玉和的唱词几乎全是双关语,表面上说的是生活琐事,实际上讲的是对敌斗争。这是日寇入侵、鬼子宪兵队在场的特定条件所决定的。作品正是利用这一语境充分展示了李玉和不畏强暴、机智坚定的英雄性格。

② 他(梅清)两手放在周莲肩上,仔细地端详着她,"让我好好看看你,你呀……还是那么……丑!"一面用手抚她的脸。

(电影《革命家庭》)

梅清和周莲结婚后于1924年离家"寻找革命真理",两年后随北伐军回到长沙,以上是梅清见到妻子时的情景。"让我好好看看你,你呀……还是那么……丑!""丑",奇笔。周莲是一个质朴善良、没有什么文化的贫家女子,这里如果用上"年轻""美丽"一类字眼,恐怕就不符合"中国国情"了,也不适合这一特定的对象。唯其一个"丑",才表现出这对亲密夫妻的相知相爱。而且人物前面的话语以及动作描写,都限定了这个词的真正含义。这是艺术的辩证法,相反相成。

二、题旨情境

③ 小栓撮起这黑东西,看了一会,似乎拿着自己的性命一般,心里说不出的奇怪。十分小心的拗开了,焦皮里面窜出一道白气,白气散了,是两半个白面的馒头。——不多工夫,已经全在肚里了,却全忘了什么滋味;面前只剩下一张空盘。

(鲁迅《药》)

作品不说黑东西里面"冒出一股热气",而说"窜出一道白气",充满了神秘、恐怖的气氛。这样写,正是为了表现华老栓夫妇和世人的迷信愚昧。革命烈士的鲜血竟然成了用金钱买卖的治病的药,多么发人深思的社会病态和悲哀。以上语句的运用更深刻地表现了这一主题。

④ 天气继续暖和,太阳光催开了那些桑拳头上的小手指模样的嫩叶,现在都有小小的手掌那么大了。老通宝他们那村庄四周围的桑林似乎长得更好,远望去像一片绿锦平铺在密密层层灰白色矮

矮的篱笆上。"希望"在老通宝和一般农民们心里一点一点一天一天强大。蚕事的动员令也在各方面发动了。藏在柴房里一年之久的养蚕用具，都拿出来洗刷修补。那条穿村而过的小溪旁边，蠕动着村里的女人和孩子，工作着，嚷着，笑着。

（茅盾《春蚕》）

这是春天来到这个养蚕村的一段描写。"蠕动着村里的女人和孩子，工作着，嚷着，笑着"。作品不用"忙碌"一类字眼，而用"蠕动"是有用意的，它多处用了这个词，例如："渐渐地，那些树影又在水面上显现，一弯一曲地蠕动，像是醉汉""'乌娘'在蚕簟里蠕动，样子非常强健；那黑色也是很正路的"。这样反复运用，是要突出养蚕村的特点，人们想的、说的、忙的，都是为了这个"蠕动"的蚕，它是人们赖以为生的命根子。而这，正是作品用以揭露帝国主义和地主高利贷对蚕农进行残酷剥削的题材。

三、话语对象

⑤ 姓"钱"不爱"钱"的钱锺书
　　钱锺书拒收稿酬

（标题　陈诏）

这篇文章，刊登在第 350 期《作家文摘》上，其中说："最后，我只得买了一方冻石，请钱君匋先生刻了一方'钱锺书'三字的印章，亲自赴京送钱先生，才蒙钱先生哂纳。""姓'钱'不爱'钱'"，这是利用钱锺书先生的姓和"金钱"的"钱"构成词语同形，幽默风趣，表现了钱锺书先生的高尚品德。

⑥ 冰心似火

（标题　《人民日报》）

⑦ 冰心一片冰心

（牛群摄影题词）

《冰心似火》为"人物专访"，刊载于 1992 年 11 月 23 日《人民日报》，内容讲的是冰心虽已 92 岁高龄，但仍热心教育事业，为"希望工程"捐款 1 万元，此前已捐款 3000 元。"冰心一片冰心"刊载于 1999 年 4 月 10 日《北京晚报》，为摄影题词。以上都是巧妙地利用对象的名字。《冰心似火》，"冰"与"火"反义；而"冰心一片冰心"，人名与谓语部分的主要成分同形，意指品格高洁。

⑧ 麦麦提说:"我的生活像红苹果一样红,果园就是我的银行。"

（中央电视台《新闻联播》）

这是2018年10月11日中央电视台《新闻联播》中的一条消息,报道了新疆天山南部阿克苏地区绿色发展的实践给当地人民带来的幸福生活。报道的对象不是粮农、菜农、牧民,而是当地的果农——红苹果的所有者麦麦提,他的话语,比喻新颖但朴素,极具果农特点。

四、场合

⑨ 刁德一:哦,都走了?

阿庆嫂:都走了。要不日本鬼子"扫荡"了三天,把个沙家浜像篦头发似地篦了这么一遍,也没找出他们的人来!

刁德一:日本鬼子人地生疏,两眼一抹黑。这么大的沙家浜,要藏起个把人来,那还不容易吗! 就拿胡司令来说吧,当初不是被你阿庆嫂在日本鬼子的眼皮底下,往水缸里这么一藏,不就给藏起来了吗!

阿庆嫂:噢,听刁参谋长这意思,新四军的伤病员是我给藏起来了。这可真是呀,听话听声,锣鼓听音。照这么看,胡司令,我当初真不该救您,倒落下话把儿了!

胡传魁:阿庆嫂,别……

阿庆嫂:不……

胡传魁:别别别……

阿庆嫂:不不不! 胡司令,今天当着您的面,就请你们弟兄把我这小小的茶馆,里里外外,前前后后,都搜上一搜,省得人家疑心生暗鬼,叫我们里外不好做人哪!

胡传魁:老刁,你瞧你!

（京剧《沙家浜》）

这是京剧《沙家浜》"智斗"中的一段。伪"忠义救国军"参谋长刁德一阴险奸诈,他断定阿庆嫂（党的秘密工作者）和新四军伤病员有联系,以话语旁敲侧击。而阿庆嫂机智沉着,她利用曾经冒着危险救过胡传魁一命的有利条件反击说:"照这么看,胡司令,我当初真不该救您,倒落下话把儿了!"这样的话语自然触痛了心有余悸的胡传魁,使他对刁德一不满。这场戏表现了阿庆嫂在特定场合利用胡传魁这一"草包司令"作为"一堵挡风的墙",因而能化险为夷,克敌制胜。

⑩ 许景由穿着一件米黄色羊毛坎肩,抽着烟斗,一个高背沙发椅上坐着一个嘴唇涂得鲜红和长着一双明亮大眼睛的女人,这是许景由的外室。她小声对许景由说:"倒是挺像你的,"又故作慈祥地喊着许灵均,"过来,来,喝一杯可口可乐。"

许灵均怯生生地、带着敌意地看着她,却没有走过去。

许景由问灵均:"你来有什么事?"

"妈病了,她请你回去。"

"她总是有病,总是……"许景由在屋子里踱步。

(李准《牧马人》)

许景由和灵均的生母沈淑缜是"不幸婚姻",二人感情一直不和。许景由另有外室,对妻子十分冷漠,所以当灵均前来说母亲病了请他回去时,许景由非常厌烦;但当着灵均的面又不能毫无顾忌地表露出来,因而说:"她总是有病,总是……"谁愿意"有病"呢? 谁愿意"总是有病"呢? 这种不近情理而又吞吞吐吐的话语,准确而生动地表现了许景由在这一特定场合的心态。

五、时间

⑪ 羊教授羊年话羊

(标题 《人民日报》)

此为新华社记者黄威于1991年(羊年)采访北京农业大学(今"中国农业大学")畜牧系蒋英教授所写的一篇报道的题目,蒋教授从事羊的品种资源以及羊的生态研究40多年。正好"羊年"和蒋教授所从事的研究"羊"词语相同,所以标题中三处用了"羊",更加显得风趣。

⑫ 龙年忆凤——忆严凤英

(节目名称 中央电视台)

严凤英,黄梅戏表演艺术家,"文化大革命"中被迫害致死。2000年5月9

日是她70岁生日。这一天中央电视台"九州戏苑"栏目播出了一台纪念她的节目,名为《龙年忆凤》。因为2000年为龙年,而"严凤英"的人名中含"凤"字;在中国,龙、凤均为吉祥的象征,如"龙凤呈祥"。节目名称利用生肖年名与人名加以组合,十分巧妙。

⑬ 牛年为牛鸣不平

(标题 《北京晚报》)

还有《牛年说牛》这样的标题也很引人注目。

六、话语的具体环境

前面所举的例子,多为灵活地利用某些语境来提高表达效果;语言的具体环境与上面所说的那些有所不同,人们有时可以有意识地创造某种条件,形成特定的上文或下文,以此和所要表述的意思构成特殊的表达效果。例如:

⑭ 恶奴头目老四用公鸭般的嗓音问:"还跑吗?贱丫头!臭奴才!……我问你还想跑吗?奴才!"
"跑!……看不住就跑!……跑!"女奴琼花狠狠地说。
老四挥动皮鞭,鞭鞭见血,抽打着琼花。琼花不躲闪也不呻吟,怒视着他。

(梁信《红色娘子军》)

"老四挥动皮鞭,鞭鞭见血,抽打着琼花",平时人们更习惯的说法恐怕是:"老四挥动皮鞭抽打着琼花,鞭上都是血"。可是作者把"老四挥动皮鞭"独立作为一个分句,紧接下去又说"鞭鞭见血",让上一分句的"皮鞭"和下一分句的"鞭鞭"彼此相连,这就表现了每一次"挥动"的"皮鞭"用力之狠之猛,从而突出了这个"恶奴头目"的凶残歹毒。

⑮ 重庆的主要街道在山城的脊背上弯弯曲曲地延伸着。在重庆,即便在热闹的街区,你也难得看到骑自行车的人,因为骑自行车爬坡实在太困难了。有人开玩笑说:在重庆,有时候是人骑车,有时候是车骑人。

(陈汉元《从宜宾到重庆》)

"有时候是车骑人",恐怕人们通常的说法是:"有时候是人扛车"。这里,因为上一分句有"人骑车"字样,所以这里用了"车骑人"的说法,构成词语顺序的回环往复;而且把"车"说成是动作"骑"的发出者,而"人"成为这一动作的承受者,语言活泼风趣。无怪乎文章上文也说这是"有人开玩笑"。

⑯ 悄悄问圣僧,女儿美不美

(电视剧《西游记》插曲)

2018年11月20日晚中央电视台10频道《读书》节目,作曲家许镜清讲述自己在创作《西游记》中《女儿国》这集插曲《女儿情》时,就"悄悄问圣僧,女儿美不美"这一歌词,导演杨洁曾与他发生了分歧。许的原词为"试问哥哥女儿美不美",杨洁坚持用"圣僧"一词。许镜清说杨洁的坚持是对的,是好的。因为那是女儿国国王的话,表现了女儿国国王对唐僧的爱和尊重,而不是一般的小女子的谈情说爱。说话的具体环境是庄重的场合,说话人有庄重的身份。

⑰ 茶农怕来"调茶组"

(标题 《报刊文摘》)

文章的作者史滨说:"最近,一位在茶乡工作的朋友说:'每当春夏之交,茶叶上市季节,到咱这里来的调查组特别多,名为调查,实为调茶,陪吃陪喝,临走还要带去几桶茶叶,真是陪不起呀!'"文章的标题运用谐音将"调查组"写成"调茶组",这样,标题主语"茶农"中的"茶",就和宾语"调茶组"中的"茶"同形,表现了茶农对某些政府官员腐败行为的讽刺和憎恨。

第五节 修辞是一种创造性活动

前面我们说,修辞是依据题旨情境,运用各种表现手段、方法,提高语言表达效果的一种活动。在许多情况下,它不像选择题那么简单,只是在几种可供选择的方法、手段中择优选取其中的一种,这是一种创造性的活动。

青年人是创新的主体,他们在语法修辞方面的创新有时是惊人的。当然创造性也不能离开汉语自身的发展规律。实践证明,凡符合汉语规律、规范的创造,都能经得住历史的考验而保留下来,例如一些新词:电

第一章 概　说

脑、网络、信息、宇宙飞船等,再如"化"的用法——教化、绿化、现代化;反之,则逐步被淘汰。现今的一些标新的词语,因电子媒体和纸质媒体的覆盖面广和快捷而一时蹿红,它们能否存活下来,流行开去,尚需经过打磨和考验,这其中包括有关权威的认定、规范、引导、使用、进一步推广乃至普及。

我们说修辞是一种创造性活动,首先表现在词语的运用上,某些概念、思想的表述,不一定能找到常用的恰当词语,这时往往需要采用新鲜的说法。例如:

① 马克思主义具有与时俱进的理论品质。如果不顾历史条件和现实情况的变化,拘泥于马克思主义经典作家在特定历史条件下、针对具体情况作出的某些个别论断和具体行动纲领,我们就会因为思想脱离实际而不能顺利前进,甚至发生失误。这就是我们为什么必须始终反对以教条主义的态度对待马克思主义理论的道理所在。

(江泽民《在庆祝中国共产党成立八十周年大会上的讲话》)

在前人的著作中,有"与日俱增""与时消息(谓事物无常,随时间的推移而兴盛衰亡)""与时推移(亦作'与世推移',指随着世运的变化而变化,以合时宜)""与时偕行(变通趋时)"等词语,而"与时俱进"用得极少。用于马克思主义理论发展,这还是第一次。它是中国人民所熟悉、喜爱的四字结构,形式精美,蕴含深厚,有很强的概括性和表现力。用在这里,能深刻地表明马克思主义必须随客观情况的变化而变化,不断开拓创新。现在,它已经迅速流传,成为人们的常用词语,而且应用范围也日益广泛。

词语运用的创造性有的还表现在巧妙灵活上,仿照现成词语临时新造一个词语就是如此。例如:

② 他这一战,早忘却了王胡,也忘却了假洋鬼子,似乎对于今天的一切"晦气"都报了仇;而且奇怪,又仿佛全身比拍拍的响了之后更轻松,飘飘然的似乎要飞去了。

"这断子绝孙的阿Q!"远远地听得小尼姑的带哭的声音。

"哈哈哈!"阿Q十分得意的笑。

"哈哈哈!"酒店里的人也九分得意的笑。

(鲁迅《阿Q正传》)

"酒店里的人也九分得意的笑","九分",据"阿Q十分得意的笑"中的"十分"仿造,既表现了"酒店里的人"具有和阿Q同样庸俗低级的趣味,又表现了他们不像阿Q那样强烈。现代汉语中表现程度稍差的副词、形容词有的是,但鲁迅不采用现成的词语,而是顺势将上文表示程度极深的"十分""减量"为"九分",表现出了一种不屑的态度,用词冷峭,含有讥刺锋芒。

句子是语言的表达单位,现代汉语的句式多种多样,一个意思的表述和句式的选择分不开;但有时不仅仅是句式问题,而是和内容以及创意紧密地联系着的。例如:

③ 长江流域500取水口受污染
　一些城市守着江水找水喝

(标题　《北京晚报》)

报道说的是长江干流由于受到污染,不少城市饮用水发生困难。像这样的意思,人们制作标题时,正题的谓语部分很可能选用最常见的"主语——述语——宾语"结构直接述说,即"(一些城市)饮水用水发生困难",然而作者别具匠心,运用了连动结构,说成"守着江水找水喝",就表现出这种让人难以理解的状况正是人们自己种下的苦果。它提醒那些不重视环境保护、随意加以污染的人该清醒了!

还有一则关于气象的报道,用了这样的标题:

④ 新疆雪花纷飞　湘粤骄阳似火

(标题　《北京晚报》)

报道说的是2000年10月9日这一天,我国北方和南方气温相差甚大,乌鲁木齐因为连续降雪,气温骤然降到零下6度,而长沙和广州仍处于34度的高温,让人感受到夏日的骄阳。像这样的内容,人们很容易着眼于温差,用一句话概括地指出(某日)北方和南方气温差别很大。然而标题制作者颇有深意,他用了对偶句加以细致描述,语言形象生动,给人以真切感受。特别是标题还包含着一个潜在信息,而人们也实实在在地体会到了——啊,我们的祖国多么辽阔!像这样的语言艺术,没有一定的思想水平,缺乏创造性的思维,是难以达到的。

有时一个意思的表述形象深刻,不在于某个具体的词语运用贴切,也

不在于某个具体的句式选择得当,而是采用了某种具有表现力的特殊手段。例如:

⑤ 2009年年度汉字第一的"被"字的用法。当媒体上出现"被就业、被代表、被捐款、被志愿……"一类词组时,我们体味到了其中的无奈,它们的流行表现了公民对"权责名实相符的吁求"。

(《北京晚报》)

公众需要去掉"被"字的内涵。但不管怎样,用"被"字这一具有强烈表现力的特殊手段,来注释某种荒谬现象,来发出微弱但态度鲜明的声音,这是多么简练、多么深刻而形象的用法。当然,我们相信"被"字词组的这种用法是会淡去并真正消失的。

⑥ 带聋儿走出无声世界——记民办聋儿听力语言康复中心创办人李淑敏

[标题 《人民日报》(海外版)]

标题正题不用"让聋儿恢复听力"一类说法,而用"带聋儿走出无声世界",显得更生动,更富有艺术性。"恢复听力"只说明克服了听力障碍,弥补了生理缺陷;而"走出无声世界",则表现出告别了荒寂和清冷,回到了充满优美动听的音响、处处是欢声笑语的世界,带有浓厚的感情色彩,简直是诗的语言。再例如:

⑦ 一碗饭盛八省粮的辛酸历史宣告结束 商丘不再是国家的"五保户"

(标题 《人民日报》)

这是1987年8月30日一则报道的标题。报道讲的是河南商丘地区过去生产落后,人民生活极其贫困。自从实行以家庭联产承包责任制为主要形式的农村改革,调动了广大农民的积极性,生产蓬勃发展,有的县还被国家列为商品粮基地县。标题肩题"辛酸历史"之前的修饰语,没有用"贫困落后"一类字眼,而是用了带有象征性的形象说法"一碗饭盛八省粮";其中"一碗饭"与"八省粮"构成尖锐对比,表明了商丘地区的极度穷困和对外部的严重依赖——竟然需要八个省共同支援,真是使人伤心。正题中的"国家的'五保户'",确切而新巧。"五保户",原指20世纪五六十年代中国农村的农业生产合作社对鳏寡孤独社员的一种照顾,保吃、保穿、保烧(燃料)、保教(儿童和少年)、保葬,使他们的生老病死都有依靠。现在的商丘,已经彻底改变了依赖别处的状况。整个标题从一个地区面貌的巨大变化,表明了党的十一届三中全会以来实行农村改革的正确。

修辞活动的创造性方法多种多样,常给人以丰富多彩、美不胜收之感,上面所说仅仅是举例。

第六节　修辞主体的修养

任何修辞活动,任何修辞手段的运用,都是和作为修辞主体——作者的修养分不开的。"器大者声必闳,志高者意必远。"(南宋范开《稼轩词序》)强调的正是这一点。修辞主体的修养主要包括:

一、思想品德

中国历来有"弸中彪外"之说,认为美德充实于内,则文采显露于外。"身之不修,而欲修其辞;心之不和,而欲和其声……决不可致矣。"(明代宋濂《文说赠王生黼》)这个认识是很深刻的。今天我们的一切修辞实践都是为了社会主义事业,更应该自觉地提高思想境界,培养高尚的道德情操。这里举一些例子。

1952年5月巴金带领一个创作组到朝鲜采访,写了一篇《我们会见了彭德怀司令员》的文章,其中有这样几句话:"他(彭司令员)拿大手抓住椅背,右手按住桌沿,像长者对子弟讲话似的对我们从容地谈起来。"彭德怀同志看到文章的原稿后给巴金写了一封信:

巴金同志:

"像长者对子弟讲话"一句改为"像和睦家庭中亲人谈话",我很希望这样改一下,不知允许否?其次,我是一个很渺小的人,把我写得太大了一些,使我有些害怕!

　　致以
同志之礼

彭德怀

后来巴金根据彭德怀的意见做了修改。改笔显得谦逊朴实,表现了彭德怀的崇高品格。

明代东林党人顾宪成,曾经为江苏无锡东林书院撰写了一副对联,写的是:

① 风声雨声读书声,声声入耳;
家事国事天下事,事事关心。

"文化大革命"十年动乱,有的人变得消沉了,有个年轻人仿此写了一副对联:

② 风声雨声不吱声,了此一生;
国事家事不问事,平安无事。

胡耀邦同志知道此事后,也运用这一形式写了一副对联,一方面指出一些人消极情绪的错误,一方面热情地加以勉励:

③ 风声雨声悲叹声,枉此一生;
险事难事天下事,争当勇士。

从胡耀邦同志所写对联和那个年轻人所写对联来看,内容的不同主要决定于人的思想情感。"诗言志"(《尚书·尧典》)。诗如此,对联也是如此,任何作品都是如此。

1993年12月1日出版的《报刊文摘》登载了这样一则报道:

④ 1991年"双奖"(百花奖、金鸡奖)会上,因《焦裕禄》(影片名)而荣获双奖的李雪健只讲了一句话:

"苦和累都让一个好人焦裕禄受了,名和利都让一个傻小子李雪健得了。"

在场的观众报以暴风雨般的掌声对他表示敬意。

李雪健对焦裕禄那么敬重,感情那么深厚;而自己却那么谦虚,为获得荣誉而那么不安。言为心声,像这样的言语是想也想不出来的。它是人物内心真情实感的自然流露,朴实真挚,光彩闪耀,使人感动。

二、生活积累

宋代诗人陆游说过一句意味深长的话:"工夫在诗外。"意思是说学习写诗,不要限于"诗内"工夫,即艺术形式、表现手法等;更重要的在于"诗外"工夫,即生活的积累,对生活的观察和体验。现代作家老舍也说:"生活、思想、感情是文字的养料。没有这些养料,不管在文字上用多少工夫,文字也还要害贫血病。"这都是他们自己创作实践的宝贵经验。

金平的《老校对员》在这方面颇能给我们启示:

⑤用我们年轻人的眼光去看,无论哪一方面,他都丝毫没有出众之处。人,是已经老了,身体开始发胖。一件灰布褂终年穿到头,布绕的钮袢严严地、一个不漏地直扣到脖颈下。肘弯和后背时常弯动、仰靠的地方,聚着一片褶皱,密密的。冬天,褂子裹住棉袄,显得臃肿;天热了,穿得单薄,袖筒、衣摆往下坠,又显得松垮。同大多数老人一样,稀疏的头发有一多半是花白的。他沉默寡言,一天说不上三五句话,最强烈的感情动作,不外乎:喜了,很有分寸地笑一笑;恼了,也就说几句调门稍高的话。

这是一篇以记人为主的散文,笔触细腻,富有浓郁的生活气息。作者巧妙地抓住能多方面展示人物特点的衣着来写。你看他:"一件灰布褂终年穿到头",这可不像今天一些人出于喜爱具有民族特色的服装,恐怕主要是为了节省几个钱,老伴儿给缝制的。"布绕的钮袢严严地、一个不漏地直扣到脖颈下",虽然是琐碎的细节,但反映出了人物认真、严谨甚至有点儿古板的作风。"肘弯和后背时常弯动、仰靠的地方,聚着一片褶皱,密密的",这些容易被人们疏忽的细微的地方,作者也都观察到了。有意思的是,作家写衣服的褶皱,不只是写了"肘弯",还写了"后背"。如果一个人只是"伏案"工作,恐怕衣服后背处是不会起皱的;只有像"校对员"这样的人,才常常变换姿势,仰靠着椅背看文稿。几个不经意的字眼,把人物的职业特点也点出来了。"冬天,褂子裹住棉袄,显得臃肿;天热了,穿得单薄,袖筒、衣摆往下坠,又显得松垮",既表现了人物的拮据,又表现了人物对此并不在意。上面的这些文字没有华丽的辞藻,语言朴实平易,但却把一个安于清贫、勤勤恳恳的"老校对员"的形象勾勒出来了,给人留下了深刻难忘的印象。作品之所以能做到这一点,根本原因在于对生活的细致观察,他把人物"吃透"了。

不只是文艺作品,一些应用性语体也需要有对生活深入的体察和感受。中央人民广播电台曾经播放了一则公益广告,内容是劝导家长不要不切实际地给孩子的学习加码,它采取母女对话的形式,播出后在社会上引起热烈的反应。原文不长,抄录在这里:

⑥母:贝贝,别忘了做作业。
女:做完了,妈妈。
母:贝贝,别忘了画画。
女:好的,妈妈。
母:贝贝,别忘了练琴。
女:噢,知道了。
母:别忘了学电脑。
女:妈妈,——
母:贝贝,别忘了……
评论员:别忘了,她还是个孩子。

孩子学习负担过重,父母"望子成龙"心切,除学校的教学内容之外,又给孩子增加各种各样的负担,这已经成为人们关注的一个社会问题。广告的作者不是简单地批评家长,而是理解他们的心情,进行善意的引导。作者以精巧的构思加以表现。他写了母亲离家时对女儿的一连串嘱咐和女儿的应对。因为这一聚焦点最能集中地反映出家长过高的要求与子女承受能力的矛盾,也最能揭示出人物的内心情感。这里,母亲并没有被描绘成对子女不知疼爱、使人望而生畏的家长;相反,那"别忘了……"充满关切、温情的提醒,那蕴含"掌上明珠"之意的"贝贝"取名,无不体现家长的浓浓亲情。可怜天下父母心,母亲离家这短暂片刻,她所牵挂、思虑的,仍然是女儿的学业,女儿的未来。同样,女儿也没有被说成是一个一心贪玩儿、不爱学习,甚至对督促自己的家长怀有对立情绪的人,而是一个非常懂事的、可爱的孩子。女儿的几次回答写得很好,词语简单,但耐人寻味。母亲提醒她"别忘了做作业"时,她说:"做完了,妈妈。"表明学习是很自觉的。母亲要她"别忘了画画"时,她高兴地回答:"好的,妈妈。"母亲要她"别忘了练琴"时,尽管可能有些不满,可还是接受了:"噢,知道了。"当母亲又提出"别忘了学电脑"时,不堪负荷的孩子叫了一声"妈妈"便顿住沉默了。此时无声胜有声,作者让听众自己去想象、填补,是犯难?是怨尤?

是……尽在不言中。可是,母亲还在无尽无休地继续布置:"贝贝,别忘了……"这时作者出来评论了。他不是长篇大论地去讲大道理,而是借用母亲提醒女儿的用语"别忘了",他提醒母亲说:"别忘了,她还是个孩子。"四两拨千斤,一语道出了不少父母揠苗助长的病根所在,发人深思。这则广告之所以受到社会的好评,起到了良好的宣传效果,是和作者对生活的深入观察、分析分不开的。无论是广告的立意,还是对人物的理解、把握,尤其是女儿答话中表现出的情绪的微妙变化,乃至最后解决矛盾的方法,都表明了这一点。修辞不仅仅是语言运用的问题,生活是源泉,必须深入到社会生活中去。

中央电视台的公益广告"要关注孩子,不要关住孩子",巧妙地利用谐音词要"关注",而不要"关住",提醒全社会要对孩子的身心体能给予关爱,也表明修辞与社会生活是息息相关的。

三、知识素养

"读书破万卷,下笔如有神"(唐代杜甫《奉赠韦左丞丈二十二韵》)是古人的经验之谈。宋代苏洵曾经具体地谈到他读书的体验:"取《论语》《孟子》《韩子》及其他圣人、贤人之文,而兀然端坐,终日以读之者七八年矣。方其始也,入其中而惶然,博观于其外,而骇然以惊;及其久也,读之益精,而其胸中豁然以明,若人之言固当然者,然犹未敢自出其言也。时既久,胸中之言日益多,不能自制,试出而书之,已而再三读之,浑浑乎觉其来之易矣,然犹未敢以为是也。"(《上欧阳内翰第一书》)这说明只有认真读书,不断丰富知识,写起文章来,才能左右逢源,运笔从容。

读鲁迅的作品总使人觉得内容博大精深,这是和他的学识修养分不开的。以《阿Q正传·序》为例:

⑦　我要给阿Q做正传,已经不止一两年了。但一面要做,一面又往回想,这足见我不是一个"立言"的人,因为从来不朽之笔,须传不朽之人,于是人以文传,文以人传——究竟谁靠谁传,渐渐的不甚了然起来,而终于归结到传阿Q,仿佛思想里有鬼似的。

然而要做这一篇速朽的文章,才下笔,便感到万分的困难了。第一是文章的名目。孔子曰,"名不正则言不顺"。这原是应该极注意的。传的名目很繁多:列传,自传,内传,外传,别传,家传,小传……而可惜都不合。"列传"么,这一篇并非和许多阔人排在"正史"里;"自传"么,我又并非就是阿Q。说是"外传","内传"在哪里呢?倘用"内传",阿Q又决不是神仙。"别传"呢,阿Q实在未曾有大总统上谕宣付国史馆立"本传"——虽说英国正史上并无"博徒列传",而文豪迭更司也做过《博徒别传》这一部书,但文豪则可,在我辈却不可。其次是"家传",则我既不知与阿Q是否同宗,也未曾受他子孙的拜托;或"小传",则阿Q又更无别的"大传"了。总而言之,这一篇也便是"本传",但从我的文章着想,因为文体卑下,是"引车卖浆者流"所用的话,所以不敢僭称,便从不入三教九流的小说家所谓"闲话休题言归正传"这一句套话里,取出"正传"两个字来,作为名目,即使与古人所撰《书法正传》的"正传"字面上很相混,也顾不得了。

传记文体大致可以分为两类:一类是史学家依据历史事实写成的人物传记;另一类是作家依据生活素材创作的典型形象。后一类传记人物多为身份卑微、社会地位低下的人,作家创作的目的是借以阐发自己的某种思想观点。《阿Q正传》就属于这一类。

小说中的阿Q是半封建半殖民地旧中国被欺凌剥削、愚昧落后、没有觉醒的农民典型,鲁迅塑造这样的形象,是为了反映我国人口中最大多数的农民精神上的弱点,也可以说是反映国民性的弱点,正如他自己所说,是想"写出一个现代的我们国人的灵魂",从而"揭出社会病苦,以引起疗救的注意"。

小说的《序》评析比较了各种各样"传的名目":列传、自传、内传、外传、别传、家传、小传等,"可惜都不合",最后不得已从"闲话休题言归正传"里取出"正传"两个字来。这一段有关"传"的议论,表现了鲁迅对中国历史、文化尤其是传记文体的精深研究,对中外文坛掌故、动态的深刻了解,蕴含极其丰富。语言文字或引经据典,或运用双关、回环、仿词等手段,信手拈来,从容自如,戏谑而含锋芒。总之,处处给人以教益。

⑧高镇同:研究"疲劳"的勤奋之人

(标题 《光明日报》)

标题中"疲劳"与"勤奋"相对,就很新鲜,引人注意。再一琢磨,"疲劳"还要研究？读罢全文，才知道此"疲劳"乃是飞机的"结构疲劳""材料疲劳""金属疲劳"，非人体之疲劳。新闻报道的是年逾九旬的中科院院士、结构疲劳专家、北京航空航天大学知名教授高镇同先生。记者需具备相当的理工科知识修养，才能写好这篇文章，提炼出这醒目新颖的文章标题。

修辞主体的修养，以上讲了思想品德、生活积累、知识素养；除此以外，语言功力当然不可忽视。以后各章将深入讨论语言的运用，这里不再重复。

第七节　在社会的大课堂里学习修辞

平时，我们在学校的课堂上学习修辞知识、阅读范文、练习写作等，都是必要的，但还不够。社会生活中，处处都有语言交际活动，处处都有修辞现象，处处都有值得学习、研究的内容、问题，社会是学习修辞生动活泼的大课堂。这里，提出几点值得注意的地方。

一、不忘学习

现代社会生活中，人们运用语言进行交流、宣传的形式、场合非常多，除文艺作品和各类文章外，还有报纸、广播、电视、标语、口号、广告等。后面这些，语言生动精彩的不少，可惜人们常常不以为意，从眼皮底下放过去了。我们应该做一个有心人，时时留心，不忘学习，遇到写得好的，不妨开动脑筋想一想，它好在哪里，如果让我来写我会怎样写，这样你就能学到东西了。这里，介绍一篇《北京晚报》"春节征稿"的短文——《给亲人捎几句话》，刊登在该报 2001 年 1 月 14 日的报纸上：

① 　春节你又不能回家。
　　妈妈准备了你爱吃的菜，想象着你开心的样子，她老人家会独自微笑；老父亲的腰腿还好吗？有多久没有陪他下棋了？爱人准备了一箩筐唠叨，孩子藏起成绩单要给你惊喜……儿时的朋友，启蒙的师长，他们都在等你。
　　……
　　把你对远方亲人的祝福写下来吧，把每一个好听好看的字都融化在你的笔墨里吧，告诉爸爸小时候他因为工作忙忘记给你买一个红灯笼,你已经不再记恨他;告诉妈妈她给你织的毛衣陪伴你度过了北京最冷的冬天;告诉你爱的人和爱你的人,你所描述的也许只是一些枝枝节节,却都是整个和你的心灵连在一起的岁月。

这篇短文,让我们来写,很可能写成双亲、爱人、孩子如何焦急地盼望"你"回来,而"你"自己又如何因为工作忙走不开,请亲人们原谅等。作者没有重复这些人云亦云的"老话",笔墨的重点放在"以情动人"上。全篇文字都很好,尤其是其中的第二段,语意新颖,不落俗套。你看,他写母亲,不去铺陈母亲如何忙碌辛劳,进行准备,而是描述她内心的那份甜蜜:"准备了你爱吃的菜,想象着你开心的样子,她老人家会独自微笑。"写父亲,别具特点,写出了"我"的一片真情:"腰腿还好吗?有多久没有陪他下棋了?"写爱人,不说有很多话要向他"倾诉",而说"准备了一箩筐唠叨",形象而新奇,表现了许许多多"知心话"要向"贴心人"细细叙说的心情。写孩子,不说向爸爸报告成绩优秀的消息,而说"藏起成绩单要给你惊喜",表现了孩子的聪明、活泼、淘气和心头的几分得意。这些描述犹如集锦,五色斑斓。按说,"征稿"本属于"启事"一类的应用文字,然而它却像一篇优美的抒情散文,使人陶醉。

提起商业广告,人们常常将它和利润、金钱等联系在一起,很少考虑它的语言运用。其实,其中也不乏佳作。例如太平洋保险公司的一则广告词:

②平时注入一滴水
　难时拥有太平洋

这是对偶句,相关词语彼此相对:"平时"对"难时","注入"对"拥有","一滴水"对"太平洋"。"一滴水",比喻平时所投的保险费;"太平洋",指赔偿金,又暗指"太平洋保险公司",是比喻、夸张、双关三种修辞格的兼用。这则广告词的制作比较巧妙。

二、评论不足

对语言好的有修辞特色的作品,要多学习;对有缺点有语病的作品,也不妨想想毛病出在哪里,应该怎么改。有的作家、报刊就公开表示欢迎读者提意见,指出语言毛病。有的报刊还不时登载一些读者这方面的批评意见。《咬文嚼字》杂志自 2000 年第一期起,每一期为一位作家"挑刺",受到了读者欢迎。评论别人的不足,不是对别人的不尊重。事实上情况也比较复杂,有的语病是由于作者语言功力不足,或写作态度马虎,或文风不正;也有的是由于一时疏忽。对于一些是否有语病拿不准的,还可以和别人讨论,查找有关的书籍。一个人如果这样做,而且持之以恒,表达能力、语文素养一定能扎扎实实地提高。下面举一些值得商讨的例子。

③ *我们公司对开发新产品有特殊贡献的科技人员,特殊地给以照顾。

"给以照顾"哪有"特殊"与"不特殊"的区别呢?作者想说的意思可能是"给以特殊的照顾",修饰语"特殊"放错地方了。

④ *这家排名仅次于微软的全球第二大软件企业一直有个想法,那就是把其研发中心设到中关村。如今大老板亲自出马,来看甲骨文(美国甲骨文公司),他对中关村是满意的。

"把",现代汉语介词,带有口语色彩;而"其",为古代汉语代词,带有文言色彩;二者连用,不够协调。所以,改成"把它的"或"将其"更好。"设到"也不太合乎说话习惯,不如改成"设在"。

⑤ *用这种技术复制的石碑和拓片,图案、花纹清晰,字型准确,颜色质感好,对原碑无损伤。有了这种新技术,我国那许许多多的稀世珍贵的石碑和石刻艺术品,就不用愁文物无法复制和保存了。

"就不用愁文物无法复制和保存了","文物"可省,因为这一句的主语"我国那许许多多的稀世珍贵的石碑和石刻艺术品"就是讲的"文物",再说意思就重复了。而且,文物的种类比石碑和石刻艺术广泛得多。

⑥ *可是真实情况却让人感到意外。中关村地区不但没有形成大吃大喝的火爆局面,反而却是快餐红火、大餐萧条的另一番景象。有关人士分析,造成上述情况的主要原因是因为中关村的作息时间"很特别",午休时间短,来不及吃;下午下班早,赶不上吃。说起来似也成理,但仔细分析却又没说到关键。

"反而却是快餐红火","反而"与"却"都是副词,意思相近,表示转折,"却"宜删。再说,上文已用了个"却"(却让人感到意外),邻近的句子用词,字面上最好避免雷同。"造成上述情况的主要原因是因为……","原因"和"因为"虽然词类不同,但意思近似,可以省去一个,说成"造成上述情况的主要原因是……"或"造成上述情况主要是因为……",这样语言显得简洁些。

⑦ ＊真正有理想、有抱负的青年,在困难甚至在失败面前也决不气馁,而应该坚持不懈,辛勤发奋。

"也决不气馁"和"而应该坚持不懈,辛勤发奋",是整个句子谓语部分的主要成分("真正……青年"是全句主语,"在……面前"是谓语部分的状语),它们在语意上有转折,但是结构关系是并列的,所以在表述的角度、语气上应该一致。此例的毛病在于"也决不气馁",是从描述"真正有理想、有抱负的青年"的角度,说明他们怎么样;可是"而应该坚持不懈,辛勤发奋",则是从对"真正有理想、有抱负的青年"进行勉励的角度,指出应该怎么样。二者应该一致起来,可以改成"也决不气馁,而是坚持不懈……"或"也不应该气馁,而应该坚持不懈……"。此外,"而应该坚持不懈,辛勤发奋"也欠妥。"坚持不懈",本身意思未完,下文应该接着说去怎么做;而"辛勤发奋"是"辛苦勤劳"和"振作起来"的意思,不能起到补足语意的作用,可以改成"奋发向上"。

⑧ ＊"当家菜"让位　万户齐欣喜
　　大白菜成了"末代皇帝"

(标题　《北京晚报》)

肩题"'当家菜'让位"和"万户齐欣喜"是两个句子,猛一看似乎挺整齐,是对偶句,因为两句都是五个字。可是细细一看,前面一句主语是三个字,谓语是两个字;而后面一句主语是两个字,谓语是三个字。为什么后面一句不和前面的一致起来呢？可以改成"老百姓欢喜"。"欣喜"书面语色彩浓,改为"欢喜"好。因为"当家菜"为口语词,前后句在风格、色彩上应保持一致。

三、比较分析

将不同作者所写的内容相同、相近的文字放在一起比较分析,对人们的启发很大。尤其是报纸的标题,它们报道的是同一件事,甚或采用了同一电讯稿,看看各报是怎么写的,很有意思。这里举几个例子。

例一:1986年2月4日新华社发出一则电讯,其中说:

⑨ 代表全国一亿七千万少年儿童去南极参加"中国少年纪念标"落成揭幕仪式的两名少先队员吴弘(上海中学学生)和杨海蓝(北大附小学生,女),在度过了十个难忘的极地生活之后,今天凌晨一时,笑眯眯地从大洋彼岸飞回来了。……吴弘、杨海蓝一行五人组成的中国少年先锋队代表团是应国家南极考察委员会的邀请,于今年1月8日由北京启程赴南极的。

一些报纸所用的标题是:

⑩ 赴南极两少年　笑眯眯回北京

(《人民日报》)

⑪ 南极访问圆满完成　吴弘杨海蓝笑眯眯回来了

[《人民日报》(海外版)]

⑫ 我国两名少先队员　已从南极回到北京

(《文汇报》)

⑬ 两位中国少年南极归来

(《工人日报》)

《人民日报》和《人民日报》(海外版)敏锐地抓住电讯稿中的"笑眯眯"字样,将它引入标题,充分地表现了两名少先队员幸福自豪的神情,标题显得更有神采。

例二:1988年初,青海省发生了一件震惊全国的事件,一名名叫夏斐的小学生,学习成绩不好,他母亲吴玉霞望子成龙心切,加以痛打,不幸失手,致使夏斐身亡。后吴玉霞于看守所自缢。这一消息全国许多报纸都进行了报道,一些报纸用了下面的标题:

⑭ 悲剧制造者的悲剧　夏斐生母自缢身亡

(《人民日报》)

第一章 概 说

⑮ 夏斐之母自缢身亡

(《光明日报》)

⑯ 悲剧制造者的悲剧 将儿子毒打致死的吴玉霞自缢身亡

(《解放军报》)

⑰ 悲剧制造者的悲剧 夏斐之母自缢身亡

(《中国青年报》《工人日报》)

⑱ 悲剧制造者的悲剧 夏斐之母自杀身亡

(《文汇报》)

除《解放军报》外,几家报纸都将吴玉霞称作"夏斐之母",而《人民日报》则称其为"夏斐生母";一个"生母",表明并非继母、养母,更突出了事件的悲剧性,具有强烈的震撼力。平时我们常常讲"炼词",这便是运用词语深刻有力的范例。

例三:1988年9月,我国核潜艇水下发射运载火箭获得成功,许多报纸都作了报道。一些报纸用的标题是:

⑲ 划过海天的弧线——导弹核潜艇水下发射运载火箭目击记

(《人民日报》)

⑳ 我国核潜艇水下发射运载火箭成功 运载火箭准时溅落预定海域

(《解放军报》)

㉑ 海啸龙飞——核潜艇水下发射运载火箭见闻

(《科技日报》)

㉒ 万顷碧海腾巨龙——核潜艇水下发射运载火箭目击记

(《中国青年报》)

㉓ 飞龙跃海——我国核潜艇水下发射运载火箭目击记

(《北京晚报》)

以上各报所用标题有的突出运载火箭发射的壮观景象,有的突出运载火箭技术的精湛,前者彼此又不尽相同,真是各具特色。

又如2011年对天宫一号和神舟八号空间对接的报道,《光明日报》2011年11月3日的文章标题是《目击"天宫""神八"首次牵手——"太空之吻"有哪些亮点》,《解放军报》同天的报道题目是《天上一个家园 地上一个家园——写在天宫一号与神舟八号空间交会对接成功之际》。《光明日报》重在两个航天器对接的亮点,《解放军报》重在指挥和操控这场对接的科技人员的精确工作。两家报纸的报道各有所长。

例四:1986年1月9日,多家报纸都刊登了一则报道,内容是中央爱国卫生运动委员会要求全国加强灭鼠工作。一些报纸用的标题是:

㉔ 中央爱国卫生运动委员会要求　立即在全国范围加强灭鼠工作

(《人民日报》)

㉕ 我国每年鼠害损失粮食三百亿斤　爱卫会要求全国掀起灭鼠工作

[《人民日报》(海外版)]

㉖ 中央爱卫会办公室负责人发表谈话　呼吁全社会都来重视灭鼠工作

(《光明日报》)

㉗ 老鼠——惊人的数字,骇人的危害

(《工人日报》)

㉘ 触目惊心　我国人均老鼠三只　中央爱卫会要求社会重视灭鼠灾害

(《中国青年报》)

㉙ 今年起全国开展灭鼠活动　让三十亿只老鼠不得安生

(《文汇报》)

㉚ 灭鼠工作必须引起重视　全国有三十亿只每年毁粮三百亿斤

(《北京日报》)

以上各报讲鼠害时,有的比较概括;有的比较具体,引用了有关数字。其中,有的报纸引用了粮食所受损失数,有的引用了老鼠数,有的二者兼用。《中国青年报》别出心裁,他们用的是自己编写的稿件,其中有人与鼠的数字比较,并在标题中标出。这些不同的侧重点都会对人们有所启发。

以上讲的是报纸标题的比较,其实可以比较的地方很多,例如要求人们爱护草坪的说法就不少,这里列举一些:

㉛ 严禁践踏　违者重罚

㉜ 请勿践踏草坪

㉝ 请爱护草坪
㉞ 足下留青
㉟ 小草微微笑,请你绕一绕

㉛是命令、警告的语气,还带有一点儿威吓,使人反感。㉜有个"请"字,比较有礼貌,然而"践踏"有摧残之意,用词尖厉,仍然使人觉得是一副冷面孔。㉝是从正面提出希望、要求,语气温和,使人感到亲切。㉞是劝导语气,不仅显得有礼貌,而且富于艺术性。"足下留青",四字词组,形式精美,语言形象。而且它是根据"手下留情"的仿造,"留青""留情"谐音双关,巧妙含蓄。例㉟是南京市挹江门外小桃园市民公园里的一块标语牌。该标语运用了拟人的手法,又讲究读音的节奏、押韵,让人感到十分亲切、愉悦,既爱读爱看,又易懂易记,起到了很好的宣传效果。

思考与练习一

一、中国第一部修辞学专著是什么?作者是谁?
二、标志中国现代修辞学建立的著作是什么?作者是谁?
三、什么是修辞?什么是修辞学?
四、什么是语境?请举例说明。
五、为什么说修辞是一种创造性活动?请举例说明。
六、修辞主体的修养主要包括哪些方面?
七、下面的标题是揭露生产厂家在"生产日期"上弄虚作假欺骗顾客的,两种说法,你看哪种说法好?为什么?

(1) 喝"明天"的牛奶 吃"明天"的面包
    生产日期,你和谁逗着玩
(2) 厂家弄虚作假 今天出厂的牛奶、面包竟然标上"明天"的日期

八、下面的宣传安全的口号,两种说法,你看哪种好?为什么?

(1) 窗关好 门锁好 安全防范不可少
(2) 加强安全防范意识 外出时要关窗锁门

九、下面是一则报道的标题,两种说法,你看哪种好?为什么?(报

道说的是:杭州红十字医院为晚期癌症病人实行"安乐活"手术,让病人不再感到剧烈的疼痛,不再要求"安乐死"。手术所用方式是有针对性地阻断病人感觉疼痛的神经。这种手术只能止痛,不能起治疗作用。)

(1) 晚期癌症病人可以做手术止痛
(2) "安乐活"挑战"安乐死"

十、下面是一则报道的标题,两种说法,你看哪种好?为什么?(报道说的是著名华裔科学家李政道将做《21世纪科学的挑战》的大型学术报告,报告将从中国古代科学开始,说明基础科学、应用科学和开发产品的关系,并提出21世纪人类将面临的一些重大挑战性的科学课题。报告会已有近万人报名参加。)

(1) 万人争听李政道学术报告
(2) 万人争听李政道论"道"

第二章　词语的锤炼

　　词语是语言的建筑材料。由词语组织成句子,由句子结构成篇章;生动的语句,令人不忍释手的佳作,是跟语言的建筑材料分不开的。古今中外的作家无不为此呕心沥血,孜孜以求。我国古代的诗话、词话、文论中这方面的佳话不少,如今用作斟酌、琢磨字句的"推敲"一词,本身就是一则生动的故事:

① (贾)岛初赴名场,于驴上吟:"鸟宿池边树,僧敲月下门。"遇权京兆尹韩吏部呵喝而不觉,洎拥至马前,则曰:"欲作敲字,又欲作推字。神游诗府,致冲大官。"愈曰:"作敲字佳矣。"

(宋代阮阅《诗话总龟后集》卷二十四)

　　作品中一些精练的词语,能大大提高表达效果,使人经久难忘。笔者就记得,第二次世界大战以后,大概是1947年吧,欧洲有关国家为多瑙河存在纷争,有一篇报道是介绍这一争执的,用的标题是:

② 多恼的多瑙河

"恼(惱)"与"瑙"同音,繁体字字形很相近,作者将表示无尽烦恼的"多恼"用来修饰音译词"多瑙河",十分巧妙,大大提高了标题的语言艺术含量。

　　再如,20世纪50年代,《人民日报》有一篇小品文是鞭笞"见利忘义"的,具体内容记不清了,但题目印象仍很深刻:

③ 铜臭染污了灵魂

"铜臭",鄙夷的感情色彩多么鲜明;"染污",笔墨的锋芒多么犀利;"灵魂",用词多么深刻而使人痛惜。

　　歌曲《我和我的祖国》第一句就是"我和我的祖国一刻也不能分割",这"分割"一词用得极好。"割"是立刀旁(刂)的汉字,要动刀子啊。"分割"是用刀从一个整体中分出去,我们似乎能感受到从母体中分割出去的残忍、残酷、痛苦、痛楚,心中滴血,所以歌词用"不能分割"。如果用"分离、分开、分别"等,就不能深切地表达我们和祖国母亲连心连肉连骨的骨肉亲情了。

"语不惊人死不休"(唐代杜甫《江上值水如海势聊短述》),这应该作为我们的座右铭。

第一节 词语锤炼的基本要求

一、准确朴实

"文以辨洁为能,不以繁缛为巧。"(南朝刘勰《文心雕龙·议对》)古人认为,文辞应该以明晰洁净为高明,而不以堆砌华丽的辞藻为工巧。也就是强调要做到准确朴实。

在政治性活动中,名称、用语的准确有特别重要的意义。1999年12月20日澳门回归,中央电视台对有关活动进行了实况转播,节目主持人白岩松在转播结束时特意指出:

① 江泽民等参加澳门政权交接仪式,所用名称为"中国政府代表团",因为有另外一方葡萄牙政府代表团参加。结束后,举行中华人民共和国澳门特别行政区成立暨特区政府宣誓就职仪式,所用名称为"中央政府代表团",因为是国内事务。

一个是"中国政府代表团",一个是"中央政府代表团",分别用于内容不同的活动,这是绝对不能混淆的。

我国实行市场经济以后,有的同志在为谁服务的问题上产生了一些糊涂认识,提出"纳税人"是公务员的"衣食父母",公务员要"为纳税人服务"。上海《解放日报》发表评论员文章指出,不能用"为纳税人服务"取代"为人民服务",其中说:

② "纳税人"和"人民"是两个不同的概念。从法律上说,纳税人包括自然人和法人在内。我国现在财政收入的主体还是国有企业,大部分群众的收入还没有达到缴纳个人所得税的标准,还不是"纳税人"。我们所说的人民,是指我们国家最广大的工人、农民、知识分子、干部和解放军指战员,他们是我们国家的主人。

近几年来,报刊上经常有"偷税漏税"的提法,《宣传手册》刊载王海涛的文章指出,这种提法十分不妥。其中说:

③　"偷税"和"漏税"本身都是违反税收法律的行为,纳税人不依法纳税就是违法,那就是偷税、抗税、逃避追缴欠税、骗税,但不是"漏税"。

　　用"漏税"这个概念淡化了国家税法的严肃性,使人产生误解,就好像"读书人窃书不为偷"一样,从而混淆"偷税"概念,容易使纳税人犯"偷梁换柱"错误,这对纳税人有一定的误导作用,使一部分纳税人在纳税时抱侥幸心理,能偷就偷,查出来就说是"漏税",只缴税不罚款。

当今的社会生活中,商务活动频繁,有关的合同、字据等,用词一定要准确明晰,含混模糊会带来严重后果。《深圳法制报》曾经报道了这样一件事:李军接手了一项防弹玻璃装修工程,向银星玻璃厂订购了 79 平方米玻璃,付清了 30,500 元货款。后来,李军又向银星玻璃厂订购 50 平方米玻璃,并预付了 2 万元货款。李军给该厂经理周青代写了一张收条,写的是:

④今收到防弹玻璃柒拾玖平方米,已付款叁万零伍佰元整,余贰万元整。

李军等来的并不是第二批订货,而是法院的一张传票。原来周青提出了诉讼,声称李军向银星玻璃厂求购防弹玻璃 79 平方米,价格共 50,500 元,但仅付了 30,500 元,尚欠 2 万元。法院经过反复调查,终于弄清了事实,宣判周青败诉。这一起纠纷,问题就出在一个字的运用上:"余贰万元整"的"余"指什么?李军的意思是指给周青 79 平方米玻璃的全部金额外的多余部分,即另一笔预付款;而周青则钻了空子,指货款中尚未付与的部分。这一起本来不该发生的法律纠纷是一个教训,应该引起人们的重视。

文艺作品很重视词语运用的准确性,以此作为刻画人物的手段。例如:

⑤巡　警:我给你挡住了一场大祸!他们一进来呀,你就全完,连一个茶碗也剩不下!

王利发：我永远忘不了您这点好处！

巡　警：可是为这点功劳，你不得另有份意思吗？

（老舍《茶馆》）

以上是指三五个兵痞闯进门口强行要钱，巡警从中劝解，给了一点儿钱才离去。对这件事，王掌柜用了个"好处"，分量较轻，意思是并非帮了多么了不起的大忙；而巡警却用了个"功劳"，即做出了贡献；"论功行赏"，除原先已给的钱外，还得"另有份意思"。用词的不同，准确地表现了人物的心理状态。再如：

⑥　许景由："三十年前的事，我后来越来越觉得不安，我知道大陆上是讲究家庭出身的，又一直在搞阶级斗争，你又是一个孤儿。"

许灵均："我是一个孤儿倒好！我不能算孤儿，我是你们的一个弃儿！"

（李准《牧马人》）

许景由，上海大资本家，对妻子很冷漠，另有外室。后来不顾妻子病危、孩子年幼去了美国。走后四天，妻子丢下许灵均撒手人世。许景由用了"孤儿"一词，是说他孤苦伶仃，无人照顾。许灵均纠正说："我是一个孤儿倒好！我不能算孤儿，我是你们的一个弃儿！"这么说是因为父亲的关系，自己也成了"资产阶级的一分子"；而实际上，他是被家庭遗弃的人。"弃儿"，一个准确的用词，道出了许灵均的怨恨和酸楚，折射出了许景由遗弃妻儿的不道德行为。

《跑警报》（汪曾祺）文中写道：

⑦　我刚到昆明的头二年，三九、四〇年，三天两头有警报。有时每天都有，甚至一天有两次。昆明那时几乎说不上有空防力量，日本飞机想什么时候来就来。……一有警报，别无他法，大家就都往郊外跑，叫做"跑警报"。"跑"和"警报"联在一起，构成一个语词，细想一下，是有些奇怪的。因为所跑的并不是警报。这不像"跑马""跑生意"那样通顺。但是大家都这么叫了，谁都懂，而且觉得很合适。也有叫"逃警报"或"躲警报"的，都不如"跑警报"准确。"躲"，太消极；"逃"又太狼狈。唯有这个"跑"字于紧张中透出从容，最有风度，也最能表达丰富生动的内容。

汪文说"跑"这个词用得最准确。

  词语的准确与朴实往往是联系在一起的,有的词语朴实无华,但却十分精当。清代沈德潜说:"古人不废炼字法,然以意胜而不以字胜,故能平字见奇,常字见险,陈字见新,朴字见色。近人挟以斗胜者,难字而已。"(《说诗晬语》)焦裕禄的女儿焦守云在《我对父亲有了更深的了解——看故事片〈焦裕禄〉》一文中曾经说了这样一段话:

> ⑧ 作为焦裕禄的亲属,我们尤其关心父亲和家人关系的处理,这是我们最熟悉又最难忘的。看完后,我们觉得很朴实,很自然。妈妈对父亲的深情,对父亲生病后的焦急心情,只用了一句话就全部道出:"你再不吃药,我就去地委告你。"这是妈妈当年说过的,此情此景再现,妈妈几乎不能自制。

焦裕禄为改变兰考县的贫困面貌日夜操劳,自己的病顾不上及时治疗,可他的爱人急了:"你再不吃药,我就去地委告你。"话语平平常常,特别是一个"告"字,甚至带有对立色彩,但却鲜明地表现了对亲人病体的关切、焦虑。人们为这一对生活伴侣之间的恩爱深深感动,同时也对焦裕禄肃然起敬。像这样感人的话语,是多少艳词丽句也无法比拟的。再例如:

> ⑨ "张大爷,给您手腕系上点儿,这是医院的规矩!"
>   张老汉一愣,继而又哈哈笑道:
>   "您就捆吧,这还用说! 说实话,姑娘,要不是这双眼制的我,我可不是那老实呆着的主儿。就这,我在家还一天下两遍地。唉! 生就的兔子脾气,就爱满世乱蹦跶,呆不住呀!"
>   小护士又被他说得笑了起来,他自己也嘿嘿地笑了。
>
>   (谌容《人到中年》)

把手腕固定在手术床上,小护士用了个"系",指带子比较细,动作比较轻;而张老汉用了个"捆",这个词庄稼汉是用得最多也最习惯的:捆庄稼、捆柴火、捆牲畜……所以他对自己也自然而然地用了这个词。加上其他表达如"不是那老实呆着的主儿""生就的兔子脾气""就爱满世乱蹦跶",一个粗犷、厚道、爽朗的农民形象活脱脱地展现在我们眼前。

  下面的例子显得不够准确朴实:

⑩ ＊病房只住着一个被烈火烧伤的重伤员。这时，小分队的同志们已经有些累了，但谁也没有显出松懈。他们严肃认真、一丝不苟地在这一个观众面前表演起来。

"没有显出"似乎只是没有显露出来而已，显得消极，不能准确地表现出小分队的同志们慰问伤病员的热情，和下文的"严肃认真、一丝不苟"也是不一致的。可将"显出"删去。

⑪ ＊购物中心的新老朋友们：

当新年钟声敲响的时候，购物中心已经伴您度过了九个春秋。在我们成长的每个脚印中都有您关注的目光。我们将在社会各界的厚爱与支持中继续把"中心"办成百姓喜爱的商场，您的满意是我们最大的收获。祝朋友们万事顺心，财源滚滚！

中心经理×××

"在我们成长的每个脚印中都有您关注的目光"，何谓"成长的每个脚印"？何谓"脚印中"都有"关注的目光"？"您的满意是我们最大的收获"，"满意"也成了"收获"？这些都显得华而不实。想让文字具有文采是好的，但不能不合事理，使人费解。

⑫ ＊从老先生（任继愈）身上感受不到什么"官威"的压迫，只有一种发自内心的尊重和亲切感油然而生。或许这就是大家风范吧。

（王磊《生命中最后的吃语》）

任继愈老先生虽说是国家图书馆馆长，但一辈子是研究学术的，是以学者而著名的。文中用了"官威"和"压迫"两词，似有对老先生的平易近人、亲切随和故意夸张之嫌；再者，"尊重"和"亲切感"既已"发自内心"了，就不能同时再用"油然而生"，而且该词用在此处也显得不够朴实。

二、简洁有力

简洁有力是要求文字简省，但蕴含深厚，感情鲜明，表述具有力度。这个"简"，不是简单地指字数少，它是我国古代文论中所崇尚的一种很高的境界。清代刘大櫆有一个精辟的阐述："凡文笔老则简，意真则简，辞切则简，理当则简，味淡则简，气蕴则简，品贵则简，神远而含藏不尽则简，故简为文章尽境。"(《论文偶记》)唐代史学家刘知几很赞赏前人的一则纪事:"《春秋经》曰:'陨石于宋,五。'夫闻之陨,视之石,数之五,加以一字太详,减其一字太略,求诸折中,简要合理,此为省字也。"(《史通·叙事》)纪事颇简要,评述也是很精当的。

我国的文学作品在人物描写上,喜爱运用"白描"手法,往往淡淡几笔,人物就显得神情毕肖,跃然纸上。例如:

⑬ 直到第三天,当社员们走出棉田,围在一棵大树下面休息时,他终于鼓起勇气凑了过去。人们用同情和关切的眼光看着他,沉默着。半晌,吴吉昌好像自言自语似地说道:"棉苗长得不错呵。"队长立刻回答说:"就是挂桃少。"老汉说:"那是因为后期管理没跟上。"这时候,一位中年女社员冲口说:"吴劳模,你给指点指点吧。"吴吉昌凄然一笑,摆摆手说:"好妹子,不敢再称劳模了。"那位女社员噙着眼泪回答:"老大哥,俺们心里明白……"

(穆青《为了周总理的嘱托——记农民科学家吴吉昌》)

以上是报告文学中的一段。吴吉昌,农民科学家,全国植棉劳动模范,周总理曾亲自嘱托他"研究解决棉花脱蕾落桃问题"。"文化大革命"中,吴吉昌被打成反革命、"黑劳模"。这一段是写他见地里的棉苗"疯长",想提醒社员注意,但又怕社员不理,是一个富于戏剧性的场面。整个描写都很精彩,词语生动传神。"他终于鼓起勇气凑了过去","终于",反映出人物内心的斗争多么激烈;"凑",活画出了人物担心不受欢迎、胆怯畏缩的神态。"半晌,吴吉昌好像自言自语似地说道","好像自言自语",写出了吴吉昌想和社员攀谈进行试探的微妙心理。"一位中年女社员冲口说","冲口",表明社员的心里话再也憋不住了,不由得脱口而出。"'吴劳模,你给指点指点吧。'吴吉昌凄然一笑",一声"吴劳模",触及了人物的创伤;"凄然一笑",感慨、酸楚,百般滋味一起涌上心头。"那位女社员噙着眼泪回答","噙",对人物遭遇的深切同情,对妖孽暴虐的无限愤恨,全在这里了。再例如:

⑭ 　　郭骗子:"要说你真得请我喝一壶,许老师不光改正了,现在还是国家教师。"

秀芝:"我不管教师不教师,在我眼里他还是许灵均!我从结婚的那一天起就给他改正了,不是现在!"

　　郭谝子:"你改正没有给他补贴五百块钱呀!"

　　秀芝:"我把心都扒给他了,比钱贵重得多!"她撒娇地说着,自己眼睛也红润了。

(李准《牧马人》)

许灵均被错划为右派终于得到了改正,并被安排在牧场小学教书,以上是这以后郭谝子和秀芝的一段对话。"我把心都扒给他了","扒",劳动时常用词语,"刨、挖"之意。这一个词表现了秀芝这一农家姑娘对许灵均真挚的爱,词语朴实平易,但却感人肺腑。

　　文章题目和新闻标题受字数限制,在简洁有力方面要求很高。下面例子中的重要词语一般只一两字,但很有力度。例如:

　　⑮ 长江变成"黄河"了——关于长江水土流失的报告

(标题　李斌)

《报告》中说:长江至 20 世纪最后十年给人留下的印象不是长,而是黄,水土流失、水域污染犹如一种慢性顽症,强烈侵蚀着万里长江肌体的健康,威胁着国家的生态安全,成为长江经济带社会发展的"心腹之患"。标题用了个"长江变成'黄河'了","黄河",语意双关,使人触目惊心,具有振聋发聩的效果。

　　⑯ 省委书记怒斥"电衙门"

(标题　《北京晚报》)

这则报道讲的是地处边远山区的四川省资中县曾经存在着严重的"关系电""人情电",导致村民用电每度竟高达 5 元钱。村民嫌电费过高,有的甚至又点起了废置已久的煤油灯。省委领导为此震怒,斥责"电衙门"的做法和作风。"电衙门",词语尖锐有力,表现了党的领导对手中握有某些权力的机构高踞于人民群众之上作威作福不能容忍的态度。

　　⑰ 敲响嗜血家族的丧钟

(标题　《北京晚报》)

报道讲的是黑龙江省拜泉县警方破获一特大暴力性家族犯罪团伙,这一团伙几年来共入室抢劫、强奸杀人作案 25 起,杀死 12 人,抢劫财物 6 万余元。标题不用"罪恶家族",而用"嗜血家族",更鲜明地表现了这一家族性犯罪团伙的豺狼本性。

⑱ 脚踩金山不沾金

(标题 《解放军报》)

报道讲的是新疆军区红山嘴边防连,驻守在"金山"(蒙古语,阿尔泰山)腹地,该山有72条山沟,条条山沟都有黄金。一些淘金老板想用送黄金、淘金之后五五分成等利益贿赂官兵,以达到非法淘金的目的。但连队官兵始终坚守"黄金宝石有价,军人荣誉无价"的准则,自觉做到了"脚踩金山不沾金,一身正气守边关",堪称维护军队形象和荣誉的典范。标题中用"踩"和"不沾"这两个意思相背离的动词(组),又叠用了"金山"和"金"这两个名词,仅仅七个字就充分地展示了中国军人面对明晃晃、闪亮亮的黄金却不为所动的高贵品质。

⑲ 地图岂容随意创作

(标题 《北京晚报》)

报道讲的是某些非法企业出版的地图,擅自变更国界线,漏绘国家领土,把地区当作"国家",造成很坏的影响。标题不用"绘制"而用"创作",加之运用反问句句式,具有强烈的讽意。

⑳ 万里大解救

(标题 《北京晚报》)

这是一组新闻图片的标题。图片主要记录了陕西省西安市公安局的一次"打拐"行动。他们行程14,000千米,从内蒙古和山西成功地解救出14名被拐卖的妇女。图片标题用了个"万里",表现出公安战士跋山涉水,历尽艰辛的过程,而"大解救",则表现出公安部门打拐的坚定意志和取得的重大胜利。整个标题显得威严而有气势。

㉑ "咬"定市场铸辉煌——从石家庄制药集团看国企改革的希望

(标题 《人民日报》)

报道介绍的是石家庄制药集团坚决根据市场的需求进行国企改革的情况。一个"咬"字,表现了人们的决心和措施的得力。

㉒ 今天上午200多家单位涌进清华"猎才"

(标题 《北京晚报》)

标题不用"招聘人才",而用"猎才",有"瞄准目标,志在必得"之意,表现了这些用人单位招纳贤才的强烈愿望。

㉓ 生命中最后的呓语

(标题 《北京青年报》)

"呓语",本是病人或精神不正常的人在意识不清楚的情况下的胡言乱语,但它也从某种程度上反映了一个人的追求和价值取向。作者在陪护病危的国家图书馆馆长、大学者任继愈时,听到老先生临终昏迷时的呓语竟然都是"开会""发言""《大藏经》""书稿"之类的内容,撼人心扉。该标题"最后的""呓语",准确而生动地表现了任继愈老先生鞠躬尽瘁、死而后已的学者生涯、学术情怀。

而下面的例子词语力度不够,最好改一改:

㉔ *南京万人坑的累累白骨,揭露了当年日寇大屠杀的罪行。这个血淋淋的历史事实是不会被篡改的,今天不会,明天也不会!

此例有三处用了"会"。"会"表示可能。第一个"会"连同后面的"被"可改成"容",第二、第三个"会"可改成"容许"。"不会"只是一般地表示不可能性,是一种判断、预测;而"不容(许)"则表示主观意志。不过就此例来说,第二、第三个分句最好换个说法,全句可改成:

㉕ ……这个血淋淋的历史事实是不容篡改的,今天篡改不了,明天也篡改不了!

改笔突出"篡改",感情色彩更浓,义正辞严,态度凛然。

三、新鲜活泼

心理学认为,人在同一时间内不能感知周围的一切,只能感知其中的少数对象。而刺激物的新异性能引起人的注意,即对一定事物的指向和集中。语言,特别是标志事物的词,作为刺激物正是如此,所以人们特别重视词语的新鲜活泼。唐代韩愈提出"惟陈言之务去"(《答李翊书》),清代李渔认为,"人惟求旧,物惟求新,新也者,天下事物之美称也。而文章一道,较之他物,尤加倍焉"(《闲情偶记》),都是强调的这个意思。

新鲜活泼的文章是和作家的创造精神联系在一起的。例如:

㉖ 那是正对船头的一丛松柏林,我去年也曾经去游玩过,还看见破的石马倒在地下,一个石羊蹲在草里呢。

(鲁迅《社戏》)

如果说"看见地下有破的石马,草里有一个石羊",就平淡乏味了。作家说"看见破的石马倒在地下,一个石羊蹲在草里",石雕都成了具有生命的动物,真是新颖别致。"倒",因伤残而跌落;"蹲",悄然蹲坐。这些用语活画出了孩子眼里新奇的世界,纯真而富于童趣。

㉗ 那晚月儿已瘦削了两三分,她晚妆才罢,盈盈的上了柳梢头。天是蓝得可爱,仿佛一汪水似的;月儿便更出落得精神了。

(朱自清《桨声灯影里的秦淮河》)

这是关于月亮的描写,看来时间大约在农历的后半月。人们写月亮常常喜欢写望月、新月,农历后半月的月相不是那么美的,但在作者的笔下却另有情韵。他不说"月亮已不那么圆",而说"月儿已瘦削了两三分",也就是显得更俊俏了。他不说"慢慢地升上天空",而说"盈盈的上了柳梢头",仿佛是窈窕淑女,莲步轻移,缓缓地在柳梢之上显露。这些清新脱俗的用词,使文字洋溢着诗意般的美。

在日常的社会生活中,同样要求语言的新鲜活泼,尤其是新闻标题,编辑是很下功夫的,因为这样才能吸引人们阅读。例如:

㉘ 农业专家西部行今开拔

(标题 《北京晚报》)

报道讲的是五十多位著名的农业专家,将奔赴内蒙古、宁夏、甘肃、新疆等西北四省区,开展农业科技推广、咨询活动。标题不用常见的"出发""启程",而用"开拔",因为这个词常常用于驻军,表示由驻地或休息处出发,含有"为西部大开发而征战"之意。

㉙ 一人"生病"别让大家"吃药"

(标题 《解放军报》)

报道讲的是某些部门、某些领导在处理问题时不能区别对待,分清个别与一般,找准问题,对症下药,而采取"一锅煮"的办法,一人有病,大家都得吃药。标题给人以新鲜感,生动形象。

㉚ 军嫂:嫁给耳朵

(标题 《解放军报》)

这是军报编辑从中国军网博客中选出的一篇短文的标题。

解放军官兵中,夫妻、恋人绝大多数是两地分居的,他们之间的思念和牵挂,基本上都是通过电话、手机。不管多远,即使信件不方便到达的地方,电话、手机也是可以打通的。千里万里,电波都可以承载他们的思念、牵挂、幸福和快乐。一切的一切,他们都是通过耳朵最先感受到的。

细细想来,这里边又包含着多少心酸,那是别人看不见感受不到的。耳朵代替了其他所有的感觉器官,在那样的时刻独自感受着恋人之间最亲密的关怀,感受着夫妻之间最平淡的体贴,感受着彼此传递的点点滴滴。嫁给军人=嫁给耳朵!

"嫁给耳朵",多么新鲜的标题!它生动地表现了军人和他们的另一半的艰辛和心酸,职责和担当,表现了他们为国为民的自我牺牲。

㉛ "加急电报"谢幕

(标题 《文摘周报》)

报道讲的是中国电信将对电报业务进行调整,曾经是过去几十年中最为迅速快捷的通信手段"加急电报",将不再存在。除公益性服务的特殊业务种类外,其他电报均作为普通电报处理。标题不说"不再存在"或"今后改作普通电报",而说"谢幕",颇有意趣。这个词原本表示演出闭幕后观众鼓掌时,演员站在台前向观众敬礼,表示答谢。这里用这个词,也含有"几十年来承蒙用户厚爱,行将退出'历史舞台'时,向人们表示感谢"之意。

㉜ 癌症向生物治疗低头

(标题 《文摘报》)

报道讲的是运用"生物治疗手段"对肿瘤病人进行治疗,有望完全消灭癌细胞,达到根治的目的。这些治疗方法已经在广州一些大医院试验性使用并获得成功。标题不用常见的"生物治疗有望根治癌症"或"生物治疗试验性使用获得成功"一类说法,而说"癌症向生物治疗低头",使人们为之一振。这个严重威胁人类生命的恶魔终将被制服,标题充满了喜悦与自豪。

㉝ 春节假期过半 "122""119"安安静静

(标题 《北京晚报》)

报道讲的是2001年春节假期已经过去的几天中,"122"交通事故报警台和"119"火灾报警台均无重大事故报警。标题不说"春节假期过半未发生重大交通事故和火灾",而是别具匠心,选取"报警台"这个角度来报道;而且也不直说"无重大事故报警",而说"安安静静",表现出了新世纪的第一个春节平安吉祥。

㉞ 蚯蚓环保员将"上岗"

(标题 《北京晚报》)

报道讲的是一吨蚯蚓每天可以处理一吨垃圾,北京市海淀区环卫局将把城市生活垃圾的一部分交给蚯蚓来处理。标题将蚯蚓称作"环保员",将它们处理垃圾称作"上岗",新鲜别致,饶有趣味。

㉟ 蚊子钟情哪些人

(标题 《北京晚报》)

标题不说"喜欢叮咬",而用"钟情"。这个词表示感情专注,褒义,这里用于蚊虫,显得风趣俏皮。

㊱ 毛泽东主席说,要"努力写出生动传神的标题"。他的《别了,司徒雷登》《丢掉幻想,准备斗争》《妇女走上了劳动战线》《看,大泉山变了样子》等,有内容,够响亮,鲜活,生动,为我们做出了榜样。

(《毛泽东怎样拟文章标题》,《扬子晚报》)

在日常的语言交际中有一个值得注意的现象,即一些流行词语颇受人们青睐,为人们喜闻乐道。新闻媒体在这方面反应最快,用的数量也多。确实,不少新词语能给人以鲜活之感。体育运动是人们很喜爱的,这方面的词语流传甚快,而且使用范围广泛。例如:

㊲ 草率结婚,轻率离婚的增多。据部分法院统计,这类离婚案占全

部离婚案的一半以上,个别地区甚至达到 70%,群众称之为"短平快"婚姻,即男女双方从相识到谈恋爱、结婚的时间短;婚后双方感情平淡;从恋爱到离婚快。

(《人民日报》)

㊳ 福建南靖县山区原来只有山里人零星采栽培植的兰花,被大量移植到平原地带,利用花棚、喷灌等设施大规模繁育;而原来只能在平原、半平原地带培植的蘑菇,经精选优质菌种和改进栽培工艺后,则纷纷在高海拔山区成功落户,成为农民们增收的短平快项目。

(《农民日报》)

㊴ 各省市赶现代化　谁先谁后有时间差

(标题　《北京晚报》)

㊵ 年已古稀的专才和日理万机的董事长、总裁、总经理再进大学已是常见之事。他们总是想较早看清未来变化的趋势,在竞争中打个"时间差"领先一步,立于不败之地。

(《文摘报》)

㊶ 上海向"最低消费"亮"红牌"

(标题　《北京晚报》)

例㊲、例㊳中的"短平快"为排球运动用语。上世纪 80 年代中国女排在国际大赛中连连获得冠军,"短平快"是她们克"敌"制胜的重要战术,这一词语曾广为流行。例㊴、例㊵"时间差",亦为排球运动用语。例㊴是说由于中国地域广大,发展不平衡,专家分析,各地实现现代化的时间会有差异。例㊶中"亮'红牌'"为某些球类(如足球)比赛用语。"最低消费"是指该市娱乐餐饮业设立的一种做法,它规定消费者唱卡拉 OK 除了支付正常的包厢费等外,还必须同时进行餐饮消费,而且金额要达到一定的标准。标题意为"严禁这类做法"。

文艺方面的某些词语流传得也很广很快。例如:

㊷ 沪外贸"五朵金花"组建东方国际集团

[标题　《人民日报》(海外版)]

㊸ 敢问路在何方:大陆传媒和网络的预言

(书名　北京广播学院出版社出版)

㊹ 乡里的同志告诉我们，这是当地渔民增加收入的一项重要措施，秋河蟹货足价低时不出手，而是在特制的暂养池中存起来，等到春节期间价高时再卖出去。渔民们自豪地说："这叫做销售跟着市场走，该出手时才出手。"

（《农民日报》）

㊺"盗"你没商量——来自音像城的暗访报告

（标题　《人民日报》）

㊻ 牡丹卡因输官司"变脸"

（标题　《北京晚报》）

㊼ 西藏人买房买车不差钱

（标题　《扬子晚报》）

例㊷"五朵金花"，电影片名。这里指的是上海服装、纺织、丝绸、针织、家纺五家进出口公司。例㊸"敢问路在何方"，借用了电视剧《西游记》主题歌歌词。例㊹"该出手时才出手"，套用了电视剧《水浒传》主题歌歌词"该出手时就出手"。例㊺"'盗'你没商量"，套用了电视剧剧名《爱你没商量》。例㊻"变脸"，川剧艺术的一种表演手法。这里指的是中国工商银行北京分行发放的牡丹交通卡上所用图案乃一摄影家之作品，摄影家提出诉讼，为此工商银行北京分行停止使用原卡，新卡改换成另一图案。例㊼"不差钱"，为 2009 年央视春节晚会上所演小品名。

现在，科学技术知识日益普及，有关这方面的词语也被引用到日常语言交际中来。例如（除例(52)外，均为标题）：

㊽ 人口大省的计生黑洞

（《文摘报》）

㊾ 上海"水"行业裂变　自破垄断

（《文汇报》）

㊿"双防伪"餐饮发票竟被"克隆"

（《报刊文摘》）

(51) 东单体育中心人工草皮全天候

（《北京晚报》）

(52) 新年,送上绿色的祝福。

(《北京晚报》)

(53) 快乐是最好的药,而且没有副作用

(《扬子晚报》)

以上几例中的“黑洞”“裂变”“克隆”“全天候”“绿色”“副作用”均为科技术语。例㊽“人口大省的计生黑洞”是指在执行计划生育那个年代河南省计划生育曾一度失控,农村超生现象严重。例㊾“上海‘水’行业裂变”“自破垄断”是指上海供水行业打破垄断经营,形成公平竞争机制,扭转企业亏损,实现企业良性循环。例㊿是指武汉市场上出现假“双防伪”餐饮发票,置于荧光机下均显橘红色荧光,竟与真发票十分接近。例(51)“东单体育中心人工草皮全天候”,是指北京东单体育中心的足球场从国外引进了人工草皮,四季常青,可以全年使用。例(52)“新年,送上绿色的祝福”,是指首都大学生发起的“减卡(贺年卡)救树”活动的口号。例(53)“快乐是最好的药,而且没有副作用”,用语幽默,告诉我们这才是健康之本。

四、生动形象

生活是异彩纷呈、千姿百态的,艺术家总是最大限度地利用多种艺术手段,如声响、色彩、线条等去反映生活,使之具有艺术形象的具体可感性。语言文字是抽象的概念符号,它所描述的对象不能以直观的形式置于读者面前,但是唤起读者的形象感同样是极其重要的。文学被称为语言艺术,更讲求语言的生动性、形象性,它要求反映生活、描写人物能做到细腻生动,真实可感。例如:

(54)他回过头去说,“水生,给老爷磕头。”便拖出躲在背后的孩子来,这正是一个廿年前的闰土,只是黄瘦些,颈子上没有银圈罢了。“这是第五个孩子,没有见过世面,躲躲闪闪……”

(鲁迅《故乡》)

这一段写的是童年挚友闰土带着孩子来相见的情景。“躲在背后”,活画出了孩子“没有见过世面”、怯生生的神态。“拖”,传神之笔,既写了“孩子”怕见生人不愿出来,又写了闰土唯恐失礼的心理。“廿年前的”,寥寥数字,作者便把前面所描述的“闰土”形象叠印在了“孩子”这个人物上。

“只是黄瘦些”，“颈子上没有银圈”，写的是孩子，但是人们感受到的不只是孩子，而是“故乡”变得“萧索”、荒凉，没有“活气”，闰土的生计更艰难了。

(55)老梁却一把把酒瓶夺了过去，满满地斟了一杯，一仰脖就干了，又满满地给自己斟了一杯，还替我和妻斟了半杯。他一边用手背抹了抹嘴唇，一面大声念：十觞亦不醉，感子故意长，明日隔山岳，世事两茫茫。念完，他哈哈大笑了起来，一仰脖又把第二杯酒喝干了。

（冰心《空巢》）

这段话描写了一个久居海外的高级知识分子借酒浇愁愁更愁的形象。作者用“一仰脖就干了”“用手背抹了抹嘴唇”“大声念（杜诗）”“哈哈大笑”“一仰脖又把第二杯酒喝干了”这样的语句，生动形象地刻画出生活在美国，因妻子早逝、儿子婚后与父别居，而自己不得不独守空巢——一座大房子的孤寂、凄苦的心情。

写景状物，枯燥无味的叙述不能给人留下什么印象，而生动形象的描绘，则使人仿佛伸手可及，举目可见，如临其境，惊喜陶醉。例如：

(56)一个多钟头以后，我们穿出了迷茫昏暗的后峡，这时眼前突然明朗起来，只见落日衔山，河谷里出现了闪光的梧桐树和随风摇摆的柳林。河的两岸麦田金碧，村屋点点。路边野玫瑰和七姊妹花香气扑人。沿着低冈一带草原平铺，牛羊在夕阳下把千万条黑影投落在绿草上……

（碧野《雪路云程》）

整个描写都很动人。“落日衔山”，苍穹之下，地平线上，“落日”竟被起伏的山峦“衔”住，不让它落下，奇突壮观，多么富于浪漫色彩的想象！这是远景。看近处，梧桐在闪光，柳枝在摇曳，再有那绿色的草原，金色的麦田，飘香的野花，黑色的牛羊投影……多么绚丽迷人！这一切激起人们无限的联想，调动了读者艺术再创造的热情。透过一个个的文字符号，人们好像看到了一幅诗情浓郁的山村夕照画。

文艺作品的词语讲求生动形象，其他作品也要求做到这一点。例如：

(57) 老作家姚雪垠有一个座右铭，叫做“抓紧今天”。他每天写作、读书、研究达十几个小时,二十多年来,秋月春风,寒来暑往,从不间断。

(孙起《要有紧迫感》)

文章不用比较抽象的词语,如“一年一年过去”,而说“秋月春风,寒来暑往”,使人有一种岁月更替的具体感受,给人的印象更深刻。

(58) 江苏省最近制定了一项旨在推进和完善乡镇企业园区建设的发展规划,由此,江苏企业将彻底告别“村村点火,处处冒烟”的传统经营模式,构建起集约化发展的新格局。

(《文摘周报》)

报道不说“江苏企业将彻底告别分散的传统经营模式”,而将“分散”写作“村村点火,处处冒烟”,形象地表现了乡镇企业遍布各地的景象,给人们鲜明的视觉感受。

(59) 北京时间今天凌晨1时26分(英国当地时间29日18时26分)在英吉利海峡劈波斩浪近12小时的张健健步走上法国加来海滩,成为第一个只身成功横渡英吉利海峡的中国人。

(《北京晚报》)

报道不说“在英吉利海峡游了近12小时的张健”,而将“游”形容为“劈波斩浪”,显示了我国游泳健儿奋勇搏击、一往无前的雄姿,字里行间洋溢着无比的自豪。

(60) 武汉一运猪车撞车 百猪漫步立交桥 交通中断五小时

(图片标题 《北京晚报》)

图片为运猪车撞车后,立交桥被散落猪只阻塞的情景。标题说“百猪漫步立交桥”,一个“漫步”,表现了猪的神态,幽默中包含着对“撞车”事件的批评;同时也增加了作为晚报所要求的趣味性。

感觉中的主观形象是客观世界的模写,形象地表现出所说对象的形状十分重要,这样才能使人感到真切。例如:

(61) 中国选官有个优良传统,就是“以廉为本”。“以廉为本”就是做官不许发财,贯彻始终,自然不会产生一窝一窝的贪官、昏官。

(赵建鹏《做官即不许发财》)

“一窝一窝”，借用数量词，其中的“窝”，指鸟兽、虫豸的蕃息地。这里将这一数量词用于“贪官、昏官”的成批产生，非常形象，同时含有强烈的贬义。

(62) 要而言之，“摊大饼”发展模式使城市无限膨胀，导致生态环境和人居环境急剧恶化，而城市交通拥挤，不堪其负；同时进一步促使城市绿化覆盖减少，加大供水、供电等服务的难度。

（《文摘周报》）

“摊大饼”发展模式是指以城市中心为圆心，层层拓展的模式，这一说法通俗形象，十分生动，易于理解。

(63) 丰台将消灭最后一条搓板路

（标题　《北京晚报》）

这是指北京市丰台区云岗路改建扩建工程已经正式开工建设。“搓板路”是指路面狭窄、质地粗砾、年久失修、坑洼不平的道路，生动形象，幽默风趣。

(64) 中关村西区建设将首次大规模使用共同沟技术
这意味着“马路拉链”时代的终结

（标题　《北京晚报》）

几十年来，北京市沿街满地开挖铺设市政管线，给市民带来很大的困扰和烦恼，人们埋怨“去年开挖埋水管，今年开挖埋电缆”，不如安装“马路拉链”。“马路拉链”，想象新奇，生动形象，含讥讽之意。

色彩是绘画艺术的重要表现手段，也是言语交际中人们十分重视的方面。富有色彩的词语，可以使描摹的景物显得五色斑斓，大大增强读者的视觉感受。文学作品不用说了，新闻报道用得也很多。例如：

(65) 红了黄土地　富了千万家
陕西农民苹果收入超二十亿元

［标题　《人民日报》（海外版）］

(66) 旅游业日趋火爆　草原牌创出效益
内蒙古碧野绿浪吸引游客蜂拥而来

［标题　《人民日报》（海外版）］

⑥⑦ 新世纪第一场雪染白京城
　　市政府号召出门扫雪　道儿滑千万要小心

（标题　《北京晚报》）

⑥⑧ 延庆今天开动北京第一条生产线
　　吃进白色垃圾　吐出绿色燃料

（标题　《北京晚报》）

⑥⑨ 上帝遗忘在人间的一块翡翠

（标题　《解放军报》）

例⑥⑤的"红了黄土地"，例⑥⑥的"碧野绿浪"，例⑥⑦的"染白"，例⑥⑧的"白色垃圾""绿色燃料"都是带有色彩的词语，使标题显得生动形象，更具有吸引力。例⑥⑨的"翡翠"虽是名词，却能令人一下子想到它的碧绿、润泽、通透，给人以惊喜、温润、陶醉之感。作者将自己被匈牙利首都布达佩斯的美丽、大气所震撼、所折服之感，用"它无愧于'上帝遗忘在人间的一块翡翠'"表现出来，更能引起人们的好奇和向往，也使人更难以忘怀。

声音能够引起人们的情感反应，音乐作为听觉艺术，就是运用声音来表达感情，引起人们对一定生活的联想的。在日常言语交际中，包括新闻标题，人们常常用表示声音的词语，来代替抽象的叙述。例如：

⑦⑩ 12345电话网络开通一年深入市民心中
　　"市长电话"鸣响200万次

（标题　《北京晚报》）

报道说，北京的"市长电话"设立一年来，共接听群众电话200万次。标题没有用"接听"，而用了"鸣响"，富有形象性，使人有真切的感觉。

⑦⑪ 五彩荧屏欢声笑语　2001年春节联欢晚会节目表

（标题　《北京晚报》）

晚报如果只登载一个"节目表"，就显得枯燥乏味了，它特意加上一个黑体大字标题："五彩荧屏欢声笑语"。一个"欢声笑语"，渲染了欢乐喜庆的节日气氛。加上前面的"五彩（荧屏）"，人们就不只是知道了有关晚会节目的信息，而且心情也被大大感染，期待着美好的节日夜晚将带来的愉快的精神享受。

⑫ 十余吨氰化钠翻江　四肇事者铐铛入狱

(标题　《北京晚报》)

报道指的是 2001 年 1 月 18 日一起引发国内外关注的丹江流域水源被液体氰化钠污染案,四肇事者为有关公司的人员,他们因严重违反国家规定而酿成重大事故。标题不说"被捕入狱",而说"铐铛入狱"。"铐铛",铁锁链撞击声,这一词语形象地表现了刑律的冷峻无情,一切无视国法的人将会受到严惩。

⑬ 观念一改局面大变
　　呼啦啦,两千多人争"主任"

(标题　《北京青年报》)

报道说的是现在人们对居委会工作有了新的认识,北京市 10 个试点街道搞居委会干部"民选街聘",却引来了两千多人报考,其中不乏大中专毕业生。"呼啦啦",拟声词,表现人们争相报考的热烈气氛,给人以深刻印象。

第二节　词语锤炼与运用的几种方法

一、精心挑选

锤炼、运用词语要根据题旨情境,选出最具有表现力的词语。古今中外大作家的论述和他们的创作实践都说明了这一点。法国作家莫泊桑说:"不论一个人所要描写的东西是什么,只有一个词最能表示它,只有一个动词能使它最生动,只有一个形容词能使它性质最鲜明。因此就得去寻找,直到找到这个词、这个动词和这个形容词,而决不要满足于'差不多'……"

传说唐代诗人任蕃游览浙江天台山时,在寺庙粉壁上题了一首诗,其中有这样两句:"前峰月映一江水,僧在翠微开竹房。"他离开寺庙后,心里还在琢磨着这首诗,想想觉得"一"字不妥。因为前峰遮月,怎么能说映照"一江水"呢?应该说"半江水"。这时他离开寺庙已有一百多里,但还是折返了回去修改。回到寺庙发现,已经有人给改了过来。虽说徒劳,但他这种"百里改诗"的精神却被后世传为佳话。

句子的词语一般是比较多的,对那些表现思想感情的关键性词语,要特别认真地挑选,这对表达效果十分重要。

动词在句中具有特殊的作用。因为主谓句的语义重点常常在谓语部分,在动词上。例如:

① 七斤嫂听到书上写着,可真是完全绝望了;自己急得没法,便忽然又恨到七斤。伊用筷子指着他的鼻尖说,"这死尸自作自受!造反的时候,我本来说,不要撑船了,不要上城了。他偏要死进城去,滚进城去,进城便被人剪去了辫子……"

(鲁迅《风波》)

"他偏要死进城去,滚进城去","死""滚"含义深刻。我们知道,1917年7月1日北洋军阀张勋扶持溥仪(清废帝宣统)复辟,张原为清朝军官,辛亥革命后,仍旧蓄着发辫,表示忠于清朝,他部下的士兵也多有辫子,称"辫子军"。贫困闭塞的农民,他们在革命的大潮中,被剪去了辫子,可听说"皇帝坐了龙庭"时,内心自然充满了恐惧,感到"完全绝望"。"死进城去,滚进城去",正是七斤嫂迁怒于人、对丈夫当初不听自己告诫的咒骂,它曲折地反映了封建复辟给人民带来的痛苦,同时也鲜明地表现了七斤嫂性格的粗暴。

文艺作品中很讲究动词的选用,新闻报道尤其是标题,也是很注意的。例如:

② 全球华人情锁今晨澳门

(标题 《北京晚报》)

这是1999年12月20日《北京晚报》有关澳门回归的一则报道的标题。标题中的"锁","锁定"之意,只有用"情锁"才能概括地反映出导语中所报道的全球华人华侨对澳门回归的深情关注。

日常社会生活中的应用词语,对动词同样要仔细加以考虑、挑选,用词不同,效果会不一样。例如:

③ 患者甲醇中毒生命危急,医生"喂"白酒终于救他一命

(标题 《扬子晚报》)

医生说往人体注入一定量的白酒,酒里的乙醇会和血液里的甲醇发生"竞争",起到延缓甲醇代谢引起中毒的作用,为后续系统治疗赢得了时间,从

而保住病人的生命。标题中一个"喂"字生动地表现了医生高超灵活的治疗技术和胆识,而不是用习惯术语"鼻饲"。

形容词在句中常常充当谓语(或谓语中心语)、修饰语,注意形容词的挑选也很重要。例如:

④ 刘麻子:(凑到松二爷、常四爷这边来)乡下人真难办事,永远没有个痛痛快快!

松二爷:这号生意又不小吧?

刘麻子:也甜不到哪儿去,弄好了,赚个元宝!

常四爷:乡下是怎么了?会弄得这么卖儿卖女的!

(老舍《茶馆》)

刘麻子是个说媒拉纤、心狠手辣的人。他从中说合,让贫苦农民康六把刚十五岁的女儿卖给四十岁的庞太监为妻。以上对话中刘麻子所说的"甜",本指费力少而获利多,刘麻子的"甜不到哪儿去",充分表现了人物的贪婪无耻。这种没有人性、天理难容的勾当,竟然使他喜不自禁。

⑤ 春来野菜俏

(标题 《北京晚报》)

报道说,过去被劳苦大众吃得再也不愿吃的野菜,如今在市场上却十分走俏,价格比一般蔬菜还贵。野菜不仅营养丰富,许多又是治病良药。尤其是山野菜,是一种无化肥、无农药残留污染的天然绿色食品。标题以富有诗句韵律美的句式,突出一个"俏"字,更显示了野菜的诱人魅力。

⑥ 美丽的"约定"

(标题 中央电视台科教频道)

女教师祝艳媚因双目失明,每天上下班十分困难。爱心车队的出租车司机们知道后,就主动上门来接送她上下班。就在那天早上,祝艳媚刚出家门,就听见一声温馨的问候:"你好!"接着又听见来人说:"我是爱心车队的出租车司机,我们约定好,从今以后,每天都会有一位司机来接你上下班。"自此约定之后,爱心车队的出租车司机们,果然都信守着这个约定。每天的车辆不一样,来接她的司机也不同,但是"约定"好的每天的接送却是不变的。"约定"本来无所谓美丽不美丽,可在祝艳媚的心里是美丽的。

一个形容词修饰语"美丽",将人间的温暖送进了盲女的心里。

　　名词是表示事物的词,似乎该叫什么叫什么,不存在挑选的问题,其实不然。例如:

⑦　　宋焦英:"您的太太一定很漂亮。"她又妩媚地笑着说:"您这样爱她,真叫人嫉妒哩!"
　　　　许灵均:"可惜她不在这里,您看见就知道了,一个毛丫头。"
　　　　宋焦英:"毛丫头?多么甜蜜的称呼!"

(李准《牧马人》)

作家让许灵均把妻子称作"毛丫头",用词精彩,如果用"农村姑娘"一类词语就枯燥乏味了。"毛丫头",透露出妻子在人物心目中的幼小,透露出人物对妻子关爱、呵护的强烈责任感,透露出人物对生活伴侣、贴心人的亲昵之情,以至于宋焦英说"多么甜蜜的称呼"!

⑧ 树顶巢居两年　阻止砍伐古杉
　　"有巢氏"凯旋

(图片标题　《北京青年报》)

图片说的是美国环保人士朱利娅在伐木公司同意不砍伐加州的一片古老树木后,从她居住已两年的"树巢"上下来。"有巢氏",中国古代传说中巢居的发明人。《韩非子·五蠹》:"上古之世,人民少而禽兽众,人民不胜禽兽虫蛇。有圣人作,构木为巢以避群害,而民悦之,使王天下,号曰有巢氏。"标题"有巢氏"借指巢居于树木之上的人。用这个词不仅新颖贴切,而且把古老的历史传说和现实生活中发生的事件巧妙地联系起来,提高了标题的文化含量,更具有可读性。

⑨ 辽西的冬天漫长而枯燥,只有下了雪,才会给人一种别样的生机与乐趣。一场大雪之后,房子、树木,以及周围的山山峁峁,全白了,大地一片静谧。在这样的天气里,我们一些男孩子最喜欢做的就是套鸟了。……要是(套着)麻雀之类,则包成个泥团埋在火盆里烧。烧到恰到好处时,剥去泥丸,喷香的一个小肉蛋儿就出来了。

(荆永鸣《坐席》)

孩子们把烧好了的麻雀不叫麻雀,而叫"小肉蛋儿",生动地表现了他们的童趣和在那困难时期能吃到这"小肉蛋儿"的欣喜。

数量词用得好,具有特殊的修辞效果。古代诗人很重视数量词的锤炼。唐代有个爱写诗的僧人齐己,写了《早梅》一诗,写完后去请教朋友郑谷。原诗中有这样两句:"前村深雪里,昨夜数枝开。"郑谷看了以后说,"数枝"虽然表明梅花开得早,但用"一枝"更好。齐己听了很高兴。后来人们便把郑谷称作"一字师"。现在人们运用语言也很注意数量词。例如:

⑩ 门口,郭谝子拿着一卷钞票对许灵均说着:"这是咱们七队每家送你五角钱,一共二十二元五。"

(李准《牧马人》)

这是讲的许灵均结婚时七队的社员们给他送贺礼。其中"郭谝子拿着一卷钞票",数量词不用"一沓"之类的词语,而用"一卷",颇有用意。这表明钱是一户户凑起来的,每家五角钱,而他们生活贫困,没有大额现钞,所以张数多。同时,表现了郭谝子大大咧咧的性格,不是一张张地叠齐,而是收了钱手里一窝就送来了。

⑪ 视通万里　阅尽千载
　　故宫网站连结世界

[标题　《人民日报》(海外版)]

被联合国教科文组织列入"世界文化遗产"名录的北京故宫博物院,引进现代科学技术,开通了故宫院内的计算机光纤网络系统和各类管理用数据库,于 2001 年 7 月 16 日正式开通故宫博物院网站。报道讲的是网站开通以来的情况。报道的标题除正题外,还特意加了一个肩题:"视通万里　阅尽千载"。"万里""千载",确切而传神,它表现了中华文明历史的悠久和院藏的丰富,表现了现代科学技术的神奇,整个标题气势恢弘,很有吸引力。

二、修饰点染

文艺作品中,作家常常以多彩之笔,略加修饰点染,便能使描摹的人物更加细致传神,使思想感情的表达更加丰富饱满。这方面古典文学名著是我们学习的典范。例如：

⑫老都管至晚来见太尉，说道："衙内不害别的症，却害林冲的老婆。"……高俅道："如此，因为他浑家，怎地害他？……我寻思起来，若为惜林冲一个人时，须送了我孩儿性命，却怎生是好？"

(《水浒传》第六回)

其中"若为惜林冲一个人时"，一般会写成"若为惜林冲时"，作者在人名后加上了"一个人"，这样语意便有微妙的不同。高俅贵为太尉，当然不会不懂得霸占人妻是伤天害理的勾当；然而他既要满足"孩儿"的罪恶欲望，又怕受到道德的谴责，所以特意加上这个词语。而一经加上，语意的重点便落到了"一个人"上。"一个人"的事当然是微不足道的小事，是不必多加考虑的。那么，不为林冲"一个人"，你又为了什么？这是他不能想也不愿想的。所以，人物似在思虑、掂量，实际上是自欺欺人，想求得心灵上的自我解脱。作者目光锐利，看透了人物丑恶的灵魂，用一个普普通通的词语就一针见血地揭露了人物的虚伪。

当代文学作品中这样的例子也很多。例如：

⑬　走出病房，秦波又皱起双眉对赵天辉说："赵院长，我可要给你们提个意见呀，像陆大夫这样的人才，怎么平时不关心，让她病成这样呢？中年干部，现在是我们的骨干力量，我的同志哟，要珍惜人才呀！"

"对。"赵天辉答道。

望着她远去的身影，傅家杰小声问孙逸民："她是谁？"

孙逸民从镜片上方望着门，皱了皱眉头，答道："一个马列主义老太太！"

(谌容《人到中年》)

秦波，焦副部长的爱人。陆大夫因长期工作劳累过度，加之这天上午连续给焦副部长和另外两名病人做手术，突发心肌梗塞症，生命垂危。以上是秦波从陆大夫所住病房出来后的一段描述。这位高干夫人满身官气，待人冷漠。当初院里决定让技术精湛、认真细致、眼科唯一的台柱子陆大夫给焦副部长做手术时，她曾对陆大夫百般挑剔和轻侮。然而，此人平时却满口马列主义词句。作者说她是"马列主义老太太"，奇笔。"老太太"的形象是慈祥善良的,一旦加上只会背诵革命词句的修饰语,就扭曲变形了。这一词语辛辣无情地揭露了现实生活中确实存在的某一类人的丑陋面目,表现了人们对这类人的鄙夷之情。

意义实在的词语常常被用来作为句中修饰点染的成分,意义虚灵的词语有时也被这样运用,同样能起到很好的修辞效果。例如:

⑭　　何顺开腔了:"咳,这是何苦呢?像你这样细皮嫩肉的姑娘,在大楼里当个干部,办公室一坐,茶水喝着,电扇吹着,多美呀!有多少人想红了眼还捞不着呢,你倒偏往下边跑。你看上运输队哪一点了?"

　　刘思佳却把话茬接过来说:"你不懂,这就叫有头脑,有上进心,前些年政治吃香的时候,人家搞政工;现在业务吃香了,又下来搞业务。"

(蒋子龙《赤橙黄绿青蓝紫》)

例中何顺说的"你"指的是解净,她年轻单纯,有强烈的进取心,被钢厂党委书记祝同康发现,提拔为宣传科副科长。"文化大革命"结束后,她发觉自己这个"文化大革命"牌新干部白白浪费了几年光阴,不愿意"老坐红椅子"、"处处吃白眼",因此坚决要求下车间当工人,后被派去汽车运输队当副队长。引例为运输队司机对她的讽刺嘲弄。何顺,头脑简单,贪图小利,带有流氓习气。"你倒偏往下边跑","倒""偏",均为副词。"倒",表示与一般恰恰相反;"偏",表示执拗。这两个词都进一步表现了何顺对解净工作的变动感到不可理解。他对解净的认识也就只限于此。刘思佳,被人们视为汽车队"地下队长",他目光敏锐,慷慨仗义,对现实生活中有许多问题看不惯,但桀骜不驯,言语刻薄。"前些年政治吃香的时候,人家搞政工;现在业务吃香了,又下来搞业务。""又",副词,表示重复或继续。在他眼里,解净是一个什么工作"吃香"就追逐什么的人。"又",尖利而辛辣。何顺、刘思佳都看不惯这位新下来的副队长,作者用不同的虚词略加修饰,就深化了不同人物的性格。

⑮　永远寄不出去的信件

(标题　《光明日报》)

这是一封新疆军区某测绘大队张建权爱人写给他的信,但这封信永远寄不到张建权的手中,因为他的工作没有固定的地点,每天都会流动在不同的测绘点。

标题中用副词"永远"修饰"寄不出去",将测绘兵长年在野外工作,居无定所,用忠诚履行着使命,他们的妻子则用柔弱的肩膀承负着家庭的重担,用坚忍守望着亲人的艰辛,表现得非常充分。

除文艺作品外,在其他书面文字中,尤其是新闻报道,修饰性词语也常见,它扩大了信息含量,强化了感情色彩。例如:

⑯ 地壳裂谷中的创造——记在大山大水中创业的攀枝花人

[标题 《人民日报》(海外版)]

报道讲的是20世纪60年代中期,数十万工程技术人员从全国各地汇聚到攀枝花这个亟待开发、荒无人烟的地壳大裂谷之中,过着大地为床、蓝天为房、开矿建厂平山岗、吃水往来下河谷的生活。30年时间,建起一座近百万人口的新兴工业城市。报道歌颂了他们艰苦创业的英雄业绩。标题在"创造"之前加了一个定语"地壳裂谷中的",表现了那个时代创业的艰难和我们中国顽强拼搏的精神。

⑰ 今晨唐山燃起点点烛光

(标题 《北京晚报》)

1976年7月28日凌晨,河北省唐山市遭受了7.8级强地震的袭击。仅仅十几秒钟的时间,一座新兴的重工业城市就变成一片废墟。全市24万多人死亡,近16.5万人重伤,7200个家庭全部丧生——唐山大地震之惨烈场面为世界罕见。报道发表于2001年7月28日,这是记者为让人们不忘大地震发生25周年,至当年受灾地现场的采写。标题在"烛光"前加了数量词修饰语"点点",表现了在全市范围内随处可见的人们的追悼活动,表现了凄凉哀伤的气氛和人们内心的深深创痛。

⑱ 走向刑场的副省长——胡长清堕落史

(书名 群众出版社出版)

江西省原副省长胡长清因索贿受贿544万余元、行贿8万元、巨额财产161万余元不能说明合法来源,被判处死刑。他早年也曾做过一些有益于人民的事情,渐渐地地位高了,权力大了,便放纵自己,乃至疯狂敛财。书名在人名"胡长清"之前特意加上了"走向刑场的副省长",具有强大的思想震撼力,发人深思,促人自律。

⑲ 清水在白白流淌

(标题 《北京晚报》)

报道讲的是北京酷热缺水,但多处水龙头或水管子坏了,水在流淌,有的已有两年无人过问。标题在"水"前加了"清","流淌"前加了"白白",更突出了浪费宝贵水源的可惜,看了使人心疼,能取得更好的宣传效果。

⑳ 陈俊贵,你让我们潸然泪下

(标题 《解放军报》)

该文报道的是一个老战士陈俊贵,辞去了自己在城市里的工作,举家搬迁到那连牧羊犬都会被狼吃掉的天山深处,24年为相识仅38天的班长守墓的事迹。

2009年春节期间,读过这篇报道的人纷纷留言:"世上最纯真的感情就是战友情""通篇读下来不觉潸然泪下"。一个修饰语"潸然",将人们被陈俊贵的情真义重所感动之深、之切,以至于泪水簌簌不断,形象地表现了出来。

三、巧妙配合

句子、句群中的有关词语,如果巧妙地加以配合,可以大大提高表达效果。常见的有:

(一)相同词语的配合。这种配合可以使语言显得新鲜,富有趣味;可以用于不同语境,表现不同的感情色彩;可以增强语言的分量,提高语言的力度。例如:

㉑ 从今天起"下岗"一词下岗了

(《元旦献词》,《北京晚报》)

《元旦献词》讲到从2001年元旦起,国有企业富余人员由企业依法与其解除劳动关系,按照规定享受失业保险待遇。这意味着"下岗"这个词已成为历史。标题的主语"下岗"("一词"为同位语)与谓语"下岗"用词相同,配合巧妙。

㉒ 我姓钱,但我不爱钱

(标题 《扬子晚报》)

这是享誉海内外的杰出科学家和我国航天事业的奠基人钱学森说的一句话。他一生淡泊名利,不爱钱,也不爱所谓的名誉、地位、待遇,唯爱祖国,爱祖国的科学事业。他将自己所获的奖金、稿酬,悉数捐给国家,或用于治理沙漠,或用于教育事业。钱老把作为姓氏的"钱"和金钱的"钱"连用讲的这句话,新鲜别致,而且还很幽默。

㉓ 太平洋保险保太平

(广告用语)

这是太平洋保险公司在中央电视台播放的广告用语。广告巧妙地把浩瀚无垠的太平洋的"太平"和人生的"太平"这一相同的词语搭配在一起,一个出现在施事者主语位置,一个出现在被"保"的宾语部分,这就增强了人们对于能保护自己太平的太平洋保险公司的信任感,也增加了人们对于"保太平"的憧憬。

㉔ 大豆生产出现徘徊 "混合豆"难合市场胃口
　　大豆故乡居然依赖进口大豆

(标题 《科技日报》)

报道说:"这样一个事实让人困惑:我国虽种植了一批领先世界的优质大豆品种,但用豆仍需大量进口。一些专家和加工企业道出'苦衷':混种混收造成质量低下是我国国产大豆难敌'洋大豆'的根本原因。"标题"大豆故乡居然依赖进口大豆",主语的修饰语和谓语部分的宾语同为"大豆",表现出了让人难以理解而又不得不承认的现实,使人感到这种状况再也不能继续下去了。

㉕ 老梁颓然地坐了下去,拿起筷子,睁着浮肿的眼皮,望着老陈的妻和女儿,说:"你们不但管老陈,还要管我! 我是多少年没人管的了……可是,我要是有人管,那有多好!"

(冰心《空巢》)

文中的老梁和老陈是大学时同班同宿舍的同学,1949年中华人民共和国成立前夕,老梁一家去了美国,老陈留在了国内。四十多年后他们重逢时,老陈一家老小其乐融融,老梁却成了孤身一人——妻子早已故去,儿子也娶妻离他别居。老梁的心被老陈有亲人"管"的幸福刺痛了。句中连续用了四个相同的口语词"管"——"你们不但管老陈,还要管我!我是多少年没人管的了……可是,我要是有人管,那有多好!"——将老梁对于家庭、亲情的深切羡慕和热切向往,将他身在海外却只能独守一座空巢的悲凉和凄惨,表现得淋漓尽致。

(二)含有相同语素词语的配合。这种配合可以使相同语素所表示的意义显得十分突出,特别是这些词语的语素有同有异,它们配合运用,可以产生互相映照、衬托、补充等效果。例如:

㉖ 先面试后口试　如今幼儿也够累

(标题　《文摘报》)

报道讲的是有些地方如今上幼儿园也要先通过面试、口试,才发给录取通知书,一些家长更是不知疲倦地领着四五岁的孩子走马灯般地奔波于各个特长班之间。标题用"先面试后口试",突出了一个"试"字,使下一句所说的"如今幼儿也够累"给人以深刻感受,显示了这种做法的不宜。

㉗ 莫教农民种下希望收获失望——兴城市农民种子款长期得不到
　　兑现的调查

(标题　《人民日报》)

"调查"讲的是辽宁省兴城市农民与种子公司签订合同,扩大种子田育种,结果面积过大,农民种子款长期得不到兑现。标题形象地告诫人们"莫教农民种下希望收获失望"。"希望"与"失望"都含有"望",然而语义相反,寓意深刻,发人深思。

㉘ 让英雄流血不流泪

(标题　《北京晚报》)

报道讲的是北京市宣武城管大队监察员张京松执行任务时被摊贩砍成重伤,张负伤后立即被送入医院,在最短的时间内接受了最优质的服务,伤势迅速好转的故事。"流血"表现了歹徒的凶狠;"不流泪"则表现了社会对英雄的敬重、爱护,使人们感到欣慰。

㉙ 富翁变"负翁"告赌场　日裔美国亿万富豪豪赌数年狂输掉1.27亿美元

(标题　《扬子晚报》)

"富翁"和"负翁",含有相同的语素"翁",而且"富"与"负"还谐音,然而前者和后者词义已完全不同,后者"负翁"不仅倾家荡产,还欠赌场1470万美元,成了负债之翁。这种具有相同语素的词语配合在一起使用,有同有异,相反相成,起到了互相映照、衬托的作用,给人留下更深的印象。

（三）意义相同、相近词语的配合。这种配合可以使词语的运用避免雷同,富有变化;同时可以使语意显得丰厚,感情显得浓烈。例如:

㉚ 日本到处都有樱花,有的是几百棵花树拥在一起,有的是一两棵花树路旁水边悄然独立。春天在日本就是沉浸在弥漫的樱花气息里!

(冰心《樱花赞》)

"路旁水边","旁""边"同义而避免同形,四字词组两字一顿,显得整齐而参错,给人以美感。

㉛ 你好像说了一点心里话,这才像你真实的思想。我观察你两年了,你太骄傲,太孤僻,别看你经常跟何顺、叶芳他们下馆子,吃吃喝喝,打打闹闹,你心里是孤独的,是非常寂寞的,不过是寻找一点表面的刺激罢了……

(蒋子龙《赤橙黄绿青蓝紫》)

这是解净对刘思佳所说的一段话。"孤独""寂寞",近义词,二者同用,更有力地道破了刘思佳的心境。

㉜ 我不是胆小的人,也不是很勇敢的人。我的工作是要用笔向社会说话,怕也白搭,悸也无用。我要尽可能地了解一个人的全部情况,以便把握住她的基本素质。当然,秦官属也不是没有缺点。

(黄宗英《大雁情》)

"怕也白搭""悸也无用",由同义词语构成的并列分句。作者觉得只说一句分量不够,所以连着说了两句,充分地表现了不怕扣帽子、打棍子,要冲破唯成分论的"左倾"思潮,向社会宣传先进人物的决心。

㉝ 可是谁都没有想到事到临头,出了这么个岔子!武艾英气得快哭了。团支书周铁娃气呼呼地叫道:"这个王铁牛,简直是故意捣乱,专门拆台!非好好整一整、煞一煞这股歪风邪气不可!"

(马烽《结婚现场会》)

"故意捣乱""专门拆台",并列同义词语。王铁牛在女儿即将举行婚礼时突然向男方提出索取彩礼的要求,使人们感到很意外。以上并列词语表现了有关人物内心的不满和气恼。下文的"歪风""邪气"也是同义词,二者连用,语气更强,而且构成四字结构,显得和谐匀称。

㉞ 长相忆　永难忘——忆夏衍同志

(范瑞娟)

夏衍,著名作家,文艺界领导人,曾长期在上海工作。范瑞娟,著名越剧演员。"长相忆""永难忘",由近义词语构成的对偶句,表现了作者对夏衍这位老领导、老战友无限思念的真挚感情。

(四)意义相反、相对词语的配合。这种配合通过意义上相反、相对词语的对比、映照,可以鲜明地表现是非优劣。例如:

㉟ 节约粮食光荣,浪费粮食可耻。

(齐殿斌《节粮,不该遗忘的话题》)

"节约"与"浪费"相对,"光荣"与"可耻"相对,褒贬分明,提倡什么反对什么清清楚楚。

㊱ 在经历了冠军被苏珊·波尔加夺走的挫折之后,谢军成熟了。棋如人生,国际象棋告诉人们一个简单的人生游戏规则:如果人人都拥有一颗平常心,多一些沉稳、少一些浮躁,或许成功就在你眼前。

(陈天舒《"末代棋后"世纪之战的启示　斗技更应斗心》)

"多"与"少"相对,"沉稳"与"浮躁"相对。作者通过谢军的事例告诉人们,在人生的道路上,应该怎样,不应该怎样,这是走向成功的奥秘。

㊲ 同是山东喜事车　两市一比差得多

青岛迎亲车全"姓"私　济南迎亲车多"姓"公

(标题　《北京晚报》)

标题"公"与"私"构成强烈反差,有表扬有批评,耐人寻味。

㊳ 我不美丽　但我挺拔——重残人"助残日"出书回报社会

(标题　《北京晚报》)

陈建华因患脑膜瘤住院,手术后四肢瘫痪,躺了整整 3 年,一度成为"会说话的植物人"。她勉励自己:"(一个人)如果不被自己打倒,就没有谁可以打倒你。"她靠着高背椅写字,用一个自制的敲击工具绑在手上打字、上网,先后有几十篇作品被报纸杂志刊登。她将自己的作品汇编成《春来无声》回报社会。标题为本人所说的话。"不美丽"与"挺拔"意义相对,表现了人物坚强不屈的意志,给人以启示。

㊴ 努力不一定成功,放弃就一定失败

(标题　中央电视台电视新闻)

这是 2006 年《感动中国》十大人物、长沙市重症肌无力患儿黄舸生前说的话。黄舸怀着感恩之心,在爸爸的帮助下,走了 82 个城市,行程 13,000 多千米,他一一上门去感谢那些曾经帮助过自己的人。在感恩之旅的过程中,他也学会了帮助和鼓舞与自己患同样疾病的人。

黄舸用很普通的意义相反的词语——"努力""放弃"激励我们去努力、去争取成功。他的话,他的积极的人生态度,也感动着我们大家。①

㊵ 河南扶沟:小菜叶托起大扶贫

(标题　《光明日报》)

文章介绍了河南农业大学扶沟蔬菜研究院与当地农民合作种植"安全菜、健康菜",赢得了大市场,蔬菜成为农民致富奔小康的财神爷。标题用一"小"一"大",令人兴奋,让人看到扶贫的力度和成果。

意义相反、相对词语的配合,也有的表现不同状况的发展变化。例如:

---

① 2009 年 11 月 6 日,坚强的阳光少年黄舸去了那个没有病痛的天堂。他临终前再三告诉父亲,将自己的眼角膜捐给两个人,其中一个是 2008 年四川地震区北川的孩子。

㊶ 进步终究要战胜落后,科学终究要战胜愚昧,正义终究要战胜邪恶,这是历史不断昭示人们的科学真理。世界和平与发展的崇高事业是不可阻挡的。

(江泽民《二〇〇〇年贺词——在首都各界迎接
新世纪和新千年庆祝活动上的讲话》)

"进步"与"落后"相对,"科学"与"愚昧"相对,"正义"与"邪恶"相对,全面而深刻地阐述了历史发展规律的伟大真理。

㊷ "女儿村"有了"男子汉"

(标题 《文摘报》)

报道讲的是闽西清流县"女儿村"的事。该村村民均为外迁来的移民,靠三口水井供全村人使用。十多年来,所有已婚和新婚村民皆生女不生男,男女比例严重失调。经科技界调查研究,井水中铁、镉含量过高。后改用山后引来的泉水,男婴终于问世。"女儿"与"男子"相对,整个标题表现出了人口性别构成的变化。

(五)其他。现代汉语中词语巧妙配合的方法多种多样,这里再举一些例子:

㊸ 大家动手扫"大家"

(标题 《北京晚报》)

文章说:"今天是农历腊月二十三,过小年。前两天肯定有很多人开始掸扫尘土,把小家收拾得利利落落,干干净净";但是"与我们朝夕相处的城市同样是我们的家,它也需要以整洁的形象来迎接新世纪的第一个春节"。文章提出:"让我们现在就行动起来,归置这个我们每日生活其中的'大家',干干净净过大年。"标题中的第一个"大家"为代词;第二个"大家"为偏正词组"大的家庭",是我们所居之城之意。二者形式相同,构造、意义不一样。在这个标题中,一个"大家"充当主语,另一个充当宾语,不仅富有语言趣味,而且能使人们对每日生活其中的城市有一个新的认识。

㊹ 品味 品位

(标题 老醋)

这是对人的品位高低的一篇评论。标题中"品味"和"品位"为同音词,但意义不同。"品味"为动词,充当述语;而"品位"为名词,充当宾语。二者配合新巧。

㊺ 事业失败可以再来,婚姻失败难以再来,健康失败永不再来。

(中央电视台科教频道　健康栏目)

这是对卫生部首席健康学专家万承奎访谈时,万教授谆谆告诫我们的话。他用"可以""难以""永不"三个意义相对且程度步步加深的副词修饰"再来",并一一与前面的主语"事业""婚姻""健康"相对应,强调身体健康对人生的重要性,让我们警醒,让我们深思。主语和述语部分配合得得体且有分量。

㊻ 有事找市场,不找市长。

(北京人民广播电台)

"市场""市长"语音相近。过去有事都是找市长,现在实行市场经济,一切都得按市场经济的法则办事。此例用肯定句和否定句将二者并列,强调应该怎么做,不必怎么做,意趣盎然。

㊼ 他(药材公司主任老王)照着手电筒送我,边走边说:"我们县里凡有药场的社队,谁不知道秦师傅、老秦同志、秦老师呢?……"

(黄宗英《大雁情》)

"秦师傅、老秦同志、秦老师",都是指的秦官属,三者为同位语。这些不同的称呼出自不同人之口,说话人一一列举,反映了秦官属联系群众之广泛深入,她已经成为这里大家庭中人人都熟悉的一个成员了。作者自己不直接出来说话,而让读者从并列的称呼里去体会,是颇具匠心的。

㊽ 大家说大山是外国人,但不是外人,我感到很荣幸。我很高兴能参加艺术团到老区来演出,我和老区人民心连心。

(大山)

2000年2月上旬"中央电视台心连心艺术团"赴闽西演出,来华留学的加拿大人大山也参加了。此为演出前他接受记者采访时语。"外国人""外人",形式近似,语意大不相同,说话人用表示肯定的判断句和表示否定的判断句将二者连接起来,配合奇巧。

思考与练习二

一、为什么词语锤炼要求生动形象?请举例说明。

二、宋代王安石曾经写了一首《泊船瓜洲》的诗:"京口瓜洲一水间,钟山只隔数重山。春风又绿江南岸,明月何时照我还?"据说有人看到了王安石的草稿,其中第三句原为"春风又到江南岸",作者将"到"圈去,旁边注了个"不好"。后来又先后改成"过""入""满",一共有十几个字,最后才选定了"绿"。你认为"绿"为什么比其他字好?

三、歌曲《没有共产党就没有新中国》,原来的歌名是《没有共产党就没有中国》,为什么要加上一个"新"字?

四、朱自清有一篇著名的散文,内容是关于回忆父亲的,为什么题目用了《背影》?

五、此例中的最后一句话在词语运用上有什么主要特点?

"解净眼睛看着前面,继续说:'……当前像我们这种年纪的人,很有一批喜欢出口伤人,蛮不在乎,似乎这是一种很时髦的性格。为了表示自己的与众不同,甚至对于他们并不了解的事情也偏要挖苦,自命不凡,嘲笑一切人,这是很可怜的。受到侮辱的不是被他们嘲笑的人,而是他们自己。他们是用玩世不恭掩饰自己的智短才疏和浅薄空虚。'"

(蒋子龙《赤橙黄绿青蓝紫》)

六、下列句子在词语运用上有没有毛病?如有,请改正:

(1) 这位体格健壮的人长年坚持冬泳,特别耐寒,他说感冒与他无缘。

(2) 这些人制造假冒伪劣产品,短期内可能得益于一时,从长远来看是极其不利的,必将自食苦果。

(3) 不同的药物服用的时间不同,有的宜于吃饭之前,有的宜于吃饭之后,而镇静剂之类的药物最好在睡觉前服用。

(4) "五一"假日期间,去港旅游旅客大大增加,使该地商家生意大大增加了三四成。

第三节 成语和成语的活用

一、成语

成语是一种简练精美的固定词组,它是在社会演进和语言发展的历程中形成的,是我们民族语言宝库中的瑰宝。成语具有意义的整体性和结构的凝固性特点。它的来源有神话寓言、历史故事、诗文语句、口头俗语等。

(一)成语的修辞作用

成语和一般词语有相同的地方,也有不同的地方。它们都是造句的单位,在句子中充当一定的成分,这是二者相同的地方。但是,词是概念的语言表达形式,而一般的短语(词组)是词和词临时性的组合。成语不同,它的意义不是各个词的词义的简单相加,而是由各个词所融合成的一个含义丰富深刻的整体。成语的整个结构是定型凝固的,一般不能任意变动词的位置,更换或增减其中的成分。这是成语和一般词语不同的地方。所以,成语的修辞作用和一般词语既有一致之处,又不完全一致。概括说来,主要有:

1. 意蕴深厚。如前所说,成语是一个含义丰富深刻的整体,许多又来自神话寓言、历史故事、诗文语句以及表现了人民群众实践智慧结晶的俗语,所以文化含量高,意蕴深厚。例如:

① 你们不应该打边区,你们不可以打边区。"鹬蚌相持,渔人得利","螳螂捕蝉,黄雀在后",这两个故事,是有道理的。你们应该和我们一道去把日本占领的地方统一起来,把鬼子赶出去才是正经,何必急急忙忙地要来"统一"这块巴掌大的边区呢?大好河山,沦于敌手,你们不急,你们不忙,而却急于进攻边区,忙于打共产党,可痛也夫! 可耻也夫!

(毛泽东《质问国民党》)

"鹬蚌相持,渔人得利",语出《战国策·燕策》,说的是蚌正在晒太阳,鹬去啄住了蚌肉,蚌闭上壳,钳住了鹬的嘴,双方互不相让,结果都被渔翁捉住了。"螳螂捕蝉,黄雀在后",语出汉代刘向《说苑·正谏》,说的是蝉在树上饮露水,却不知道螳螂在后面正要捕它;螳螂要捕蝉,却不知道黄雀在后面正要吃它;黄雀要吃螳螂,却不知道有人在下面正要用弹丸打它。这两则成语故事寓意深刻,发人深省。在日本帝国主义者入侵的生死关头,国民党反动派不去"把鬼子赶出去",却"急于进攻边区",文章一针见血地指出了国民党反动派这样做将会导致的严重后果。

② 学习文化知识能不能走终南捷径呢?这是许多初学的同志时常提出的问题。对于这个问题的回答,不能过于笼统。一定说能或不能,都不恰当。这要看学习的是什么人,学什么,用什么方法等等,要按照具体情况进行分析。但是,一般地说,学文化应该一点一滴地慢慢积累,特别是初学的人不宜要求过急。

(马南邨《从三到万》)

"终南捷径",讲的是唐代的卢藏用隐居在京城长安附近的终南山,借此获得了名声,做了官。事载《新唐书·卢藏用传》。后来,人们便以此喻指求官最近便的门路,也用以指达到目的的便捷途径。文章开头引用此成语,表示不用刻苦努力即可掌握文化知识的窍门,显然,这是不能的。

③ 西部招商切忌"叶公好龙"

[标题 《人民日报》(海外版)]

"叶公好龙",说的是古时候有个叶公,特别爱好龙,器物上画着龙,房屋上也刻着龙。真龙知道了,来到叶公家里,从窗外把头探进来,叶公看见,吓得失魂落魄地逃走了。成语以此比喻口头上自称爱好某事物,实际上并不真正爱好,甚至害怕。文章指出,西部大开发战略实施以来,西部各地纷纷开门揖贤,招商引资。但是,有的地方又想开放搞活,又怕肥水外流,刁难投资者的事时有发生,令投资者黯然心伤。文章的题目引用这一成语,引人深思。

④ 决不允许援建项目水土不服

(小标题 《光明日报》)

"水土不服"本指人或动植物不能适应改变了的环境,因而造成病弱、衰败甚至死亡的后果。这里是指 2008 年四川汶川大地震之后,承担援建北川县重建任务的山东潍坊人民,"用真情援建、带着感情援建",将心比心,设身处地替当地老百姓着想,使援建项目完全符合当地老百姓的物质文化和精神文化的需求,让当地老百姓百分之百的满意。一句"决不允许……水土不服",因为用了成语,就把山东潍坊人民高度负责的精神充分地表现出来了,免去了许多说明和解释。

2. 文字精练。一般词组常常包含有多音词,尤其是双音词;而成语则多由单音词构成,而且很少运用表示结构关系的虚词,因而显得十分精练。例如:

⑤ 可是我实在无话可说。我只觉得所住的并非人间。四十多个青年的血,洋溢在我的周围,使我艰于呼吸视听,那里还能有什么言语?长歌当哭,是必须在痛定之后的。

(鲁迅《记念刘和珍君》)

"长歌当哭",意为"用放声歌咏或抒写诗文来替代痛哭",借以表达心中的悲愤。这一成语如果用一般词语表达那就要费许多笔墨了。

⑥ 设计者和匠师们因地制宜,自出心裁,修建成功的园林当然各各不同。

(叶圣陶《苏州园林》)

"因地制宜",这里表示根据各处的特点采取适宜的设计、布局。"自出心裁",指自己的构思、设计具有与众不同的独特创意。以上两个成语只有八个字,可是表达了许多意思。

由于成语言简意赅,所以新闻标题常常使用。例如:

⑦ 向大海"要"一座城　一张白纸,容易画出最新最美的图画
"精卫填海"上演现实版

(标题　《扬子晚报》)

该文报道了江苏省连云港市填海造城,大海的堤岸向大海平移了2500多米,城区面积随之扩大的事。

精卫填海是《山海经》中记载的一个传说:炎帝的女儿去东海游玩,不幸溺水而死。死后变成一只精卫鸟,决心要把东海填平,它每天衔西山之树枝石块,投入东海,坚持不懈。报道的副标题中用了这个成语,十分精

练形象地将连云港人坚韧不拔的奋斗精神表现出来。又如：

⑧ 1500万农民告别"养儿防老"
江苏新农保实施办法出台，明年底全覆盖 比全国提前10年
（标题 《扬子晚报》）

⑨ 万水千山总是情
海峡两岸记者采访重庆和云南侧记
［标题 《人民日报》（海外版）］

⑩ 农民：距离"老有所养"有多远
（标题 《光明日报》）

⑪ 天网恢恢 疏而不漏
山西夏县"5·2"特大盗窃案侦破纪实
（标题 《光明日报》）

⑫ 从海洋洄游金沙江产卵通道被切断 中华鲟面临灭顶之灾
（标题 《北京晚报》）

⑬ 寒假上网温故知新
（标题 《北京晚报》）

3. 生动具体。一个单独的词显得生动，往往依赖于特定语境的配合；成语不尽相同，它是由几个词组成的一个整体，带有描写性，自身能给人以生动具体的感受。例如：

⑭ 如今在海上，每晚和繁星相对，我把它们认得很熟了。我躺在舱面上，仰望天空，深蓝色的天空里悬着无数半明半昧的星。船在动，星也在动，它们是这样低，真是摇摇欲坠呢！
（巴金《繁星》）

"摇摇欲坠"，形容摇摇晃晃要掉下来的样子，它生动地表现了仰视天空，"船在动，星也在动"又"这样低"时的感觉。

⑮ 一走近"大厦"，只见成群结队的蜜蜂出出进进，飞去飞来，那沸沸扬扬的情景会使你想，说不定蜜蜂也在赶着建设什么新生活呢。
（杨朔《荔枝蜜》）

"成群结队"，形容一群群地聚集在一起。"沸沸扬扬"，像沸腾的水面上气

泡翻滚一样。这里表示活动纷繁,十分热闹。这些成语的运用更增加了人们真切的感受。

⑯ 丹巴的高碉大概可以分为四种:要隘碉、烽火碉、寨碉、家碉⋯⋯要隘碉建筑在要隘险道上,有许多则矗立在悬崖峭壁之上,用于防御阻止敌人的进攻,是"一夫当关,万夫莫开"的坚固工事⋯⋯

(黄金国、冉玉杰《丹巴看碉楼》)

丹巴位于四川西北的峡谷地带,是嘉绒藏族的聚居地。碉楼是丹巴独具特色的建筑。"一夫当关,万夫莫开",形容一个人把守关口,一万个人也攻打不下,使人更具体地感受到了地势的险要,易守难攻。

标题受字数的限制,一些生动精练的成语常常用于标题的描写。例如:

⑰ 搭建中国电子商务最大平台　年底建成5700个社区网络
　　数字北京织起"上天入地"大网

(《北京晚报》)

⑱ 再就业怎堪"雁过拔毛"　洪湖市长拍案:坚决查处

(《报刊文摘》)

⑲ 本世纪我国境内唯一能看到的狮子座流星雨
　　今夜天女散花

(《新华每日电讯》)

⑳ 花卉　特菜　鲜果
　　喜气洋洋上市场

(《北京晚报》)

4. 风趣诙谐。有的成语不仅文字精练,而且风趣诙谐。例如:

㉑　　⋯⋯他有一条戒尺,但是不常用,也有罚跪的规矩,但也不常用,普通总不过瞪几眼,大声道:——
"读书!"
于是大家放开喉咙读一阵书,真是人声鼎沸。

(鲁迅《从百草园到三味书屋》)

"鼎沸",形容水在鼎(古代用青铜制成的煮东西的器物)里沸腾的样子,

"人声鼎沸",一般用于表示人声喧闹嘈杂。文章用这一成语形容孩子们在老师严厉督促下"放开喉咙"的读书声,带有夸张的意味,语言幽默。

㉒ 每天晚饭后,沏一杯香茗,悠然坐在沙发上,娴熟地操纵着遥控板,频频选着台。当观看体育比赛时,一腔热血沸腾,旁若无人地呐喊。他们既是评论家,又是运动员,忙得不亦乐乎,真可谓喜欢着你的喜欢,悲伤着你的悲伤。当国际上有战事争端时,他们更是虎目圆睁,义愤填膺,密切关注战况变化,预测战局发展,大有"天下兴亡,匹夫有责"之感。对于现代战争的现代武器更是过目不忘。至于何种武器有多大的杀伤力,说起来滔滔不绝,如数家珍。

(徐敏《男人的电视情结》)

"热血沸腾""旁若无人""不亦乐乎""义愤填膺""天下兴亡,匹夫有责""过目不忘""滔滔不绝""如数家珍",均为成语。这些真切传神、略带戏谑夸张的描写,和其他词语一起,生动地表现了"男人们"观看电视时专注、激动、稍显自负的神态,颇为风趣。

成语的巧用,常常会增加新闻标题的趣味性。例如:

㉓ 巴拿马运河终于物归原主

(标题 《北京晚报》)

㉔ "粗茶淡饭"救活珍稀动物养殖业

(标题 《文摘报》)

㉕ 村里来了"不速之客"
  大野猪下山行窃 小猴子进村抢劫

(标题 《北京晚报》)

5. 新鲜别致。成语当中有许多其意义不是字面的语意,而是一种比喻义。但是人们在运用时,有时不取其比喻义,而取其字面意义,因而显得新鲜别致,引人入胜。例如:

㉖ 孟兆祯先生认为:长期的雨水冲刷,势必造成万寿山的水土流失,所以要注意保证落叶归根,因为腐叶层也对保持水土有益,而我们往往忽视这一点。

(《北京晚报》)

"落叶归根"(也作"叶落归根"),比喻不忘本,多指作客他乡的人最终总要回归故土。这里取其字面义,表示落下的叶子要回到根部泥土中去。

㉗ 我的空中楼阁

(题目)

这是台湾作家李乐薇一篇散文的题目。"空中楼阁",意为"建造在半空中的楼阁",比喻脱离实际、没有基础、虚无飘渺的东西。这里指建造在山上的小屋。

㉘ 从风云莫测到未雨绸缪

(标题 《北京晚报》)

报道说的是过去"老百姓大都通过自然现象、谚语和经验来判断天气变化。随着气象事业的发展,气象装备从简单的百叶箱、地温表、雨量筒发展到先进的雷达、气象卫星。如今,通过电视、报纸、无线电通信,百姓可以随时了解天气情况,天气预报也从简单的温度、风力细化到生活指数。气象预报已实实在在走进了寻常百姓生活"。"风云莫测",喻指局势动荡多变,像风云那样难以预测。"未雨绸缪",意为"还没有下雨先修好门窗",比喻事先做好准备。标题都取其字面意义,表示过去不能掌握天气的变化,现在则能随时了解气象预报,一旦有什么情况可以提前做好准备。

㉙《在水一方》《夜光曲》《天鹅湖》《圣母颂》一天到晚牛棚音乐不断
  每头牛一天多产0.14公斤牛奶 对牛弹琴真管用

(标题 《北京晚报》)

"对牛弹琴",比喻对愚笨的人讲深刻的道理,也讥笑说话的人不看对象。标题取字面意义。报道说,广西壮族自治区柳州市鹧鸪江奶牛场给牛播放音乐,全场420头奶牛每天都摇头摆尾地和着节奏舒缓、旋律优美的音乐吃草、产奶,每头牛的牛奶产量增加了0.14公斤。

(二)成语运用中要注意的问题

1. 理解要正确。成语有不少源于神话寓言、历史故事、诗文语句,对一些比较生疏的要查阅工具书,或向人请教,切不可望文生义,想当然。下面的例子有毛病:

㉚ *她这个人清高自负,对那些衣着豪华、佩金戴银显得美轮美奂

的"贵妇人",总是看不顺眼。

"美轮美奂",形容华丽的房屋高大而众多。语出《礼记·檀弓下》:"晋献文子成室,晋大夫发焉。张老曰:'美哉,轮焉! 美哉,奂焉!'""轮",高大的样子。"奂",形容众多。"美轮美奂"可改为"雍容华贵"。

一些文字上容易懂的成语,也要防止弄错。例如:

㉛ *那个黄头发的青年见魏不肯拿钱,便气极败坏地抢下出租车钥匙,掏出凶器,来搜魏的衣袋。

"气极败坏",应为"气急败坏"。"气急败坏"指上气不接下气、狼狈不堪的样子,形容十分慌张或羞恼。

2. 运用要贴切。下面的例子有毛病:

㉜ *她比大家大一点,深受大家的敬重。平时店主任在,她是营业员;店主任不在,她就代理主任的工作。主任回店,她又心安理得地退回到助手位置。

"心安理得",意为"自信事情做得合理,心里很坦然"。这里是讲"她"回到助手的位置上,仍旧去当营业员,不存在"自信事情做得合理不合理"的问题,用在这里不贴切,可改为"(她又)愉快地(或'安心地')(回到……)"。

㉝ *我们学习雷锋并不是就事论事地学,每个人都去参加解放军,都去打扫火车站,送老大娘回家,等等,而是学习他的革命精神。在当前,就应该为伟大的民族复兴贡献自己的一切。

"就事论事",意为"按照事情本身情况来评论是非得失"。这是讲的"论事"所应遵循的原则,采取的态度;同学习雷锋是性质不同的事。如果修改时没有合适的成语,也可以用一般词语。这一个分句不妨改成:"我们说学习雷锋并不是简单地模仿"。

由于成语多为四字结构,它还具有匀称和谐之美,这一点和一般词语的四字结构相同,在以后的章节中再讨论。

二、成语的活用

成语的活用是指为了语言表达的需要,将成语灵活地加以运用。这是一种重要的修辞手段。原来的成语称为原形,活用的成语称为变体。

有的一个原形有几个变体,即有几种不同的活用方式。

林洙(建筑学家梁思成的夫人)在《梁思成、林徽因和我》中就曾讲到梁思成活用成语的例子,她说:

㉞ 在这篇文章(指《再话文物建筑的重修与维护》)中他把审查西安小雁塔维修方案时说的"保护古建筑是要它老当益壮,延年益寿,而不是要它焕然一新,返老还童"这句话,概括为"整旧如旧"四个字。记得一九六三年他为设计扬州鉴真纪念堂到扬州勘查地形,扬州市政协趁机请他做有关古建保护的报告,他说:"我是一个无耻(齿)之徒",满堂为之愕然。然后他慢慢地说:"我的牙齿没有了,在美国装这副假牙时,因为我上了年纪,所以大夫选用了这副略带黄色,排列也略稀松的牙,而不是纯白的,因此看不出是假牙,这就叫做'整旧如旧'。"现在"整旧如旧"已成为修复古建筑的重要原则之一。

梁思成巧用谐音手法,把没有牙齿说成"无耻(齿)",语言风趣。此外,将"保护古建筑是要它老当益壮,延年益寿,而不是要它焕然一新,返老还童"这句话概括为"整旧如旧",这是成语"整旧如新"的活用,"新"换成了"旧"。四个字表现了那么多的内容,语言精练,便于记忆、传授,成为"修复古建筑的重要原则之一"。这个例子表明成语活用的重要修辞作用,对我们有很大的启发。

(一)成语活用的方式

成语活用的方式较多,常见的有:

1.易字:即更换原形中的成分,这一种变体较多。例如:

㉟ 望洋兴叹——望天兴叹(指气候异常)
　　　　　　望书兴叹(指儿童读物少)
　　　　　　望楼兴叹(指虽盖了新楼,但有关设施不配套,无法入住)
　　　　　　望鞋(衣)兴叹(指老年人穿的鞋、衣服品种少)

㊱ 望子成龙——望子成人
　　　　　　望子成牛(指勤勤恳恳为人民服务的牛)
　　　　　　逼子成龙(指教育孩子不讲求方法,甚至使用暴力)
　　　　　　望父成龙(指指望能得到父辈的恩泽庇荫)

㊲ 谈虎色变—谈癌色变
谈“假”色变

㊳ 广开言路—广开门路
广开财路

㊴ 安居乐业—安居乐教(指教师改善了住房条件,安心于教学)

㊵ 人微言轻—人微言重(指地位虽不高,但意见很重要)

㊶ 愚公移山—愚公治沙(甘肃省古浪县八步沙林场六老汉三代人治沙先进群体)

㊷ 请君入瓮—请君入框(指带着框框搞调查研究)

㊸ 文人相轻—文人相重

2. 谐音:这实际上也是一种“易字”,但变体与原形更换的成分字音相同或相近。例如:

㊹ 一往情深—一网情深(指社会保障涵盖面应该包括各种性质的企业和所有劳动者,织成一张安全网)

㊺ 防患于未然—防患于未燃

㊻ 弄巧成拙—弄“俏”成拙(指化妆品质量有问题,加之选用不当,使用后引起皮肤疾病)

㊼ 百家争鸣—百家争“名”(指楼盘争着取具有吸引力的名称)

㊽ 更新换代—更新换“袋”(指鲜牛奶为提高保鲜质量更换包装)

㊾ 出口成章—出口成“脏”(指满口脏话的不文明言谈)

㊿ 人仰马翻—仁仰马翻! 两豪门比惨(指欧冠足球赛中拜仁队和皇马队各输给对手)

(《扬子晚报》)

(51) 罪责难逃——税责难逃

3. 拆用:将成语原形拆开运用。例如:

(52) 根深叶茂—根深才能叶茂

(53) 落叶归根—何日落叶能归根(指去台人员思乡心切)

(54) 亡羊补牢—“补牢”莫待“亡羊”时

(55) 高枕无忧—高枕未必无忧(指使用“高枕”须因人而异,且不可过高)

4. 易色：指借用成语原形，但感情色彩不一样。例如：

(56) 自讨苦吃(指执着追求，迎难而上。贬义→褒义)
(57) 龙飞凤舞(指字迹潦草。褒义→贬义)

5. 易序：改变成语原形成分的顺序。例如：

(58) 心安理得—理得心安(反贪民谚"不占不贪，理得心安"，为求押韵，将第二句的顺序颠倒)
(59) 喜新厌旧—喜旧厌新(指大学生入学不愿住新宿舍，因为刺鼻的油漆味受不了)

6. 别指：成语原形指的是某一事物，变体借用来改指另一事物。例如：

(60) 骑虎难下("虎"，指老虎。变体用于一则新闻报道的标题：《珠漂队骑"虎"难下》，说的是珠江漂流队在贵州广西段被困于虎滩一带。这里的"虎"指"虎滩")
(61) 度日如年("年"，指时间单位。变体用于一则新闻报道的标题：《商家开始度日如年》，说的是元旦尚未到来，已出现消费高峰，商家高兴地说，这样的日子天天都像过年。这里的"年"指年节)

(二) 成语活用的修辞作用

心理学认为："人的知觉过程通常有着思维过程的参与，对言语的知觉同样如此。"(曹日昌《普通心理学》)这一点在活用成语的知觉中尤其明显。由于原形与变体极其相似，当成语的变体作为"刺激物"作用于人们的感官时，人们贮存于记忆中的原形就会被激活起来。它能使人辨识变体的来源，同时能对变体起到说明、补充、映照等作用。也就是说，二者是一起被人们感知的。这是人们对成语变体的知觉和一般词语不同之处，也是许多成语变体起到修辞作用的原因。打个比方，这有点类似电影的表现手法叠印，只不过电影叠印的两个画面全都显现出来，而活用的成语只出现变体，原形是潜在的。成语活用的修辞效果往往是二者叠印的结果。成语活用的修辞作用主要有：

1. 文字简洁。变体借助于原形的映衬作用，只需变动不多的几个字，甚至一个字，人们便可以理解变体的意义，文字非常简洁。有的变体甚至是在通常情况下不能这样组合的。例如：

(62) 鸟儿将巢安在繁花嫩叶当中，高兴起来了，呼朋引伴地卖弄清脆的喉咙，唱出宛转的曲子，跟轻风流水应和着。

（朱自清《春》）

“呼朋引伴”，“呼朋引类”的活用，原形为“招引同伙”之意，多指坏人。变体将“类”改为“伴”，表示同伴、伙伴，带有亲切的意味。

(63) 这滟滪堆原是对准峡口的一堆黑色巨礁。万水奔腾，冲进峡口便直奔巨礁而来，你可想象得到那真是雷霆万钧。船如离弦之箭，稍差分厘，便会撞得粉碎。

（刘白羽《长江三日》）

“万水奔腾”，“万马奔腾”的活用。原形形容“万马”奔跑跳跃的浩大声势，变体将“马”改为“水”，原形给予人们的那种感受便移植了过来。

(64) 小儿马狂蹦乱跳，两个后蹄一股劲地往后踢，把地上的雪踢得老高。老孙头不再说话，两只手使劲揪着鬃毛，吓得脸像窗户纸似的煞白。马绕着场子奔跑，几十个人也堵它不住，到底把老孙头扔下地来。

（周立波《暴风骤雨》）

“狂蹦乱跳”，“欢蹦乱跳”的活用。原形为“欢快地蹦跳”之意，变体将“欢”改为“狂”，从而适用于所描述对象的暴烈。

(65) “千歌一律”盼创新——从歌手大赛谈歌曲创作存在的问题

（标题 《文摘报》）

文章说的是第十届青年歌手电视大奖赛 132 名歌手演唱了上百首新歌，但人们没有听到脍炙人口的好歌。评委们认为，缺少个性是目前歌曲创作中的一大通病。许多民歌已经形成了固定的创作模式，逐渐“千篇一律”化了。“千篇一律”，指多少篇文章都是一个样，公式化。标题运用成语原形不是不可以，但最好加上一些话说明，语言难以精练；现在将原形的“篇”改为“歌”，便轻松地达到了目的。

2. 内涵丰富。有的活用的成语，往往将原形略加改动，便显得寓意深长，给人启示。例如：

⑥⑥ 庸俗的事务主义家不是这样，他们尊重经验而看轻理论，因而不能通观客观过程的全体，缺乏明确的方针，没有远大的前途，沾沾自喜于一得之功和一孔之见。这种人如果指导革命，就会引导革命走上碰壁的地步。

（毛泽东《实践论》）

"一得之功"，"一得之愚"的活用。原形是对自己见解的谦虚的说法，语出《晏子春秋·杂下十八》。变体将"愚"改为"功"，表示微小的成绩。它和"一孔之见"一起用于表述庸俗事务家沾沾自喜的心理，尖锐深刻。"一得之功"现在也已经成为人们习用的成语了。

⑥⑦ 杞人胜天

（标题 《人民日报》）

1977年，河南杞县大旱，杞县人民喊出了"杞人胜天"的口号。这一口号是成语"杞人忧天"的变体。原形为《列子·天瑞》中的一则寓言，说杞国（古国名，在今杞县）有个人老是担心天会塌下来，自己无处安身，以至吃不下饭，睡不好觉。如今的杞人再没有这样的忧虑，相反，当天灾出现时，却满怀必胜的信念和它进行斗争！这种英雄气概令人起敬。

⑥⑧ "先发制水"更英雄

［标题 《人民日报》(海外版)］

这是高深写的一篇文章的题目。1998年长江流域发生了四十年不遇的特大洪水。作者认为，在与洪水搏斗的英雄行列里，应该有那些"先发制水"、致力于"防"与"疏"的英雄。"先发制水"，"先发制人"的活用。原形意为"先下手争取主动，可以制服对手"。变体将这一军事斗争的谋略用于与洪水的斗争，充分表现了这些地方领导者的远见卓识，未雨绸缪，在自然灾害面前处于主动地位。

⑥⑨ 学术百年论坛曲高和众　京城人自费听课

（标题 《北京晚报》）

报道说的是"学术百年论坛——新世纪讲学"听课者的热情出乎论坛组织者的意料,"入场券早就被争购一空"。"曲高和众","曲高和寡"的活用。原形意为"乐曲的格调越高,能跟着唱的人越少"。比喻知音难得。现用以指言论或作品不通俗,就不能为人们所接受、欣赏。变体反其意而用之,表明人们的文化素养大大提高了,迫切要求学习高新科技知识,多么喜人的新气象。

有的成语,往往略加改动,或使另有所指,便显得语含警策,发人深省。例如:

⑦ 他(钱学森)认为,随着时代的发展,我们既要坚持马克思列宁主义毛泽东思想的基本原理,又要深化和发展马克思列宁主义毛泽东思想。他把自己的这个观点归结为一句话,即"离经不叛道"。

(涂元季《钱学森书信前言》,《人民日报》)

⑦ 总结以往几十年的生态治理的经验教训,西部地区再不能不计成本投入,只凭一腔热情蛮干苦干了……水土流失是西部生态问题中最本质最突出的矛盾。因此,西部生态建设必须以保持水土为核心,充分考虑水资源的承受能力,做到植树造林"量水而行"。

(于绍良、张军《从"量力而行"到"量水而行"》)

"量力而行",指按照自己现有的力量去办事,不要勉强。这已是人们所熟知的应该遵循的准则,但是西部黄土高原"年年栽树难成林",因此文章提出要"量水而行"。"量水而行"是"量力而行"的活用,仅仅认识到"量力而行"不够,具体到西部的生态建设,植树造林,还必须做到"量水而行"。变体使人们的认识进一步深化,具有警示作用。

⑫ 专家警告——黑土地已是"面黄肌瘦"

(标题 《农民日报》)

报道说的是松嫩平原的黑土地土质已严重恶化。自然形成1厘米厚的黑土需要200至400年,现在有的地方已裸露出有机质含量极低的泛黄母质层,黑土区土壤有机质含量大大下降。"面黄肌瘦"原多用于人,形容人有病或营养不良的样子,这里用于黑土地,表明它也"病"了,"营养不良",这不能不引起人们的高度关注与对策的思考。

㉓ 产品不能一"优"永逸

[标题 《人民日报》(海外版)]

这是刘延清写的一篇文章的题目。文章说的是甘肃省产品"飞天牌"防尘鞋油因质量下降,倒了牌子,被取消"省优"称号。"一劳永逸",意为"劳苦一次就可以永远安逸"。变体将"劳"改为"优"。生活中有的事情可以"一劳永逸",然而,在激烈的市场竞争中,产品"一'优'永逸"是不存在的。文章题目活用成语,提醒人们在这个问题上要有清醒认识。

㉔ "图"穷匕首现　警惕基因武器

(标题 《北京晚报》)

报道说的是随着人类基因组图谱这张人类生命的设计"蓝图"徐徐展开,基因武器的威胁也开始引起人们的警觉,因为基因技术有可能被用于种族灭绝。"'图'穷匕首现","图穷匕(首)见(xiàn)"的活用。《战国策·燕策》上说:荆轲奉燕太子之命去刺秦王,以献燕国督亢(地名)的地图为名,预先把匕首卷在图里,献图时,图展到最后,露出了匕首。后比喻事情发展到最后,真意或本相就显露出来。变体巧妙地将"图"用以指人类基因图谱,借助于原形历史故事的背景,提醒人们要保持警惕。

3. 色彩多样。成语加以活用可以表示褒扬、感叹、讽刺、贬斥等多种多样的感情色彩。例如:

㉕ 莎翁剧作的灵魂与黄梅戏如何融合?剧组大胆尝试,将《无事生非》改为发生在中国古代边关的一个故事,原作中的公爵、小姐改头换面成了中国古代人物,并在音乐和舞美上作了革新。这出戏与原作虽貌离却神合,当然也有一些不尽完美之处。

(新华社记者李光茹)

"虽貌离却神合","貌合神离"的活用。原形意思是:表面上情投意合,实际上各有各的打算。变体巧妙地用于莎士比亚剧作的改编,探索莎翁剧作的灵魂与黄梅戏的融合,有称许之意。

㉖ 妻子捐出肝脏70%救活老公　台一对夫妇同肝共苦

(标题 《解放日报》)

报道说的是台湾一简姓先生,患C型肝炎8年,肝硬化,生命处于濒危期。后来他太太捐出了自己肝脏的70％给丈夫做了换肝手术,挽救了简先生的生命。"同肝共苦","同甘共苦"的活用。原形意为"同欢乐,共患难"。变体将"甘"换为"肝",变体与原形相映照,语意双关,表示赞美。

⑰ 白洋淀农民望"洋"兴叹

(标题 《北京晚报》)

报道说的是河北省安新县境内白洋淀水域,因受有毒有害的工业污水污染,鱼类大面积死亡,养殖损失达900万元,许多农民几乎倾家荡产。他们手捧死鱼,欲哭无泪。"望洋兴叹",望洋,又作"望阳""茫洋",仰望的样子。《庄子·秋水》说:河伯(河神)因为涨了大水,自以为大得了不起,后来到了海边,看见无边无际的大海洋,才感到自己渺小,仰望着海神发出感叹。现在多用于比喻做一件事力不胜任,或没有条件,而感到无可奈何。变体借原形的"洋"指"白洋淀",表示农民因遭受重大经济损失而发出痛苦的叹息。

⑱ 卡车的隆隆声在野地里显得孤单单的——又是一辆卡车把他送往蔚县监督劳动。押送"德国特务"的人戒备森严地拿着枪。……在这大冬天里坐卡车,身上冷得就像穿了皇帝的新装——什么也没有穿! 也许今晚就冻死,连同他的知识一起消亡。培根说知识就是力量。但是知识碰到暴力,毫无招架之功;知识分子碰到秦始皇,也只有束手待坑……

(陈祖芬《祖国高于一切》)

这篇报告文学写的是建国初期从德国归来的科学家王运丰,他将自己的才智全部献给了祖国的科学事业。"束手待坑","束手待毙"的活用。原形意为"捆住了手脚等死",比喻无法逃脱,无法抵抗。变体以秦始皇"焚书坑儒"的历史事实为背景,将"毙"改为"坑",表现了对"四人帮"迫害知识分子、摧残人才的愤慨。

⑲ 理歪气壮——犯罪?我一没贪污,二没受贿……

[漫画题目 《人民日报》(海外版)]

漫画中,被告席上站着一人,气甚粗,在激动地发言。桌上有一纸,上写

"国家财产损失××万元"。"理歪气壮","理直气壮"的活用,原形意为"理由充分,因而说话气势很盛"。变体将"直"改为"歪",表现了对"理歪气壮"者的嘲笑和鄙夷。

⑧ 有的司机或开车人,心存侥幸,开车前肆意往肚里灌酒,简直把自己和人民群众的生命财产"置之肚外"……

(张佳周《把握住方向盘》)

"置之肚外","置之度外"的活用。原形意为"不放在心上(指生死、利害等)"。变体将"度"改为"肚",谐音,"肚外"和"(往)肚里(灌酒)"相对,含揶揄、谴责之意。

4. 富于趣味。变体与原形字面上相近或相同,但原形说的是一个意思,而变体成了另一个意思。它借助于原形的映衬,显得饶有趣味。这有种种情况:

有的是变体中某个成分与原形中相应的成分谐音。例如:

⑧ 妙笔生"画"

(题目)

这是"清华紫光"一篇介绍高科技产品文章的题目。说的是他们推出的小画家软件,把手写笔从传统的手写输入领域拓展到了电脑绘画领域。电脑绘画可以实现现实生活中无法实现的绘画技巧,甚至一个人能掌握若干种不同的绘画艺术(油画、炭笔画、国画等)。"妙笔生'画'","妙笔生花"的活用,原形意为"神妙之笔写出生动优美的语句或作品"。变体将"花"改为"画",谐音。

⑧ 下斜街改斜归正

(标题 《北京晚报》)

报道说的是原北京市宣武区下斜街马路狭窄,而且弯曲不直,经改造后,宽阔了,变直了。"改斜归正","改邪归正"的活用,原形意为"从邪路回到正道上来"。"邪"指一个人的生活道路;变体将"邪"改为"斜",用指街道的曲直。

⑧ 杯水车新

第二章　词语的锤炼

这是上海卫视一则报道中的用语,讲的是用蒸汽洗车只需要一杯水。"杯水车新","杯水车薪"的活用,原形意为"用一杯水去救一车着了火的柴草",比喻力量太小,无济于事。"车薪",偏正结构。"薪",名词,"柴火"意。变体将"薪"改为"新",二者谐音。"车新",主谓结构。"新",形容词,"焕然一新"之意。

有的是变体改变了原形的色彩,或更换了原形的某个成分。例如:

⑧④ 七嘴八舌

这是《中国青年报》一个栏目的名称。"七嘴八舌",意思为"你一言,我一语,大家纷纷发表意见",带有杂乱之意。变体将此作为栏目名称,类似于某些报刊的"大家谈",表示热烈。

⑧⑤ 咬文嚼字

这是一家刊物的名称。"咬文嚼字",意为"死抠字眼"。变体一变其色彩,意为"字斟句酌,严格检查语言运用是否规范"。

⑧⑥ 网上谈兵

（中央电视台）

"网上谈兵","纸上谈兵"的活用。原形比喻空发议论,不能解决实际问题。《史记·廉颇蔺相如列传》记载:战国时赵国名将赵奢的儿子赵括只有兵书知识,"言兵事,以为天下莫能当"。后来他代替廉颇为赵将,只据兵书,不知变通,与秦国交战时,全军覆没。变体将原形的"纸"改为"网",用于军事高科技,使人耳目一新,有新奇感。

有的变体与原形字面相同,但所指为另外的事物。例如:

⑧⑦ 第三次浪潮方兴未艾　第四次浪潮何时到来
　　今晚听托夫勒说"三"道"四"

（标题　《北京晚报》）

报道中说:未来是什么样？未来又呈现哪些趋势？《第三次浪潮》的作者、美国著名未来学家阿尔文·托夫勒夫妇将于今晚(2001年12月2日)在中央电视台发表高论。"说三道四",意为"随便地议论别人,多指短处"。变体运用原形,但另有所指。"三"指"第三次浪潮","四"指第四次浪潮。

⑧⑧ 争睹奇观　未"雨"绸缪
　　流星雨观测者今起进入"实战"状态

(标题　《解放日报》)

该报 1998 年 11 月 17 日报道说,狮子座流星雨被称作"流星雨之王",曾创造过 1 小时喷发 2 万颗流星的纪录。根据计算和观测,今年狮子座流星雨来势猛烈,18 日凌晨高峰时,可达暴雨程度。为此上海市天文工作者、广大天文爱好者和市民,未"雨"绸缪,都已做好了观测的准备。"未雨绸缪",意为"还没有下雨,先修好门窗",比喻事先做好准备。变体将"雨"改指"狮子座流星雨"。

⑧⑨ 香港守株待"兔"

(标题　《北京晚报》)

报道说的是,名为"玉兔"的台风即将袭击香港,这一台风的特色是速度比一般台风快。香港天文台发出特别警报,人们已做好充分准备,严阵以待。"守株待兔",语出《韩非子·五蠹》:"宋人有耕者,田中有株,兔走触株,折颈而死。因释其耒(古代耕地农具)而守株,冀复得兔。"含讽意。变体将"兔"改指台风"玉兔"。

成语活用的趣味性,除以上所讲的几种情况外,也有其他方面的。例如:

⑨⑩ 我的左眼睛已经不能看书了,是黄斑症,眼底血管一出血,就影响视力了。我现在只能靠一只右眼看,是"一目了然"。我的右耳也背了,最近才发现的。现在只有左耳这一边听得清楚。所以我是眼睛"一目了然",耳朵"偏听不偏信"。

(朱健国《一个世纪思想长者的智慧——任仲夷访谈录》)

"一目了然",意为"一眼就看得清清楚楚"。"目",此处用作动词,表示看。变体"目",名词;"一目",表示一只眼睛。"偏听不偏信","偏听偏信"的活用,原形意为"只听信一方面的意见"。"偏听",只注重一个方面。变体将原形拆用,表示虽"偏听",但不"偏信"。"偏听",别指,指靠一只耳朵听。

⑨① 因材施艺　点石成金

(标题　《北京日报》)

报道说的是北京市丰台区玉器厂工人创作"卢沟石刻"新工艺品,为旅游事业做贡献。"点石成金",也作"点铁成金"。神话故事中说,仙人用手一点,能使石(铁)变成黄金。后以此喻指对别人的文句略加改动,便顿然改观,成为好文章。变体将原形用于石雕,"金",指价值很高的艺术珍品。

㊜ 剪下生花

(标题 《文汇报》)

报道讲的是剪纸艺人王子淦精湛的剪纸艺术。"剪下生花","笔下生花"的活用,原形意为"笔下所写如同花一样精美"。变体将"笔"改成了"剪"。

(三)成语活用中要注意的问题

1. 要理解成语原形的意义。活用成语时,一定要对原形的每个词及其所表示的整体意义都理解,不然就会出错。例如:

㊝ ＊198块石碑(孔庙内的碑林)是民族文化遗产的一部分,它历经百年沧桑仍能保存较好,但却在最近这三年间迅速损毁,我们不禁要问,是什么原因使这些冥顽不化的石碑损毁得如此严重和迅速呢?

"冥顽不化",看来是成语"冥顽不灵"的活用,原形形容愚昧无知。"冥顽",指昏庸愚钝,不明事理。"灵","灵敏、聪明"之意。作者将变体用以形容"石碑",欠妥,可改为形容词"坚固"。

㊞ ＊上海修改《婚姻登记管理办法》 "劳燕分飞"不再难

(标题)

报道说的是今后办理离婚手续,离异双方只要就住房安排达成协议即可,民政部门将不再充当老娘舅,同时也不再把离异事实通知当事人单位和户籍所在地。"劳燕分飞",比喻别离。"劳",指伯劳鸟,后借指离别的亲人或朋友。古乐府《东飞伯劳歌》:"东飞伯劳西飞燕,黄姑(牵牛星)织女时相见。"变体将这一成语用于离婚,感情色彩不对。原形"劳燕"所指范围也较宽。

2. 活用要恰当自然。想通过活用成语来提高表达效果是好的,但切忌生搬硬套。下例欠妥:

㊟ ＊据了解,全国各地的"水景"如长白山天池、云南滇池、北京密云

水库等都受到了不同程度的污染,"每况愈加"的"游人污染"威胁着它们脆弱而敏感的生命。

"每况愈加",看来是成语"每况愈下"的活用。原形意为"情况越来越坏",变体将原形的"下"改为"加",就令人费解了。

㉖ *咳不容缓

这是一则止咳药的宣传广告,看来是成语"刻不容缓"的活用。原形意为"连片刻也不能拖延",形容形势紧迫。变体利用谐音将"刻"改为"咳",就成了咳嗽不能拖延,急着要咳出来。广告显然不是这个意思,"不容缓"应是就治疗讲的。变体将所要表达的意思简单地说成"咳不容缓",欠妥。

思考与练习三

一、什么是成语?请从近期的报刊上找两个例子(注明报刊名称及日期)。

二、什么是成语活用?请从近期报刊上找两个例子(注明报刊名称及日期)。

三、指出下面例子中的成语,并简要地分析其修辞作用:

> 岁月催人老,生命到了风烛残年,这是人生不可避免的自然规律。彦涵在构思画面时,他不想表现"老态龙钟",而要画"老当益壮"的人物形象。在彦涵笔下画出一对知识分子相濡以沫的白发伴侣,他和她有过朝气蓬勃的青春年华,历经沧桑坎坷不平的道路,经过岁月中忧虑、烦恼的风霜摧折,在那宽大前额的眉宇间,一生的喜怒哀乐尽在其间。

(白炎《彦涵的〈人生〉》)

四、在下面的空白处填上适当的成语:

> 问题的奇妙之处还在于,你见不到什么人反对"狠刹吃喝风",相反,实在是人人_____,个个口诛笔伐。哪怕就是在公款吃喝的筵席上,人们也是边吃边"刹""吃喝风"的。甲会边吃边_____地说:"再不抓真的不行了,现在每年全国吃掉八百

多个亿啦!"乙马上痛心疾首地纠正道:"我的老甲哟,不是八百亿,是一千多个亿呀!"说罢,又心情沉重地把一团蘸了芥末的生龙虾肉放进嘴里。

老话说,治病要_____。痛陈"吃喝风"给国家和人民造成多少损失,对有些人起作用,而对那些没有心肝的饕餮之徒,还不如_____。_____能增加产奶量,对这些食客劝善,只是犯傻。

五、指出下列句子中活用的成语以及它们所运用的活用方式,并简要地分析其修辞作用:

(1) 我们一定要打破陈规,披荆斩棘,开拓我国科学发展的道路。既异想天开,又实事求是。这是科学工作者特有的风格,让我们在无穷的宇宙长河中去探索无穷的真理吧!

(郭沫若《科学的春天》)

(2) 对于桑坡村(河南孟州的一个村庄)人来说,上网已成为一种时尚,年轻人几乎没有"漏网之鱼",中年人正在忙着参加市电信局举办的培训班。

六、下面例子中有没有用错了的成语?如有不妥当的,请修改,并说明原因:

行车安全第一,不可超过规定的人数,这是老声常谈了,可有些人就是听不进去。眼看春节临近,返乡探亲的人很多,建议有关部门加强对客运车辆的监督检查,屡教不改的,要给以重罚。

七、下面是一篇介绍某护胃养胃保健品文章的标题,它有没有毛病?请作简要分析:

"胃"老先衰——×××猴头菇与中老年胃保健

第三章 句式的选择

　　句子的格式简称句式,它是多种多样的,说话、写文章用什么样的句式,也是修辞的重要内容。一讲到修辞,人们往往只想到词语的锤炼、修辞格的运用。这是不全面的。俗话说"一句话,百样说",就是讲同样一个意思,有多种不同的句式可供选择。这方面古人有时还存在一些争议。请看下面的例子:

> 季孙行父秃,晋郤克眇,卫孙良夫跛,曹公子手偻,同时而聘于齐。齐使秃者御秃者,使眇者御眇者,使跛者御跛者,使偻者御偻者。
> （《榖梁传·成公元年》）

唐代有一位史学家,叫刘知几,以推崇文字省俭闻名,他认为第二句只要说"各以其类逆"(欢迎之意)就可以了,"必事加再述,则于文殊费,此为烦句也"。(《史通·叙事》)清代魏际瑞不同意这个看法,他指出:"简则简矣……于神情特不生动。"(《伯子论文》)从句式的选用看,《榖梁传》第二句用的是叠用句,细致地叙说;而刘知几则认为用一个单句概括地加以表述好。这个例子说明,同样一个意思,由于着眼点不同,选用的句式就会不一样。

　　下面我们重点介绍几种句式。

第一节　整句和散句

　　整句和散句是从结构形式上对句子的一种分类。整句指结构相同或相近、形式整齐的句子;散句指结构不一致、形式参差的句子。在一般文章里,整句和散句往往是结合运用的。这里主要介绍整句。

　　心理学认为,刺激物本身的结构常常是区分出对象的重要条件;凡是形态上相似的对象,往往容易为人们所注意,所感知,而且能给人以美感。根据语言材料进行艺术性组合的整句,其独特的修辞作用正在这里。常见的整句有以下几类：

一、对偶

对偶又称"对仗"，俗称"对子"，是指形式上对称均衡、意义上互相关联的两个句子或词组。人们所熟悉的对联就是一组对偶句。对偶是中国人民喜闻乐见、颇有民族特色的一种语言形式。王力先生说："排比作为修辞手段虽然是人类所共有的，对偶作为修辞手段却是汉语的特点所决定的。古代汉语以单音词为主。现代汉语虽然双音词颇多，但是这些双音词大多数都是以古代单音词作为词素的，各个词素仍旧有它的独立性。这样就很适宜于构成音节数量相等的对偶。对偶在文艺中的具体表现就是骈体文和诗歌中的偶句。"（《略论语言形式美》）这对我们认识对偶很有帮助。

严格的对偶上下两联要具备以下条件：意义相关，结构相同，字数相等，词类相当，没有重字，平仄协调等。

对偶从意义看，可以分为三种：

（一）正对：上下联意义相近，互为补充。例如：

① 鸡声茅店月，人迹板桥霜。

（温庭筠《商山早行》）

② 水光潋滟晴方好，山色空濛雨亦奇。

（苏轼《饮湖上初晴后雨》）

③ 无边落木萧萧下，不尽长江滚滚来。

（杜甫《登高》）

（二）反对：上下联意义相反，互相映照。例如：

④ 满招损，谦受益。

（《尚书·大禹谟》）

⑤ 横眉冷对千夫指，俯首甘为孺子牛。

（鲁迅《自嘲》）

（三）串对：又称流水对。上下联意义相承，表示连贯、递进、因果、条件等关系。例如：

⑥ 春种一粒粟,秋收万颗籽。

(李绅《悯农诗二首》其二)

⑦ 野火烧不尽,春风吹又生。

(白居易《赋得古原草送别》)

在我国,文学作品中一些隽永、精美的对偶句在人民群众中广泛流传。例如:

⑧ 大漠孤烟直,长河落日圆。

(王维《使至塞上》)

⑨ 落霞与孤鹜齐飞,秋水共长天一色。

(王勃《滕王阁序》)

⑩ 山重水复疑无路,柳暗花明又一村。

(陆游《游山西村》)

⑪ 先天下之忧而忧,后天下之乐而乐。

(范仲淹《岳阳楼记》)

⑫ 沉舟侧畔千帆过,病树前头万木春。

(刘禹锡《酬乐天扬州初逢席上见赠》)

⑬ 金沙水拍云崖暖,大渡桥横铁索寒。

(毛泽东《长征》)

毛泽东不但在诗词中,而且在日常生活中也善于用对偶句。2009年12月18日中央电视台第四频道播放的电视片《毛泽东在1949》中,有他与警卫员李银桥的一段对话,时值辽沈、平津、淮海三大战役之后,李银桥告诉毛泽东:"主席,您有了一根白头发。"毛泽东笑着对李银桥说:"白了一根头发,胜了三大战役,值得。"

我们在日常生活中,也经常用对偶句,以达到形式美、节奏美、音韵美、易懂易记和强调意义的目的。例如:

⑭ 同一个世界,同一个梦想。

(2008年北京奥运会宣传语)

⑮ 忠厚传家远,诗书继世长。

流传在人民群众口头的谚语中,对偶句也很多,其中许多思想深刻,含有哲理。例如：

⑯ 天不言自高，地不言自厚。
⑰ 近水知鱼性，临山识鸟音。
⑱ 天上无云难下雨，地下无水不行船。
⑲ 马到悬崖收缰晚，船到江心补漏迟。
⑳ 书山有路勤为径，学海无涯苦作舟。
㉑ 良言一句三冬暖，恶语伤人六月寒。

对偶是人们对客观事物对应关系的艺术概括，是人们在语句组织上的巧妙运用。刘勰说："造化赋形，支体必双，神理为用，事不孤立。夫心生文辞，运裁百虑，高下相倾，自然成对。"（《文心雕龙·丽辞》）大意是说，自然所赋予的形体上下肢一定成双，这是造化的作用，显得事物不是孤立的；而创作文辞，运思谋篇多方考虑，高低上下互相配合，自然构成对偶。对偶这种句式齐整匀称，和谐悦耳，而且上下两联缀补映衬，灵活多样，蕴含丰厚，富于情味，已经成了广大群众语言审美的一种爱好、习惯。今天，它不只广泛应用于文学作品中，应用于志喜庆、寄哀思、描摹风物、言志褒奖等对联中，而且走进了社会生活的广阔天地中。值得注意的是，在新闻标题以及某些应用文体中也用得很多。前面的章节中已经举了一些这方面的例子，再如：

㉒ 昆玉河将再现
　　轻舟白帆动　碧水绕京城
　　　　　　　　　　　　　　　　　　（《北京晚报》）
㉓ 发轫甲骨绝学　开拓古史天地
　　　　　　　　　　　　　　　　　　（《光明日报》）
㉔ 千年地下军阵　今待世人检阅
　　秦俑二号坑发掘现场开放
　　　　　　　　　　　　　　　　[《人民日报》(海外版)]
㉕ 沉睡地下七千万年　一朝面世昙花一现
　　遗憾！中江恐龙化石群被浇筑
　　　　　　　　　　　　　　　　　　（《北京晚报》）

㉖ 妈祖系两岸　方寸有深情

[《人民日报》(海外版)]

㉗ 富村帮穷村　优势补劣势
　　石楼镇六个村结对发展经济

(《北京日报》)

㉘ 巧理千家事　善解万人愁——天津市居委会工作一瞥

(《人民日报》)

㉙ 昨天初雪,一片一片又一片　今天出门,小心小心再小心

(《扬子晚报》)

㉚ 内助未必皆巾帼　须眉亦可成贤良

(《每周文摘》)

下面的句子不够整齐：

㉛ ＊明朝在未迁都北京以前,先疏浚运河,修了五年。所以说,大运河始创于元,至明朝始告竣工。

最后两个分句宜用对偶句,可以改成："大运河始创于元,终竣于明"。

㉜ ＊当武打演员是很苦的,弄不好就会摔得鼻青脸肿,打得骨折闪腰,个中滋味只有自己知道。

"骨折闪腰"最好改成"骨折腰闪",使构成这一联合词组的两部分均为主谓结构,这样更顺畅。

二、排比

排比是三个或三个以上意义相关、结构相同或相近的句子、词组的连用,可以说它是对偶的扩大和发展。对偶只限于两项,而排比多于两项。

排比的并列结构形式上也较宽,字数有时不一致,重字也常见。例如：

㉝ "白描"却没有秘诀。如果要说有,也不过是和障眼法反一调：有真意,去粉饰,少做作,勿卖弄而已。

(鲁迅《作文秘诀》)

排比和对偶一样,工整匀称,具有语言的整齐美,但信息量比对偶大,而且

所列各项鱼贯而下,语意饱满,笔墨酣畅。例如:

㉞ 祖国在前进,社会在发展,人民在创造,我们眼前不断展现出新的生活图景。对我们作家来说,随着社会的向前发展,我们的笔对美好事物起引导前进和推波助澜的作用。

(碧野《碧野散文选·序》)

㉟ 心怀善良的人,总是在播种阳光和雨露,医治人们的心灵和肉体的创伤。同善良的人接触,智慧得到启迪,灵魂变得高尚,襟怀更加宽广。

(姜卿《心存善良》)

㊱ 当年的北大荒是美丽与严酷、富饶与荒凉、静谧与狂野的奇妙的结合体。……春则山花满眼,夏则碧野蓝天,秋则层林尽染,冬则银装素裹。

(赵险峰《重回乌苏里》)

㊲ 随着一组古朴苍劲的镜头,观众被引进了一座充满书情画意、曼舞轻歌的艺术殿堂。挥洒流畅,别具一格的墨迹;清新婀娜,刚劲自如的舞姿;绚丽缤纷,喷流浮动的色泽;线条简括,情景交融的舞台背景,使观众陶醉其间,得到了美的享受。

(常洪《新的形式 美的追求——看电视艺术片〈墨舞〉》)

㊳ 追求表面文章,不讲实际效果、实际效率、实际速度、实际质量、实际成本的形式主义必须制止。说空话、说大话、说假话的恶习必须杜绝。

(邓小平《在全国科学大会开幕式上的讲话》)

㊴ 微笑,是一种能力,一股勇气,一份智慧,也体现出一种包容。

(《光明日报》)

例㉞"祖国在前进,社会在发展,人民在创造"为排比句,分别从三个不同的方面展现了下文所概括的"新的生活图景",全面而深刻。例㉟"智慧得到启迪,灵魂变得高尚,襟怀更加宽广",亦为排比句,分析了"同善良的人接触",在思想、精神境界方面的升华和净化,深入而精辟。例㊱"春则……,夏则……,秋则……,冬则……"四个排比句,把北大荒一年四季的美丽充分地展现了出来。例㊲"挥洒流畅,别具一格的墨迹;清新婀娜,刚劲自如的舞姿;绚丽缤纷,喷流浮动的色泽;线条简括,情景交融的舞台背景"为排比,这四个并列的词组共同充当句子的主语。这些优美的文字,细腻的描述,有力地表明下文为什么说会使观众为我国书法艺术和舞蹈艺术所"陶醉",并得到了"美的享受"。例㊳这段话里,前一个句子用了五个"实际……"词组排比,做"形式主义"的定语,后一个句子用了三个"说……"词组排比,做"恶习"的定语,述语部分又用了两个副词"必须",分别修饰"制止"和"杜绝",明确而坚决地提出了党必须要除掉的恶劣风气,表现了一个无产阶级革命领袖旗帜鲜明、爱憎分明的凛然正气和对人民高度负责的真诚态度。

在一般文章中,排比的运用要比对偶少,可能因为几个句子或词组对应的成分在字数、词类、结构等方面都一致不太容易。但是,在新闻标题中,排比很常见,它常常用于概括报道的主要内容,清晰醒目,整齐美观,对读者有更大的吸引力。例如:

㊵ 英报预测 30 年后世界
　　人口大增　资源充足　技术进步　电信普及
　　　　　　　　　　　　　　　　　　　　　　(《人民日报》)

㊶ 山乡赏景　果园尝鲜　水边垂钓
　　观光农业扮靓乳山
　　　　　　　　　　　　　　　　　　　　　　(《人民日报》)

㊷ 杜鹃一枝独秀　火鹤四季开花　兰花暗送幽香
　　花乡百万鲜花迎春节
　　　　　　　　　　　　　　　　　　　　　　(《北京晚报》)

㊸ 早晨艳阳照　中午雾弥漫　黄昏雪纷飞
　　浙江四明镇一日三变
　　　　　　　　　　　　　　　　　　　　　　(《北京晚报》)

㊹ 京城保健品别给消费者"讲故事"
　　混淆概念　误导消费　扩大功效　坑骗顾客　价格昂贵　名不副实
　　　　　　　　　　　　　　　　　　　　　　(《北京晚报》)

例㊶"乳山",指山东省乳山市;"观光农业"指把农业开发与滨海旅游度假的建设结合起来。例㉞"花乡",指北京市丰台区花乡;"火鹤",指从荷兰引进的花卉,一年四季都开花。

一些系列性、动态性的报道也常常采用排比,由于句子字数相同,所以报纸在版面编排上,显得整齐而突出,不仅给人以美感,也易于使读者把握报道的要点。例如澳门回归前夕,《人民日报》于1999年12月13日1版刊登了该报的特稿,"编者的话"说:

㊺ 澳门回归这一天终于到来了。这标志着外国在中国的殖民统治彻底终结,深怀爱国之心的中华儿女,怎能不为之兴奋,为之欢呼!我们奉献给读者的这组特稿分四篇:
第一篇:南旋归燕望神州
第二篇:高瞻远瞩绘蓝图
第三篇:呕心沥血建大业
第四篇:华夏儿女涌心潮

"西部大开发"是党中央的战略决策,新闻媒体对西部各省(区)的贯彻情况进行了广泛报道。《工人日报》于2000年3月1日汇编了有关消息,并以排比形式在前面加上了这样的标题:

㊻ 抓住机遇　开发西部
广西区:绘就开发蓝图
内蒙古:政策优惠纳贤
甘肃省:投入巨资修路
青海省:强化七个意识

农业在我国国民经济和人民群众的生活中有着十分重要的地位,党和政府极其重视农业工作。新世纪开始,《农民日报》于2000年2月3日报道了部分省抓农业的情况,用了这样的标题:

㊼ 新千年农业新打算:
浙江　　围绕调整　增加效益
江西　　生态为主　培养支柱
江苏　　全面推进　科技进步
甘肃　　抓住机遇　加快调整

三、叠用

叠用是一些基本结构相同的句子、词组中,某个或某些词语被有意识地重复运用。这是一种类似排比,但比排比自由的格式,具体说来有两点不同:1. 排比的各项要求匀称,叠用的各项不作强求;2. 排比要求尽量避免字面上的重复,叠用则有意重复某一个或某几个词语。在整句中,和对偶、排比相比,叠用的整齐程度最低,但在书面语和口语,尤其是在演讲或节目主持中运用的范围最广。有的修辞著作把它归入排比,也有的把它与排比合作一类,称"排叠"。我们认为这两者有所不同,以分开为宜。

叠用的形式非常灵活,可以只有两项,也可以多于两项;可以是词组,也可以是句子;可以是单句,也可以是复句。重复运用的词语可以只有一个,也可以有几个;可以是实词,也可以是虚词。例如:

㊽ 江西瑞金老区的民谣:最后的一碗米,拿去做军粮;最后的一尺布,拿去做军装;最后的老棉袄,盖在担架上;最后的亲骨肉,送他上战场。

(刘文嘉《他们去哪儿了》,《光明日报》)

㊾ 时代、社会在发生着巨大的变化,观众的审美欣赏也在随之变化。戏剧作为社会生活的反映,时代生活的表达,也将随之变化,这是事物发展的必然。人艺(北京人民艺术剧院)风格不发展,就会变成古玩店,就会脱离时代和人民的需要,就会失去它的光彩。

[《人民日报》(海外版)]

㊿ 只有绿化,才能有效地改善生态环境;只有实事求是让人们每每栽种的树和草确实成活的绿化,才能使日益扩大的沙漠变小。

(周宏《比沙尘暴更可怕的》)

以上例㊽"最后的"修饰语共用了四次,和后边的名词性词组组成偏正结构。重复运用"最后的"这一词语,深切地表达了革命老区的人民对红军的关爱,为中国革命做出的巨大牺牲和贡献。例㊾"就会变成古玩店,就会脱离时代和人民的需要,就会失去它的光彩",共三个分句。重复运用的"就会","就"为副词,"会"为能愿动词。例㊿"只有绿化,才能有效地改善生态环境；只有实事求是让人们每每栽种的树和草确实成活的绿化，才能使日益扩大的沙漠变小”，为两组复句。重复的“只有……才能……”为配合运用的关联词语。

叠用各项之间的相互关系以并列关系最为常见。例如：

(51) 家里墙上的泥掉了，掉了就掉了；家里的棚子破了，破了就破了；庭院种的油菜冻了，冻了就冻了……家里的什么都能对付，只有他的大豆不能对付。

（朱晓军《留守在北大荒的知青》，《光明日报》）

文中用三个并列关系的叠用句：“家里……，……就……”“家里……，……就……”“庭院……，……就……”，突出反映了育种选种研究专家胡国华一心一意、专心致志搞科研的顽强的奋斗精神。

(52) 后人总结，藏书经洞中的文物“藏于英国者最多，藏于法国者最精，藏于日本者最隐秘，藏于中国者最散乱”。

（《120年前莫高窟藏经洞重见天日》《扬子晚报》）

例(52)“藏于……，藏于……，藏于……，藏于……”为并列关系，共同做“文物”的谓语。

但表示其他关系的也有。例如：

(53) 不要以为有了这个就会有那个。不要以为有了名声就有了信誉。不要以为有了成就就有了幸福。不要以为有了权力就有了威望。

（王蒙《安详》）

例(53)“不要以为有了……就有了（就会有）……”共四句，第一句同其他三句为总括和分述关系。

叠用和一般句子比较，有以下修辞特点：

第一，整齐一致。叠用可以使一些本来散落的句子、词组变得比较整齐。例如：

(54) 我们必须克服困难，我们必须学会自己不懂的东西。我们必须向一切内行的人们（不管什么人）学经济工作。

（毛泽东《论人民民主专政》）

(55) 管理员吓呆了。稍一迟疑，群鼠已经扑上来。有的撕鞋袜，有的啃脚趾,有的缘裤上蹿,咬腿肚子咬膝盖。

(刘征《鼠辈的变异》)

例㊴ 有三个“我们必须”(共两句,第一句又有两个分句),其后的成分“克服困难”“学会自己不懂的东西”和“向一切内行的人们(不管什么人)学经济工作”,结构上是不完全一样的,可是它们前面一旦都加上相同的词语,就立即显得很整齐,得到了美化。例㊵第三句有三个并列的分句,三个分句的谓语“撕鞋袜”“啃脚趾”和“缘裤上蹿,咬腿肚子咬膝盖”,前二者基本相同,和第三者差别较大。但因为有相同的主语“有的”,读来就使人觉得整齐上口。

第二,集中突出。叠用可以使事物的记叙、阐述更有分量。例如:

㊶ 我看樱花,往少里说,也有几十次了。在东京的青山墓地看,上野公园看,千鸟渊看……;在京都看,奈良看……;雨里看,雾中看,月下看……

(冰心《樱花赞》)

㊷ 实施西部大开发战略,要把加快基础设施建设作为开发的基础,把加强生态环境保护和建设作为开发的根本,把抓好产业结构调整作为开发的关键,把发展科技教育作为开发的重要条件,把深化改革、扩大开放作为开发的强大动力。

(人民日报评论员《重大的战略抉择》)

例㊶有八处叠用了“看”,包括在东京的不同景点,在其他城市,在不同的情境中,因此作家对樱花的喜爱、赞赏给人的印象极其深刻。例㊷有五句叠用了“把……作为开发的……”,这就把西部大开发中要抓好的工作和指导思想阐述得十分具体而明确。

叠用可以使情景的渲染、描述更加真切。例如:

㊸ 　广场的夜,欢乐而祥和。

当华灯初上的时候,当巨大的喷泉喷出如雪似玉的水花的时候,当五颜六色的灯光把花坛映得锦绣斑斓的时候,人们便从四面八方走来,观赏这一年一度的广场花园。坐着轮椅的残疾人来了;相互依偎着的情人来了;晚辈搀扶着老人来了;大人领着孩子来了……闪光灯在广场的各个角落闪动,灯光下是一张张幸福的笑脸。

(屈俊峰《欢乐祥和广场夜》)

此例有两处叠用。第一处是“当……的时候”，共三项，均为介词结构充当的状语，它像优美的和声，浓重的彩笔，渲染了广场之夜和平幸福的气氛。第二处是“……来了”，共四项，它像集锦，每一个画面都洋溢着诗意。而这些，又都强化了“欢乐祥和广场夜”的主题。

叠用可以使感情的抒发更为饱满。例如：

(59) 不久，我国政府组成了一个文化代表团，应邀赴印度和缅甸访问，这是新中国开国后第一个比较大型的出访代表团。团员中颇有一些声誉卓著、有代表性的学者、文学家和艺术家，芝生先生是团员，我也滥竽其中……我不能忘记，我们曾在印度洋的海轮上，看飞鱼飞跃，晚上在当空的皓月下，面对浩渺蔚蓝的波涛，追怀往事。我不能忘记，我们在印度闻名世界的奇迹泰姬陵上欣赏“琼楼玉宇高处不胜寒”的奇景。我不能忘记，在缅甸英莱湖上，看缅甸船夫独脚划船。我不能忘记，我们在加尔各答开着电风扇，啃着西瓜，度过新年。

（季羡林《晚节善终　大节不亏——悼念冯芝生（友兰）先生》）

(60) 讲到长征，请问有什么意义呢？我们说，长征是历史记录上的第一次，长征是宣言书，长征是宣传队，长征是播种机。自从盘古开天地，三皇五帝到于今，历史上曾经有过我们这样的长征吗？

（毛泽东《论对日本帝国主义的策略》）

(61) 朋友，你听见了吗，长江在哭，黄河在哭，太湖在哭，渤海在哭；朋友，你看见了吗，那频频举起的黄牌甚至红牌，那一次接一次的警报：十万火急——水！

（王翰林、刘莹《江河湖海放悲声》）

例(59)是季羡林先生写的悼念冯友兰先生的文章，文中四次叠用“我不能忘记”，哀思绵绵，情意无限，表现了季先生对挚友的不尽思念。例(60)中毛泽东大义凛然，感情激荡，热烈歌颂了长征的伟大历史意义。例(61)是讲中国由于水源十分缺乏，特别是遭受污染，存在着严重的水的危机。报道叠用了“朋友，你……了吗”“……在哭”“那……”，那一声声焦灼、危急的呼喊、诉说，给人以震撼。

1994 年曼德拉在当选南非总统后发表就职演说时曾热情澎湃地说：

㉖医治创伤的时刻已经来到。
弥合分歧的时刻已经来到。
进行建设的时机已经来到。

愿所有的人都享有公正。
愿所有的人都享有和平。
愿所有的人都拥有工作、面包、水和盐。

这片美丽的国土永远、永远、永远不要再重演人压迫人的情景,永远、永远、永远不要再蒙受为世人所唾弃的屈辱。
人类所取得的这项无比辉煌的成就将永放光芒。
愿自由主宰一切!愿上帝保佑非洲!

(曼德拉《把南非建成彩虹般的国家》)

演讲词译为汉语时,使用了"已经来到""愿所有的人""都""永远"之类的叠用句,把曼德拉所代表的南非人民对自由、和平、平等、幸福的期待、向往、希望、回顾、追求、奋斗等感情,表达得十分充沛、深切、震撼。

第三,清晰醒目。叠用句(词组)的基本结构原本相同,再加上重复运用某个或某些词语,所以彼此之间的关系就显得十分清楚。例如:

㉗我们现在所论的,并非他们的人格,而是他们的生存状态。如果他们缺衣少食,如果他们居住环境肮脏,如果他们的子女因穷困而不能受到正常的教育,如果他们生了病而不能得到医疗,如果他们想有一份工作却差不多是妄想,那么,他们的生存状况,确乎便是"贱"的了。我们这样说,仅取"贱"字"低等"的含意。

(梁晓声《贵贱论》)

此例共有三个句子,其中第二句值得注意。这是一个比较特殊的假设复句,前五个分句都表示假设,最后一个分句表示结果。由于表示假设的五个分句都运用了关联词"如果",所以它们彼此之间的并列关系,以及它们和表示结果的第六个分句的关系,都非常清晰地显示了出来。

有的内容丰富、结构复杂的句子或句群,由于采取了叠用句式,也能把层次、结构关系表现得清清楚楚。例如:

⑭ 加强马克思主义理论学习,努力掌握和运用马克思主义的立场、观点、方法,始终是全党一项重要的政治任务。要坚持用马克思列宁主义、毛泽东思想、邓小平理论武装全党,深入学习"三个代表"重要思想,不断深化对共产党执政规律、社会主义建设规律、人类社会发展规律的认识,在改造客观世界的同时不断改造主观世界,牢固树立正确的世界观、人生观、价值观。要把学习理论与总结实践经验结合起来,与学习党的历史、中国历史和世界历史结合起来,与学习当代经济、科技、文化等知识结合起来。领导干部特别是走上新岗位的领导干部,要认真学习和掌握与本职工作相关的方针政策和法律法规。对世界各国一切科学的新经验、新思想、新成果,都要积极研究和借鉴,但不能脱离国情照抄照搬。领导干部特别是中央委员和省部级干部要做学习的表率,打牢马克思主义理论功底,坚定理想信念,提高政治敏锐性和政治鉴别力,增强工作的原则性、系统性、预见性和创造性。坚决纠正轻视理论、忽视学习、放松世界观改造的倾向。

(《中共中央关于加强和改进党的作风建设的决定》)

此例是党中央在加强马克思主义理论学习方面向全党提出的要求,共四点,其中第三点是专门对"领导干部特别是走上新岗位的领导干部"讲的,第四点是专门对"领导干部特别是中央委员和省部级干部"讲的。这四点要求都重复运用了"要",清晰地标示出彼此是同一层次上的并列关系。在第二点要求中,又有三项并列的意思,由于重复运用了"与……结合起来",相互关系也很显豁。

我们写作中要善于运用叠用句(词组),下面的例子有一处可以改一下:

⑮ ＊邓稼先带病坚持工作,多次在工作时晕倒,以至最后得了癌症。为什么平时得不到足够的关心,病轻时就治?这也是使人不无感慨的。

此例第二句这样写,似乎"得不到足够的关心"仅指"病轻时就治",其实这两点意思最好运用叠用句,连同文字上的调整,改成"为什么平时得不到足够的关心?为什么病轻时没能及时治疗",这样"关心"所包含的内容要丰富得多,改作两句也更有分量。

叠用的各项虽说结构可以有所参差,但以尽可能一致为好,下面的例子可以改一改:

⑥ * 华西村位于江苏省江阴市,这里有绿树修竹环舍,有小桥流水巧饰,有现代化的工厂,还有古色古香的宾馆。人们称她是村庄里的都市,都市里的村庄。

此例共两句,第一句中有四个并列的叠用分句。如果分析一下,就会发现"有"后的宾语结构上不同:"绿树修竹环舍"和"小桥流水巧饰"是主谓词组,而"现代化的工厂"和"古色古香的宾馆"是偏正词组,为什么不一致起来呢?可以改成"有环绕房舍的绿树修竹,有布局巧妙的小桥流水,有现代化的工厂,有古色古香的宾馆"。

第二节 短句和长句

短句是指句子的形体短、词语的数量少、结构比较简单的句子;长句是指句子的形体长、词语的数量多、结构比较复杂的句子。句子的短与长也是相对讲的,不能机械地规定多少字算短句,多少字算长句。短句和长句各有各的特点,各有各的表达效果,不能笼统地说短句好还是长句好,要看具体情况。

一、短句

短句主要有以下特点:

(一)明白易懂。短句词语不多就能表达一个相对完整的意思,显得简单明了。短句在口语中用得较多。例如:

① 北京的气候,对养花来说,不算很好。冬天冷,春天多风,夏天不是干旱就是大雨倾盆;秋天最好,可是忽然会闹霜冻。在这种气候里,想把南方的好花养活,我还没有那么大的本事。因此,我只养些好种易活、自己会奋斗的花草。

(老舍《养花》)

② 我们上了半山亭,朝东一望,真是一片好景。茫茫苍苍的河北大平原就摆在眼前,烟树深处,正藏着我们的北京城。也妙,本来也算有点气魄的昆明湖,看起来只像一盆清水。万寿山、佛香阁,不过是些点缀的盆景。我们都忘了看红叶。红叶就在高头山坡上,满眼都是,半黄半红的,倒还有意思。可惜叶子伤了水,红的又不透,要是红透了,太阳一照,那颜色该有多浓。

(杨朔《香山红叶》)

③ 你退后,让我来!

(2019年时代楷模、排雷英雄杜富国)

例①作家谈养花的体会,就像在跟人们聊天,亲切自然。例②作家叙述香山登高所见,娓娓而谈,很有吸引力。例③"让我来"一句铿锵有力的短语,表现了杜富国勇于担当、不怕牺牲的大无畏的奋斗精神。他挡在身后的是战友的安全,他直面迎来的却是一个28岁年轻人一生的改变。但是无论有多少选择题,杜富国只有一个答案,即"让我来"!

叙述文字常用短句,说理、议论文字用短句的也常见。例如:

④ 有两种人:一种是老资格,在座的不少,资格很老;一种是新生力量,这是年轻的人。这两种人中间哪一种人更有希望呢?恩来同志今天也讲了这个问题,当然是新生力量更有希望。有些同志,因为自己是老革命,就骄傲起来,这是很不应当的。比较起来,如果允许骄傲的话,倒是青年人值得骄傲一下。四五十岁以上的人,年纪越大,经验越多,就应当更谦虚。

(毛泽东《在中国共产党全国代表会议上的讲话》)

⑤ 然而,在现代美食家中,出现了"返祖"现象。据他们说,家养的不如野生的,进化的不如原始的。野鸭、野鸡、野羊、野猪等,用于烹调,端到餐桌上,比家禽家畜制作的价格要贵好几倍,乃至十多倍。高价的诱惑,使得野生动物遭了殃,有的面临灭顶之灾。

(张雨生《美食家的"返祖"》)

例④对应当谦虚、不应当骄傲的分析告诫,多为短句,循循善诱,平易近人,使人心悦诚服。例⑤对"现代美食家"喜好野味的现象进行了剖析,指出其严重的后果;用短句心平气和地讲道理,易于为人们所接受。

（二）感情色彩多样。短句每句的词语较少，而一段文字中的停顿较多，所以可构成缓慢和急速、滞重和跳动等不同的节奏，表现不同的思想感情。例如：

⑥1957年毛泽东主席访问苏联时，在莫斯科大学对留学苏联的中国留学生发表讲话，他说："世界是你们的，也是我们的，但是归根结底是你们的。你们青年人朝气蓬勃，正在兴旺时期，好像早晨八九点钟的太阳，希望寄托在你们身上。"

短短的几句话，像拉家常一样，把老一辈革命家对年轻人的热切希望娓娓道来，如同长辈对自己子女的絮絮嘱语，满怀深情。

⑦　　四周围特别安静，我好奇怪，平时这会儿，到处都有小虫子叫，青蛙叫，闹嚷嚷的，可眼下是怎么了？一点儿声音都没有，静得反常，静得叫人发怵。

　　突然间，我听见一个古怪的声音，"吱——"从头顶飞过去。像风？不。也不像什么动物的叫声。说不清像什么，没法打比方，平时就没有听见过这种怪声音。那声音尖细尖细，像一把刀子从天上划过去。

(钱钢《唐山大地震》)

这是1976年7月28日唐山大地震中一名亲身经历者的叙述，多为短句，表现了说话人惶惑、紧张、恐惧的心情。

⑧　　风，你咆哮吧！咆哮吧！尽力地咆哮吧！在这暗无天日的时候，一切都睡着了，都沉在梦里，都死了的时候，正是应该你咆哮的时候，应该你尽力咆哮的时候！

……

　　光明呀，我景仰你，我要向你拜首，我要向你稽首。我知道，你的本身就是火，你，你这宇宙中的最伟大者呀，火！你在天边，你在眼前，你在我的四面，我知道你就是宇宙的生命，你就是我的生命，你就是我呀！我这熊熊地燃烧着的生命，我这快要使我全身炸裂的怒火，难道就不能迸射出光明了吗？

(郭沫若《屈原》)

这一段台词,多为短句,表现了人物对黑暗的愤怒,对光明的呼唤,急促快速,热烈奔放。

⑨　　……二月里来,好风光,家家户户种田忙……
　　冼星海同志指挥得那样有气势,姿势优美、大方;动作有节奏,有感情。随着指挥棒的移动,上百人,不,上千人,还不,仿佛全部到会的,上万人,都一齐歌唱。歌声悠扬,淳朴,像谆谆的教诲,又像娓娓的谈话,一直唱到人们的心里,又从心里唱出来,弥漫整个广场。

(吴伯箫《歌声》)

这一段是写1939年"五四"青年节晚会上,冼星海指挥唱《生产大合唱》的情景。这是第一个"五四"青年节,就是在这天晚上,毛泽东同志作了《青年运动的方向》的讲话。这一段多为短句,节奏欢快活泼。特别是"上百人,不,上千人,还不,仿佛全部到会的,上万人……",作者为了表达会场上那种难以忘怀的盛况,似乎都来不及斟酌选用准确的说法,以致一而再、再而三地修正。只有运用短句,才能把这种急速跳动着的思绪,这种极度兴奋的感情表现出来。

(三)实用性强。短句内容单纯明确,易于记忆流传,所以应用的范围很广。我国人民群众中一些充满智慧、富于教益的谚语就多为短句。例如:

⑩　天道酬勤
⑪　众人拾柴火焰高
⑫　良药苦口
⑬　苍天不负苦心人
⑭　好天要防阴天
⑮　常在河边走,小心别湿鞋
⑯　双手是活宝,一世用不了

(酱香老范《指证》,《扬子晚报》)

党和国家的方针、政策以及题词、标语、口号等,一般用短句。例如:

⑰　不忘初心　牢记使命

⑱ 绿水青山就是金山银山
⑲ 一国两制
⑳ 科学技术是第一生产力
㉑ 爱祖国 爱事业 艰苦奋斗 无私奉献
㉒ 立党为公 执政为民
㉓ 传承文明 开拓创新

一些有关思想道德、精神文明、交通安全方面的宣传口号以及商品广告等,也多为短句。例如:

㉔ 同升一面旗 共爱一个家
㉕ 奉献爱心 从我做起
㉖ 把困难留给自己 把方便让给别人
㉗ 没有红灯的约束 哪有绿灯的通行
㉘ 风里雨里,感谢有你

(标题 中央电视台综合频道《朝闻天下》)

二、长句

复句一般都比较长,这里所说的长句主要指单句和复句中的分句。长句之所以长,有各种各样的情况,常见的主要有:

(一)句子带有修饰语,有的修饰语还比较长。例如:

㉙ 科学家们指出,至今为止,干部的选拔考核在相当程度上还没有突出科学知识,这些普遍缺乏科学知识的干部很难胜任文化含量日益加大、科学性质日益复杂的管理工作。

(《每周文摘》)

㉚ 1949年4月的一天上午,几个穿解放军军装的人步行来到同古堂,寻找我的祖父。当他们告诉祖父,他们是受周恩来副主席的委托,特地来请他为将成立的中华人民共和国刻制一枚国印"中华人民共和国中央人民政府之印"时,祖父激动得险些让刻刀划破了手指。

(张国维《新中国"国玺"是我爷爷刻的》)

例㉙"这些普遍缺乏科学知识的"是"干部"的定语,"文化含量……日益复杂的"是"管理工作"的定语。例㉚"当他们……时"是这个句子主体部分"祖父激动得……"的状语。

㉛ 我们村有随礼的习惯,谁家有个大事小情,你一点儿表示没有,就会被人说成是灶坑打井、屋顶开门、不擀菜叶子的吝啬鬼。

(荆永鸣《坐席》)

宾语"吝啬鬼"前有"灶坑打井、屋顶开门、不擀菜叶子"三个修饰语,使得该句变长。

(二)句子的某个成分是由并列词组充当的。例如:

㉜ 在这大高山的老林扒中,霜雪云雾覆盖的峻岭,鸟雀难以飞越的高峰,野兽攀登不了的悬崖,瀑布切削的深沟,不见天日的林海,都不能阻拦人们的脚步。

(碧野《丽谯上》)

"霜雪……,鸟雀……,野兽……,瀑布……,不见……"是五个并列的词组,它们共同充当这个句子的主语。

㉝ 这种谦逊和怀疑的方法几年之后我便放弃了。只是偶尔在发表个人意见时保持着谦逊的语气。对有些可能带来争论的问题或观点,我从来不用"肯定的""毫无疑义的"或者任何一种表示肯定的字眼来提出;而代之以"我想""我觉得"某某事可以怎样怎样,"在我认为似乎是"或"因为某某根据"或"我认为要如此如此","我估计如此这般",再或者"假如我没说错的话","这件事应该这样做"。

我确信这种习惯使我在说服人们去实行我所经常倡导的各种措施的过程中受益颇多。

(富兰克林《富兰克林自传·学徒生涯》,刘超译)

"而代之以"后边的宾语是"我想……"等并列词组,这使得句子很长很长了。

㉞ 她的工作是出纳,那位青年妇女是会计。天还没大明的时候,方舟就得起来,验收采购员送来的一切:米若干斤,肉若干斤,鱼若

干尾,青菜、菠菜、花菜、西红柿、番薯、胡椒各若干斤,豆油是多少,猪油是多少,这一切她都得过秤。

(朱东润《李方舟传》)

句中,"验收采购员送来的一切",而这"一切"的后边是一系列的并列词组——"米若干斤……",它们共同充当的是"验收"的宾语。

(三)句子的某个成分是由连动词组充当的。例如:

㉟ 人民英雄纪念碑是著名建筑设计家梁思成和夫人林徽因仿北海公园明代"琼岛春阴"石碑设计的。

(白炎《人民英雄纪念碑浮雕及其他概述》)

"仿北海公园……设计"为连动词组,充当"著名建筑设计家梁思成和夫人林徽因"的谓语。

㊱ 他倒下,脸埋在肥沃的、辣蓬蓬的麦田松土里——生生不息的土地——回到他母亲的子宫里。

(欧文·斯通《凡高传》,刘明毅译)

"倒下……回到……"可看为连动式,充当"他"的谓语。

(四)句子的某个成分也是句子的形式。例如:

㊲ 目前的商品质量还不尽如人意,假冒伪劣商品防不胜防,消费者担心这种隔山买卖的方式是否能使自己买到称心如意的商品。

(许保健《商品邮购——一个待开发的行业》)

"这种隔山买卖的方式是否能使自己买到称心如意的商品",是一个主谓句,这一句子形式充当"担心"的宾语。

㊳ 的确,相比其他项目,从事冰雪运动不仅身处天寒地冻之中,在训练和比赛中须付出更多的热能,而且一年四季中只给他们留下了短短三四个月的专项训练机会……

(缪鲁《一片冰心在玉壶》)

"不仅身处……,而且一年四季中……机会"是一个复句,这一复句形式充当主语"从事冰雪运动"的谓语。

㊴ 我记得,在一次夜行车上,我曾经一手搂着发热的孩子,用另一只

手在一个小小的本子上握着短短的铅笔,兴奋而又惭愧地,借着月光,写下了几个大字:"江南,美丽的土地,我们的!"

(巴金《随想录》)

这是巴金回忆丽尼在抗战的年代里写给他的一句话:"江南,美丽的土地,我们的!"巴金说:"短短的一句话里包含着多么深、多么丰富的感情。"

但是,丽尼是在怎样的情况下写出这短短的一句话呢?文中用了一个带有许多修饰语的长长的句子——"一手搂着"孩子,还是"发热的"孩子;"另一只手"去写,是在"一个小小的本子上"写的;用的是"短短的铅笔";心情是"兴奋而又惭愧"的,时间是"借着月光";"写下"的宾语为"大字";同时还用一个短句子"江南,美丽的土地,我们的"做它的同位语。"写"前的状语修饰语,让我们看到了抗日战争时期中国人的艰辛,而"写"后的短句形式的宾语,让我们感受到了中国人对国土的爱恋、牵挂,对抗日战争必胜的信心,也激起中国人去勇敢战斗的悲壮之情。

长句主要有以下特点:

(一)信息丰富。长句词语多,结构复杂,所以能负载较多的信息,它除了告诉读者主要的信息外,还附带一些次要的信息,这多为有关的背景、情况介绍。长句在书面语中用得较多。例如:

㊵ 为纪念敦煌藏经洞发现100周年,世界上收藏敦煌遗书最多的单位国家图书馆与中国敦煌吐鲁番学会筹办的"秘籍重光,百年敦煌"专题文献资料展览将于8月16日在该馆馆藏珍品展示室举办。

(《北京晚报》)

这是一则新闻报道的导语,它报道的主要内容是:"'秘籍重光,百年敦煌'专题文献资料展览"将举办。此外,它还报道了一些与此有关的内容,包括:举办这一展览是为了纪念敦煌藏经洞发现100周年;筹办的单位是世界上收藏敦煌遗书最多的国家图书馆与中国敦煌吐鲁番学会;开始展览的日期是8月16日;展出地点是国家图书馆馆藏珍品展示室。

长句因为负载的信息量大,所以叙述、阐明的内容往往比较详细全面。例如:

㊶ 老秦是昨夜接到省里的电话,黎明起身,从海拔两千米的黑嶂山

村,赶了八里路回县城迎我的。

(黄宗英《大雁情》)

这个句子作者要告诉我们的主要意思是:老秦是赶回县城迎我的。但是有关的情况叙述得比较详细,包括什么时候接到了省里的电话,何时起身,所住的村子海拔多高,距县城多远等。这些都有助于表现"老秦"的热情和与"我"关系的亲密。

㊷ 今年是西藏和平解放五十周年,回顾西藏和平解放以来走向现代化的历程,展现西藏各族人民在中央政府和全国人民的支援下为实现现代化努力奋斗的成果,揭示西藏现代化发展的规律,有助于加快西藏现代化建设事业的健康发展,也有助于消除国际社会在"西藏问题"上的各种误解,增进对西藏历史和现实情况的全面了解。

(国务院新闻办公室《西藏的现代化发展》)

2001年是西藏和平解放五十周年。为了纪念这个有重大历史意义的日子,国务院新闻办公室发表了《西藏的现代化发展》的长篇文章,实际上这是对西藏五十年历程的总结。以上的引文是开头部分,第一个分句指明2001年是什么年,第二个分句是一个长句子,它提出了总结的纲,即:回顾西藏走向现代化的历程,展现努力奋斗的成果,揭示发展的规律。同时它还提出了总结的必要性,即:有助于加快西藏现代化建设事业的发展,有助于消除国际社会的误解,增进对情况的全面了解。可见,这个句子的内容是多么丰富。

新闻标题特别是肩题、提要题,因为要概括报道的内容,有时需要用长句。例如:

㊸ 1943年10月19岁的曹火星在北京房山区霞云岭乡堂上村龙王庙谱出不朽之作 《没有共产党就没有新中国》诞生地确认

(《北京晚报》)

㊹ 新世纪首次月全食10日凌晨出现
只要天气好全国目睹一轮红月

(《北京晚报》)

(二)气势充畅。长句内容较多,常常蕴含丰富的情感,读来显得很有气势。例如:

㊺ 鲁迅是在文化战线上,代表全民族的大多数,向着敌人冲锋陷阵的最正确、最勇敢、最坚决、最忠实、最热忱的空前的民族英雄。

(毛泽东《新民主主义论》)

这个句子的主干是"鲁迅是民族英雄",它之所以长,是因为中间有许多描写性的修饰语,这些词语组织在一个单句里,十分紧凑,读来有如滔滔江河奔腾而下,那热烈的赞美之情给人以巨大感染。

㊻ 在战争年代,《义勇军进行曲》曾激励中华儿女为抗击外敌入侵,争取民族独立民主解放而浴血奋战。新中国成立后,《义勇军进行曲》作为国歌,又激励着中国人民为祖国的繁荣富强而奋力拼搏。

(郝明安《国歌诞生记——访田汉之子田中》)

这是两个长句子,讲的是《义勇军进行曲》在不同的历史时期作为抗日救亡歌曲和作为国歌的巨大作用,蕴含丰厚,感情激越。句子用"为……而……"的结构形式把有关内容组合在一起,颇有先蓄势再放开的效果,雄浑而豪迈。

㊼ 这本书是在惊涛骇浪中写成的,但是我的心境却是平静的,因为我相信人类无论受到什么样的遭遇,总会找到一条前进的道路。

(朱东润《李方舟传》)

长句中感情复杂丰富,但很有些激越。"在惊涛骇浪中写",该是怎样的心情?愤?怨?愁?担心?宣泄?要秉笔直书?……却又"平静",又"相信"啊!

(三)脉络分明。运用长句可以使句子的脉络清楚地显示出来。这有两种情况,一种是为了突出句子的主要信息。例如:

㊽ 在征求中国社会科学院部分专家、学者意见基础上,新华通讯社最近评出20世纪影响中国历史进程的20件大事

(标题 《北京晚报》)

这则标题要告诉读者的主要内容是:"新华通讯社评出20世纪的20件大事",其他内容都作为修饰语分别加在相关的成分上。如果不用长句而用短句,那只能改成下面的句子:"新华通讯社征求了中国社会科学院部分专家、学者意见,在此基础上,评出了20世纪的20件大事,即影响中国历史进程的大事,这是最近评出的。"虽然基本内容没变,但不如原句简洁,一目了然。

另一种情况是可以使句子内部的关系表现得很明晰,这多存在于复句。例如:

㊴ 在一个春节前一天的下午,我到重庆郊外去看一位朋友。她住在那个乡村的乡公所楼上。走上一段阴暗的仄仄的楼梯,进到一间有一张方桌和几张竹凳、墙上装着一架电话的屋子,再进去就是我的朋友的房间,和外间只隔一幅布帘。

(冰心《小橘灯》)

这个例子共有三个句子,其中的第三句值得注意。这是一个复句,大体上是连贯关系,即按照活动的顺序来叙述:上楼梯——进屋子——再进内间。这个复句的前三个分句比较长,因为它们各自都带有修饰语。如果不用长句而用短句,那分句间的连贯关系就模糊了,即改成:"……走上楼梯,这是一段阴暗仄仄的楼梯;进到了一间屋子,屋子里有一张方桌和几张竹凳,墙上装着一架电话;再进去就是里间,这是我的朋友的房间……"这样人物自身活动的陈述和楼梯、房间有关状况的介绍就都混杂在一起,分句间的连贯关系就被淹没了。

三、长句化短

心理语言学家发现,"有些复杂的句子是很难理解的,这是因为人们的记忆负荷是有限的。……一些内嵌成分多的句子都难以理解"。(桂诗春《心理语言学》)某些长句正属于这种状况。掌握长句化短的方法对我们很有用处。因为不自觉地把句子写长了,使人读来费力,就可以比较容易地将它改短。特别是编辑、教师,往往要修改别人的文章,碰到别扭的长句,总不能大笔一勾,还得千方百计地把它可取的内容保留下来。长病句情况各有不同,修改要"对症下药",这里介绍几种主要的方法。

第三章 句式的选择

（一）抽出修饰语。有的长句子的基本结构并不复杂，但是修饰语多，犹如大树的主干被众多的枝叶遮掩了，人们不容易看清楚。而这类长句子常常必须从开头一口气读到结尾才能理解它的意思，中间停不下来，真是让人受苦。怎么办呢？可以把修饰语抽出来独立成句，也就是把句子基本结构词语所表达的意思和修饰成分所表达的意思分开来说。这种办法实际上是把人们理解时原来要一步完成的过程分成几步来完成，所以比较省力。句子拆开时，有时需要加上一些连接的词语，否则语气接不上。当然，不能改变原来的意思。例如：

㊿ ＊30集的电视剧《李卫当官》以雍正当政前后为时代背景，讲述了出身卑微的李卫在红颜知己岳思盈的帮助下，运用小人物的机智博得雍正宠爱，一路巧斗各级贪官污吏，最后当上了两江总督的经过。

这是一个包含两个分句的复句。"30集的电视剧《李卫当官》"是两个分句共同的主语，"以雍正当政前后为时代背景"是第一个分句的谓语，下面是第二个分句的谓语。句子之所以长，读起来吃力，是因为这个谓语较长。"讲述了……经过"这是一个述宾结构，宾语的主要成分"经过"之前，有一个较长的修饰语："出身卑微的……两江总督（的）"，共52个字，简直是电视剧的剧情简介。化短的办法是把修饰语的意思抽出来单独说。可以分作两步：第一步先粗略地介绍一下整个谓语部分的基本意思，第二步再具体介绍修饰语部分所说的内容，即改成"……讲述了李卫当官的经过。李卫出身卑微，在红颜知己岳思盈的帮助下，运用小人物的机智博得雍正宠爱，一路巧斗各级贪官污吏，最后当上了两江总督"。

㊱ ＊当人们通过航天飞机、卫星、气球、地面测绘、地球化学或地球物理等观测手段获取到地球的大量数据，利用计算机把它们和与此相关的所有其他数据及其实用模型结合起来，在计算机网络系统里把真实的地球重现出来，形成一个巨系统时，您一定会为这样的巨系统所带来的巨大作用所鼓舞，因为它提供的数据和信息让人类终于能够更好更有效地管理地球甚至人类本身这样一个数字形式的关于地球的巨系统，即"数字地球"。

这个句子特别长，开头部分就有一个多达98个字的由介宾词组充当的状语:"当人们……形成一个巨系统时",显然,这是人们阅读时难以承受的。修改的办法为:可以先说这个状语所表达的内容,说完以后,用"这时"复指一下,即改成:"人们通过航天飞机、卫星、气球……在计算机网络系统里把真实的地球重现出来,形成一个巨系统。这时,您一定会……"

（二）运用叠用句。有的句子长,是因为句中某个词语后面带有好几个并列的成分,这些并列的成分因为数量较多,人们往往不容易弄清楚它们彼此之间的关系。像这样的情况可以重复运用前面共同的词语,即把一般的句子改成叠用句。例如:

㊾ ＊合江地区的实践证明,开展创建文明村活动,把物质文明建设和精神文明建设统一起来,把思想建设和文化建设结合起来,对培养有理想、有道德、有文化、守纪律的新型农民,建设经济繁荣、教育普及、文化发达、技术进步、环境优美、清洁卫生的社会主义新农村,有重要的作用。

"对培养……新农村",是一个介宾结构,介词"对"后面的宾语较长,这个长宾语的并列成分之间也分不同层次,可以叠用"对",把它们区别开来,即改成:"对培养有理想、有道德、有文化、守纪律的新型农民,对建设经济繁荣、教育普及、文化发达、技术进步、环境优美、清洁卫生的社会主义新农村"。前面的"对培养……新型农民",后面的"对建设……新农村",是两个并列的介宾结构,一个指农民,一个指农村,共同修饰中心语"有重要的作用"。

（三）合叙改分述。有的有搭配关系的句子成分,各自都包含几个并列的词语,前面成分并列词语的各项和后面成分并列词语的各项分别存在对应关系。例如:"这个宿舍的四位同学小张、小李、小王、小何分别来自北京、广东、河南、内蒙古"。主语部分有四个并列词语:"（这个宿舍的四位同学）小张、小李、小王、小何",谓语部分也有四个并列词语:"（分别来自）北京、广东、河南、内蒙古"。这两组并列词语,按顺序一一存在对应关系。这种句子格式把有关各项合并起来叙述,比分开来一一述说简洁、经济。但是,要注意的是,这种合叙的句子往往较长,往往不容易理解,不如拆开分头述说的好。下面的例子是一则 1979 年 7 月 24 日的体育新闻,因为比较典型,比较突出,不妨介绍一下:

(53) *第四届全运会航空模型比赛成都赛区传出喜讯：二十三日，在橡筋动力水上模型飞机直线距离第一轮纪录飞行比赛中，湖北选手鲍文彬、广东选手王超荣、四川选手赵济和、贵州选手郁维方、云南选手戴自熙，分别以六百七十八点九三米、五百三十四点二米、四百二十四点六九米、三百二十九点三三米、二百六十五点一五米的成绩，超过了捷克斯洛伐克运动员赫拉迪克在1978年创造的一百点七米的世界纪录。

这个例子把几名选手和他们的成绩加以合叙，看起来文字倒是比较省俭，但读者可受苦了。哪个人取得了什么成绩，得用指头一个个对着看。如果是听广播，那根本弄不清楚人和成绩的对应关系，记者同志设身处地为读者着想不够。还有一点，这么多人都打破了捷克斯洛伐克选手的世界纪录，应该是鼓舞人心的消息，可直到最后才出现，也有点可惜。此例可考虑改成：

(54) ……二十三日，在橡筋动力水上模型飞机直线距离第一轮纪录飞行比赛中，有五名选手取得优异成绩，同时超过了捷克斯洛伐克运动员赫拉迪克在1978年创造的一百点七米的世界纪录。这五名选手和他们的纪录分别是：湖北鲍文彬，六百七十八点九三米；广东王超荣，五百三十四点二米；四川赵济和，四百二十四点六九米；贵州郁维方，三百二十九点三三米；云南戴自熙，二百六十五点一五米。

翻译文字时，句子格式用合叙的方法还是用分述的方法，当然要考虑原文的表达方式，不过也要考虑到中国读者的习惯，考虑到怎样便于他们理解。下面的例子是一段译文，值得讨论：

(55) *尼克松先生作为前总统于1986年7月访问了莫斯科，同戈尔巴乔夫进行了充分的交谈。他对戈尔巴乔夫给予好评。尼克松说："你知道，戈尔巴乔夫是我所会见过的第三个苏共总书记。我同赫鲁晓夫于1959年和与勃列日涅夫于1972、1973及1974年都有过长时间的交谈……"

此例最后一句用的合叙方法，句子较长，读起来比较费劲。如果用分述的

方法,改成几个短句,也许好一点:

㊱ ……尼克松说:"你知道,戈尔巴乔夫是我会见过的第三个苏共总书记。我同赫鲁晓夫和勃列日涅夫都有过长时间的交谈;同赫鲁晓夫交谈是在1959年,同勃列日涅夫交谈是在1972年、1973年及1974年。"

第三节 肯定句和否定句

肯定句和否定句是就句子的语气说的,肯定句表示肯定的语气,否定句表示否定的语气。句子里带有"不、没、没有、未、非、无"等否定词的句子是否定句。

同样一个意思往往可以用肯定句,也可以用否定句。一般说来,肯定句的语气比较直率、明确,否定句的语气比较委婉、灵活。例如"他这次考试成绩很差",这是肯定句;也可以说成"他这次考试成绩不理想",这是否定句。

运用肯定句,可以使意思表达得更充分、更肯定无疑,感情表达得更酣畅。例如:

① 贝多芬是一个不幸的人,贫穷,残疾,孤独,由痛苦造成的人,世界不曾给他欢乐,他却创造了欢乐来给予世界!他用他的苦难来铸成欢乐,正如他那句警言:

"用痛苦换来的欢乐。"

(罗曼·罗兰《贝多芬传》,傅雷译)

运用否定句,常常和避免运用某个词语有关。像上面的例子,说成绩"差",总带有刺激性,会引起有关的人不愉快;而"不理想",在积极的词语前面加上否定词,就不那么刺耳,比较平和。再如体格检查,有时医生写上"正常"两个字,现在更多的是写"未发现异常"。后者就是避免使用"正常",语气灵活一点,以免说得过满。

平时人们说话、写文章否定句用得很多。例如:

② 深山农民看病不难了

(标题 《北京晚报》)

③ 陕北退耕还林还草不容易

(标题 《文摘报》)

例②说"看病不难",是留有余地的说法,要是说成"看病容易",可能过了头。例③要是说成"退耕还林还草难",未免显得消极;说成"退耕还林还草不容易",既表现出工作有难度,又不致影响士气。

④ 然而,当他听到,刘思佳像对待一个工友那样称他为"老祝",而不是"祝书记"时,他无论如何不能高兴,但他能够隐忍着不表露出来。

(蒋子龙《赤橙黄绿青蓝紫》)

"无论如何不能高兴",语气比较缓和,如果说成"很生气",过于直露,不利于表现作为领导干部应有的涵养。

商业广告大都用肯定句,宣传本企业或者产品如何如何好,但也有用否定句的。例如北京同仁堂药店的一则广告:

⑤ 炮制虽繁必不敢省人工　品味虽贵必不敢减物力

广告不大肆宣扬如何不惜人力、物力,而说"不敢"怎样,反映出其唯恐影响患者的治疗,这反而能取得顾客的信任。

否定句也有的仅仅表明一种对事物的立场、态度和要求,并不带有委婉的语气。例如:

⑥ 卫生部昨天明确表示了对研究克隆人的态度,即不赞成、不支持、不允许、不接受任何克隆人实验。

(《北京晚报》)

⑦ 黄河历来被认为是世界上最复杂难治的河流,至今仍有许多领域有待探索。中国已为新世纪的黄河治理提出了以下四项指标,即堤防不决口,河道不断流,污染不超标,河床不抬高,并最终实现黄河的长治久安。

[《人民日报》(海外版)]

否定句中先后运用两个否定词的句子为双重否定句,如"不……不……""没有……不……""非……不可"等。双重否定句表示肯定的意思,但不同的句子分量、意味不一样,这和它所表达的内容以及上下文有关,但就多数情况来说,比一般肯定句的语气强。例如:

⑧ 从前线回来的人说到白求恩,没有一个不佩服,没有一个不为他的精神所感动。

(毛泽东《纪念白求恩》)

⑨ 康　六:自古以来,哪有……他就给十两银子?

刘麻子:找遍了你们全村儿,找得出十两银子找不出?在乡下,五斤白面就换个孩子,你不是不知道!

(老舍《茶馆》)

⑩ 我们过了江,进了车站。我买票,他忙着照看行李。行李太多了,得向脚夫行些小费,才可过去。他便又忙着和他们讲价钱。我那时真是聪明过分,总觉他说话不大漂亮,非自己插嘴不可。

(朱自清《背影》)

⑪ 近两年来,彩电国产化取得突破性进展,大批彩电漂洋过海,为祖国争得了荣誉。在国内非进口原装彩电不买的现象已一去不复返了。

(《人民日报》)

例⑧"没有一个不佩服""没有一个不为他的精神所感动",是强调大家都佩服、大家都为他的精神所感动,没有例外。例⑨"不是不知道",是强调必然知道。例⑩"非自己插嘴不可",是强调自己一定得插嘴。例⑪"非进口原装彩电不买",是强调只买进口原装彩电。

双重否定句中有一种是表示否定的连词后面带着否定句。表示否定的连词有"否则、不然、要不、要不然"等。这类双重否定句常常前面是肯定句,否定连词后面是否定句,进一步再从反面来讲,它也有强调肯定语气的效果。例如:

⑫ 当她初到的时候,四叔虽然照例皱过眉,但鉴于向来雇用女工之难,也就并不大反对,只是暗暗地告诫四婶说,这种人虽然似乎可怜,但是败坏风俗的,用她帮忙还可以,祭祀时候可用不着她沾手,一切饭菜,只好自己做,否则,不干不净,祖宗是不吃的。

(鲁迅《祝福》)

⑬ 我不是妇女解放运动的支持者,但是我极不愿在婚后失去独立的人格和内心的自由自在化,所以我一再强调,婚后我还是"我行我

素",要不然不结婚。

(三毛《沙漠中的饭店》)

例⑫"否则,不干不净,祖宗是不吃的",是强调只有自己做才干净,祖宗才会吃。例⑬"要不然不结婚"是强调只有同意"我""我行我素"才结婚。

带有反问语气的否定句,类似双重否定句,也是表示肯定的意思,但语气更为强烈。例如:

⑭ 一位负伤的战士说:"我们没有想过奖金问题,如果是为了钱,就算是黄金铺路,我们也不会去冲锋陷阵——谁不知道生命比金钱更重要呢?但为了祖国和人民,我们即使付出了生命的代价,也心甘情愿!"

(《这种"傻"是人生大境界》,《解放军报》)

⑮ 　　回到家里,已经快一点了。园园噘着嘴说:
"妈,你怎么才回来?"
"你没有看见小妹病了吗?"陆文婷瞪了园园一眼,忙给佳佳脱了衣服,把她放在床上,替她盖上被子。

(谌容《人到中年》)

例⑭"谁不知道生命比金钱更重要呢"意思是"谁都知道生命比金钱更重要"。例⑮"你没有看见小妹病了吗"意思是"你应该看见小妹病了"。

运用双重否定句或带有反问语气的否定句,要注意别把意思弄反了。例如:

⑯ ＊前不久,日本《女性周刊》《女性自身》和《宝石》等几家著名专刊,特意对山口百惠的知名度进行调查,调查后得出结论——目前日本影视界最具魅力、最有票房价值的女星仍是山口百惠莫属。

⑰ ＊"十一"快来了,尝到了"五一"旅游节甜头的商家有谁不愿意放弃这个好机会呢?

例⑯"仍是山口百惠莫属",应为"仍非山口百惠莫属"。"非……莫属"是一种表示双重否定的语言格式,原句把意思弄反了,而且也没有"是……莫属"的说法。例⑰"有谁不愿意放弃这个好机会呢",应为"有谁不愿意抓住这个好机会呢"。"有谁不……呢"是反问语气和否定句的结合运用,表示肯定的语气。原句的意思成了"商家都愿意放弃这个好机会",显然错误,所以"放弃"要改成"抓住"。

人们说话、写文章,常常将意思相关的肯定句和否定句结合起来运用,可以起到相互补充、映照对比的作用,语意更鲜明。例如:

⑱ 对一切无纪律、无政府、违反法制的现象,都必须坚决反对和纠正。否则我们就不能建设社会主义,也决不能实现现代化。合理的纪律同社会主义民主不但不是互相对立的,而且是互相保证的。

(邓小平《贯彻调整方针　保证安定团结》)

⑲ 中国的抗战,不是在欧战爆发时开始的,也不是在卢沟桥事变时开始的,而是在1931年的"九·一八"事变时开始的。

(陈香梅《历史是一面镜子》)

⑳ 老秦和我们一起艰苦创业。我们没去的山,她去了;我们吃不了的苦,她吃了;我们解决不了的问题,她解决了——所以我们都敬佩她。

(黄宗英《大雁情》)

例⑱"不但不是……,而且是……",前一句否定某些错误的看法,后一句进一步从正面加以补充强调。例⑲"不是……,也不是……,而是……"前两句否定两种不正确的说法,后一句指出正确的认识。例⑳"我们……,她……;我们……,她……;我们……,她……",这三组并列的分句,都用否定句和肯定句加以对比,更突出了"老秦"的优秀品质。

一些民谚中也常常用肯定句和否定句加以比照,意味深长,富于教益。例如:

㉑ 钱可以买到权势,但买不到智慧。
钱可以买到小人心,但买不到君子志。
钱可以买到虚名,但买不到实学。
钱可以买到书籍,但买不到头脑。
钱可以买到珠宝,但买不到美丽。

现在有一种颇为流行的否定句,多用于表明立场、态度,具有鲜明简

洁的特点,在标题、书名中用得较多。例如:

㉒ 向克隆人说"不"

(标题 《北京晚报》)

㉓ 全球科学家对《科学》杂志说"不"
别把基因库当做摇钱树

(同上)

㉔ 对兴奋剂说"不"

[标题 《人民日报》(海外版)]

㉕ 市建委对野蛮施工说"不"

(标题 《北京晚报》)

思考与练习四

一、什么是对偶?请举例说明。

二、什么是排比?请举例说明。

三、什么是叠用?请举例说明。

四、什么是否定句?什么是双重否定句?请分别举例说明。

五、下面句子的画线部分运用了什么句式?它在修辞上有什么效果?

(1) 有时一种意见会激起热烈的辩论。<u>智慧的火花,有如星光闪耀;思想的交锋,常似电掣雷鸣</u>。然而,气氛友好、自由、推心置腹。每一次讨论会,他总凝神倾听别人的发言,从中吸取启人心扉的每一个独到的见解,每一个创造性的思考。

(2) 不论是谁,不论他们开始怎样怕我们,只要我们对他们说清楚了红军是什么,<u>没有不变忧为喜,同我们十分亲热起来的</u>。

(3) <u>当长江、嫩江、松花江等上千里的大堤历经一次次特大洪峰的冲击仍巍巍矗立,当武汉、九江、哈尔滨等临江重镇送走一次次洪峰仍安然无恙,当京广、京九等交通大动脉在暴风雨一次次袭击下仍畅通无阻,当沿江数百万群众从洪浪的围困中一次次脱险的时候</u>,我们不得不说,这要归功于我们有一支与人民同呼吸、共命运的英雄军队和武警官兵。在与洪魔鏖战的日日夜夜,他们以一不怕苦,二不怕死的顽强精神,树起了一道冲不垮的堤坝,它巍然屹立在亿万人民心中。

(4)"展师德风采,创优秀群体,树教育新风",江苏省在广大教师队伍中开展职业道德教育,进一步促进教师政治业务素质的提高。

六、将下面的长句化为短句:

(1)看到宁夏某县级市的一位副市长,率车队到基层视察农田建设,与一名十三岁的女孩狭路相逢,女孩为躲避车队,不幸坠入水渠身亡,而这位副市长也因组织抢救不力丢了官的报道,心里很不是滋味,也想来说几句。

(2)置党纪国法于不顾,贪污受贿,侵吞国家财产,得到的当然是道德沦丧,成天过着心惊肉跳的生活,最终被押上法庭接受人民审判,给亲人带来极大精神痛苦的结局。

七、下面句子的画线部分不够整齐,请修改一下:

(1)针对这种情况,吕工艺师一再要求他们加强基本功训练,<u>多看有关资料,多自己开动脑筋想</u>。不久,小张设计的作品就被选中,受到人们的好评。

(2)走错航道 "珠峰山"轮触礁遇险
　　紧急救援 遇险船避免船沉人亡

八、下面的句子有没有毛病?请分析一下。

　　我早就说过,车骑得这么快,难免不会不出事儿。

第四节　设问句和反问句

设问句、反问句同一般的疑问句不同。一般疑问句是有疑而问,要求对方或有关方面回答、释疑;设问句和反问句从表面上看也是提问,其实说话人心里没有疑问,并不要求回答。运用这种句式只是为了取得某种修辞效果。所以人们说这种句式是无疑而问,明知故问。

一、设问句

先提出问题,接着再把答案说出来,这种自问自答的句子叫设问句。例如:

① 独具特色的北京胡同在新世纪还存在多少?经过调查,《北京日报》记者得出的答案是:459 条。

(《北京晚报》)

② 郑板桥长寿奥秘何在?四个字:难得糊涂。透视其人生轨迹,可以看到:他大事清楚,小事糊涂,从不计较个人得失。烦恼悠悠忘脑后,心底无私天地宽。

(邬时民《郑板桥的长寿方》)

③ 天文与地震是不是有关系?这个问题曾经引起古今中外许多人的注意。从事天文工作和地震工作的一些科学家们,从历年来的地震记录中,要摸索探讨出地震的自然规律。经过分析,他们认为地震与某些天文现象是有关系的。

(《十万个为什么·天文》)

例①的"独具特色的北京胡同在新世纪还存在多少",例②的"郑板桥长寿奥秘何在",例③的"天文与地震是不是有关系",虽然字面上都是提问,但不是说话人存在疑问请对方解答,所以都是设问句。

设问句的修辞作用主要是引起对方的注意、思考,因为提出的这些问题往往是人们所关心的、感兴趣的。新闻标题和文章题目常常运用设问句。例如:

④ 人类到底多大了
专家今日说:新证据可能把人类起源提前 160 万年

(《北京晚报》)

⑤ 恐龙会复生吗?——从北大学者发现恐龙基因片段说开去

(新华社记者江钱峰、曲志江)

⑥ 当前存在较为严重的生产过剩　为什么还提倡节约

(《报刊文摘》)

⑦ APEC领导人服装是怎样设计出来的

(《文摘周报》)

⑧ 谁蒙上了侦察兵的眼睛

(标题 《解放军报》)

例⑧文中说,身背卫星定位系统,手拿先进的电子地图,却在地形学考核比武中迷路,这引起了官兵们的热议:是谁蒙上了侦察兵的眼睛?该设问句引起我们的思考。"长时间的强电磁干扰,使这些先进的智能导航系统瘫痪了,用不上了",这不能不引起我们的高度警惕。

"那么,在这种情况下,就不打仗了吗"是另外一个设问句。回答是——"否!有的队员沿用了传统的'老三样'工具——指北针、三棱尺、纸质地图,继续前行,取得了胜利"。

一些科普文章用设问句做题目的就更多了。少年儿童出版社出版的《十万个为什么》当然全部用了设问句,这里不妨列举一些:

⑨ ＋－×÷＝这些符号是怎样来的(数学)
⑩ 为什么称大脑是人体的"司令部"(医学)
⑪ 植物细胞与动物细胞有什么不同(植物)
⑫ 地球周围的大气层是怎样形成的(气象)

设问句有种种不同的作用。在全篇的开头,或是某个部分、某个段落的开头,不仅能提挈全文,而且能引起读者的注意,启发读者的思考。例如:

⑬ 人会一年一年长大,动物和植物也会一年一年长大,我们的地球会不会长呢?

(卫杰文《地球的形状和大小会变化吗?》)

⑭ 英国大文豪莎士比亚的作品,多以意大利作为背景,究竟为何他会对意大利的情况了如指掌呢?意大利一名学者日前为这个历史之谜提出一个匪夷所思的答案:莎士比亚原来并非英国人,而是意大利人。

(《莎翁是意大利人》,《北京晚报》)

例⑬是一篇科普文章的第一段,它开宗明义地提出了文章的论题。例⑭

是报道的导语,介绍莎士比亚是哪一国人有新的说法。这些都是人们十分感兴趣的问题,会吸引他们阅读下去。

在文章的行文当中,设问句可以起到承接上文、引出下文的过渡作用。例如:

⑮　电影《木兰》成功地远征美国,以动人的故事让美国及至全世界观众在娱乐中了解到中国的传奇和古老文化,这确实是中国人的自豪。

　　然而,令人遗憾和发人深思的是,为什么我们的木兰姑娘非要"嫁"到美国?我们这许多影视制作单位为什么没有想到花木兰?为什么不能及时地、成功地将花木兰搬上银幕和荧屏?!

(魏风《有感于"花木兰"远"嫁"美国》)

此例文章的开头部分是介绍美国迪斯尼公司把中国花木兰代父从军的故事制作成了动画片,引起人们的轰动和喝彩。接着,文章指出了这部动画片的意义。到这里,作者笔锋陡转,用一连串的设问句提出了令人心情沉重和愧疚的问题。提出这些问题以后,作者便发表了自己的见解。设问句在这里表现了转折关系,从而能引导读者更好地阅读下文。

有的文章行文当中的设问句,是在论述完一个问题以后,又进一步提出新的问题,显出环环相扣、层层深入的特点。例如:

⑯　指南针指的是正南方吗?这似乎是一个不成问题的问题,然而你如果用它对着北极星测量一下,就会发现:指南针指向的北方和北极星所表示的方向并不一致。许多观测表明,指南针两端不是指向地理上的南北极,而是在偏一点的地方。指南针所指示的方向与真正的南、北方向之间有一个角度差异。这就是我们平时所说的磁偏角。

　　……

　　指南针为什么不指着正南呢?

(张庆麟《指南针指的是正南方吗?》)

此例先提出了"指南针指的是正南方吗"这一问题,作者进行了否定性的回答,指出"指南针所指示的方向与真正的南、北方向之间有一个角度差异"。接着,作者又进一步提出"指南针为什么不指着正南呢",因为这是读者自然而然会提出的问题。下文作者便对此进行分析,这样就使文章完满地阐述了它提出的论题。

行文中设问句用得好,可以使文字显得活泼而有变化。例如:

⑰ 改革与开放,带来社会大发展。中国近二十年间,变化实在惊人。以前有个老说法"翻天覆地",若用在这近二十年,可说是十分贴切的。年前苏北老家来电话,说如今年关将至,但乡下人再不"忙年"了,人们悠闲自得,其乐融融。何也?皆因如今乡下人手头再不紧巴,"天天吃好的,天天都过年"!

(朽木《"三下乡""三段论"》)

文章先说近二十年"变化实在惊人",年关将至,但人们再不"忙年",而是"悠闲自得,其乐融融"。接下去,作者分析了原因。试想,这里如果用"其所以这样是因为"一类语句,该多么枯燥无味。结果作者用了个带有文言色彩的设问句"何也",别小看这区区的两个字,它带有轻松而俏皮的味道,更能表现出改革开放以来生活改善给"乡下人"带来的欢乐情绪。

全篇或者一个部分、一个段落的结尾,也有用设问句的,让读者自己去体会思索。例如:

⑱ 灵堂里还有一个特制的大骨灰盒,由一大三小四只骨灰盒组成,这真是一组特殊的图案,它出自一位父亲的手,它象征着人间失去了一位母亲和她的三个孩子。我无法想象,孩子的父亲在亲手制作这几只骨灰盒时,会是怎样的心情。孩子们都依偎在母亲的身边去了,独独扔下了孤寂的他;究竟是死去的人更不幸,还是活着的人更不幸呢?

(钱钢《唐山大地震》)

这是一个比较特殊的设问句。表面看来,有问无答,而且提出了两种供选择的情况,似乎不是设问句,而是选择问句,其实上文就是答案:死去的人是不幸的,而活着的人还在承受着失去亲人的痛苦,从这个意义上说是更不幸的。这个意思如果直说就平淡了,作者故意问而不答,让读者思考,感情显得格外深沉。

⑲　　书店需要利润,出版单位要经济效益,这都是无可非议的。但

靠出版低级庸俗的读物来赚钱,那结果也正像九寨沟大量发售矿泉水以创收的短期行为一样,不过那边是看得见的水源枯竭,生态破坏,风景劣化;这边一味讲求经济效益的短期行为所导致的将是社会文化格调降低,庸俗趣味滋长,精神沙化。那边是看得见的衰退,这边则是没有地貌上可供察觉的标识,其理则同。而且导致文化沙化的还不仅是书籍出版上的短期行为,方面多着呢!

摄影师朋友慨叹九寨沟风景的未来,斥责那里的短期行为;那么,人们将如何看待文化上的短期行为呢?

(何满子《从九寨沟风景劣化说起》)

这是一篇杂文的最后两段,内容讲的是"九寨沟风景劣化",作者由此想到"文化沙化"的问题,为此忧心忡忡。最后一句作者并没有把自己的观点直接说出来,而是用了一个设问句:"人们将如何看待文化上的短期行为呢?"引而不发,含而不露,更显得隽永含蓄,发人深思。

设问句运用的方式灵活多样,常见的为"一问一答",前面举的例子多是如此。但是也有"多问一答"的,即总括所问,一并作答。例如:

⑳ 为什么鸡蛋能够转化为鸡子,而石头不能转化为鸡子呢?为什么战争与和平有同一性,而战争与石头却没有同一性呢?为什么人能生人不能生出其他的东西呢?没有别的,就是因为矛盾的同一性要在一定的必要的条件之下。缺乏一定的必要的条件,就没有任何的同一性。

(毛泽东《矛盾论》)

设问句的运用方式还有"一问多答"的,这多见于新闻标题。"多答"多为列举各种情况。例如:

㉑ 谁对新世纪信心最足
 • 北京、上海、广州、成都四市居民对中国发展的信心指数达3.90分
 • 35岁以上中老年居民、军人信心最强
 • 20—34岁青年人信心指数低于其他年龄段

(《北京晚报》)

㉒ 二十一世纪吃什么

- 保健食品势头强劲
- 天然食品逐渐增加
- 方便食品不断创新

(《新华每日电讯》)

在一般文章中"一问多答"的情况较少,但是也有。这里的"多答",有反复解释说明的作用。例如:

㉓ 试想一切矛盾着的事物或人们心中矛盾着的概念,任何一方面能够独立地存在吗?没有生,死就不见;没有死,生也不见。没有上,无所谓下;没有下,也无所谓上。没有祸,无所谓福;没有福,也无所谓祸。没有顺利,无所谓困难;没有困难,也无所谓顺利……

(毛泽东《矛盾论》)

设问句的运用还有"多问多答"的,这多见于选择问句,"多答"分别回答前面的"多问"。例如:

㉔ 那么,要把苏州变成"东方威尼斯"是因为苏州比不上威尼斯,想让古城苏州开开洋荤,沾沾洋名的光?还是想以此洋名吸引游客?其实威尼斯就是威尼斯,苏州就是苏州,各有各的极致。譬如姑苏那精雅的园林、幽深的小巷、撩人的弹唱、繁密的茶馆、柔婉的情调,哪一点又有威尼斯的影子?如果说把苏州冠以"东方威尼斯"是为了吸引中国人,恐怕像我等游客连半个也吸引不到,因为姑苏寒山才是梦中的"家园"。吸引外国人?人家就近去了真威尼斯,何苦千里迢迢到你这假威尼斯来奔波?

(过伟剑《跑调》)

设问句运用的方式还有一种似为"多问多答",实为"多问一答"。这常常是为了强调、突出答案而从不同角度的提问。例如:

㉕ "广州人在生活中最担忧的是什么?是健康。广州人生活中最向往的是什么?还是健康。"这是广州市8个区随机抽选的400户家庭,最近接受调查时反馈出来的信息。

(《文摘周报》)

二、反问句

　　反问句又叫反诘句,它是用问句的形式表示确定的意思。反问句和设问句都不是有疑而问,这一点相同,但又有所不同:设问句主要引起读者的注意思考,反问句则表示强烈的语气和感情色彩;设问句是自问自答,答案在问句之外,反问句则不用回答,答案包含在问句之中,已经暗示了出来;设问句句末一般用问号,反问句可以用问号,也可以用叹号。下面请看一些例子:

㉖ 不久前,一家报刊登了一幅漫画:画面上两个官员因分别拒贿一千次和五百次获得了金牌和银牌,而包公却因无"拒贿成绩""落选"于台下。不过包公并没有因未获"奖牌"而不满,他只讲了一句话:"有谁敢向我行贿!"

(李庆元《让行贿者望而却步》)

"有谁敢向我行贿",反问句,意思是"谁都不敢向我行贿",但语气更强。它并不要求回答什么,所以不是一般疑问句,也不是设问句。

㉗　　吃完热腾腾的馄饨,孩子很是感激,临别时礼貌地向摊主鞠了个躬,说:"谢谢您!"摊主说:"谢我什么呀?"孩子说:"您请我吃了馄饨,又不收钱,当然要谢您啦。"摊主说:"我只请你吃了一碗馄饨,你就谢我。你妈妈十多年给你做了那么多好吃的,也没收你钱,你怎么不谢谢你妈妈呀?"

　　　孩子听了这句话,眼泪刷地掉了下来,转身就往家跑。

(孙学富《有感于一个摊主的思想工作》)

对于一个因和妈妈斗气而离家出走的小男孩,馄饨摊主用了两个反问句:"谢我什么呀""你妈妈十多年给你做了那么多好吃的,也没收你钱,你怎么不谢谢你妈妈呀",就让小男孩反省、受教育。摊主这两个反问句不要求做出回答,自身已经表达了确定的意思,所以不是一般疑问句,也不是设问句。

　　反问句所表达的意思是肯定还是否定,跟是否含有否定词语正好相反,不含否定词语的,表示否定的意思;含有否定词语的,表示肯定的意思。下面的例子不含否定词语:

㉘ 他们由天上看到山上,便不知不觉地想起:"明天也许就是春天了吧?这样的温暖,今天夜里山草也许就绿起来了吧?"就是这点幻想不能一时实现,他们也并不着急,因为这样慈善的冬天,干啥还希望别的呢!

(老舍《济南的冬天》)

"干啥还希望别的呢",无否定词语,意思是说"不希望别的了",表示否定。

㉙ 记者王东:如果没有冷门,还能叫世界杯吗?

2018年俄罗斯世界杯开赛六天,几支公认的强队不断让人大跌眼镜:上届冠军德国队以1∶0输给了墨西哥队,巴西队被瑞士队逼平,西班牙队被葡萄牙队战平,冰岛队逼平阿根廷队,几支所谓的夺冠热门目前没有一支具有冠军相。这就是世界杯,这就是难以预测、出乎外界意料的足球赛。正是这些冷门的产生,才让世界杯拥有了不一般的魅力、激情和浪漫。缺少冷门的世界杯,是无趣的。因此世界杯绝对不会没有冷门产生。

(《光明日报》)

"如果没有冷门,还能叫世界杯吗",无否定词语,意思是说"那就不叫世界杯了",表示否定。

下面的例子含有否定词语:

㉚ 富有什么不好?我们共产党人70多年来舍生忘死、矢志不渝地苦苦追求的,不就包括全社会的富有吗?我们现时的改革开放,不就是让一部分人先富起来而后达到全社会普遍的富有吗?

(刘金《摆阔·崇阔·效阔》)

"富有什么不好",含有否定词语,意思是说"富是好的",表示肯定。"……不就包括全社会的富有吗""……不就是让一部分人先富起来而后达到全社会普遍的富有吗",都含有否定词语,意思分别是"包括全社会的富有""让一部分人先富起来而后达到全社会普遍的富有",表示肯定。

反问句的修辞作用,主要表现在比一般句式具有更强烈的语气和感情色彩,这种语气和感情色彩是多种多样的。

有的表示赞颂。例如:

㉛ 在坪坝上竞赛的场面最壮阔,"沙场秋点兵"或者能有那种气派。不,阵容相似,热闹不够。那是盛大的节日赛会的场面。只要想想,天地是厂房,深谷是车间,幕天席地,群山环拱,世界上哪个地方哪个纺织厂有那样的规模呢?你看,整齐的纺车行列,精神饱满的竞赛者队伍,一声号令,百车齐鸣,别的不说,只那嗡嗡的响声就有飞机场上机群起飞的气势。那哪里是竞赛?那是万马奔腾,在共同完成一项战斗任务。

(吴伯箫《记一辆纺车》)

"世界上哪个地方哪个纺织厂有那样的规模呢""那哪里是竞赛",都是反问句。它赞颂了开展纺线竞赛的热烈场面,赞颂了在那艰苦的岁月里人们开展大生产运动的饱满热情,洋溢着豪迈的气概。和一般句式相比,反问句的表达效果更好。

㉜ 决战岂止在沙场——忆元帅外交家陈毅

(标题 《文摘周报》)

2001年8月26日是已故开国元帅、国务院副总理兼外交部长陈毅诞辰100周年。《文摘周报》从解放军文艺出版社出版的《从沙场走向十里洋场》《元帅外交家》两书中,摘录了部分章节,这是编辑部给加上的标题。标题用了反问句,和一般句式相比显得更有气势,它讴歌了这位元帅外交家的睿智、胆识和功勋。

㉝ 上帝给的美形她都不为所累,尘世给的美誉她又怎肯背负在身呢?她一如既往,埋头工作到六十七岁离开人世,离开了她心爱的实验室。

(艾芙·居里《居里夫人传》)

"尘世给的美誉她又怎肯背负在身呢",用反问句赞美居里夫人淡泊名利、对科学事业的热爱以及对真理的执着追求。

有的反问句表示感叹。例如:

㉞ 妈妈同您商量,您经过反复考虑后对妈妈说:"我活不久了,你跟我去也帮不上忙,何苦再牺牲你?还是争取和亮亮在一起吧,现在不行,将来总还可能。有你和亮亮在一起,我也放心了,我们只

有她这一个女儿……"妈妈还能说什么呢?爸,我的爸呵!

(陶斯亮《一封终于发出的信——给我的爸爸陶铸》)

"何苦再牺牲你""妈妈还能说什么呢",都是反问句,它比一般句式更有力地表现出了这一对对革命事业忠心耿耿的老人无可奈何的感叹。

㉟ 水质污染　鱼虾绝产　水生植物罕见
　昔日白洋淀今安在

(标题　《北京晚报》)

报道说,白洋淀位于京南,地跨河北省安新、任丘等5个县市,在366平方千米的范围内散布着大大小小143个淀泊和3700多条沟壕。唐河、瀑河、滹沱河、子牙河等九条河流汇集于此,然后浩浩荡荡地直奔天津,注入渤海。然而今天(文中指20世纪90年代)的白洋淀则是水质污染,鱼虾绝产,动物植物罕见,千年水泊面临着干涸危险。标题运用了反问句,它比用一般句式更深沉地表达了人们的慨叹、忧虑之情。

有的反问句表示愤懑。例如:

㊱　　院子里贴满了校长黄家驷的大字报。黄家驷一张张地看着。是的,这个问题提得很有道理,让我好好考虑考虑。是的,这张大字报像一面镜子,照出了我这个毛病。但是,那张呢?还有那一张呢?怎么像一面哈哈镜?把我照得变了形……这些哈哈镜总起来论证了两个公式:
　　走资派＋反动学术权威＋里通美国特务＝黄家驷
　　资产阶级个人奋斗＋白专＋崇洋媚外＝黄家驷道路

(陈祖芬《黄家驷道路——记胸外科专家黄家驷》)

"怎么像一面哈哈镜?把我照得变了形",反问句,比一般句式更能表现出这位正直的胸外科专家黄家驷内心的愤怒。

㊲ 昨天,一连串的飞机成功地飞过了天门洞,但这成功更让我们担心。从热热闹闹地飞越黄河跟自己玩命,到"九国联军"飞越天门洞跟世界文化遗产玩命。也许,在所谓"成功"的鼓励下,明天又会到我们的敦煌去撒点儿什么野。说是"万无一失",可经过严密计算、设计,倾注了巨大财力、物力的航天飞机都会在空中爆炸,

第三章 句式的选择

谁敢说这些飞越就不会带来灾难性的无可挽回的后果？

(《北京青年报》)

1999年12月11日,中国航空运动协会同美、法、德、俄等9个国家举办了驾机穿越著名国家级自然保护区张家界"天门洞"的飞行表演,为怕万一失败,"相关单位"投了10亿元的保险。次日,《北京青年报》发表了哀松的一篇杂文《世界遗产岂止十亿》,这里所引的例㊲是杂文前的"编辑人语"。"谁敢说这些飞越就不会带来灾难性的无可挽回的后果",反问句,表现了愤慨之情。如果用一般句式,比如"谁也不敢说这些飞越不会带来灾难性的无可挽回的后果",那就平淡无力了。

有的反问句表示责难。例如：

㊳ 这些年无聊的影视剧出了不少,言情、宫廷、武打等等可谓应有尽有。可是,像当年《小兵张嘎》《鸡毛信》这样能够陶冶孩子们民族感情和历史责任感的又有多少呢？这几年出版界的出版物更是包罗万象,但真正旨在培养孩子道德情操和爱国主义情愫的又有多少呢？有多少人真正在意过孩子们的道德情操和民族情感呢？

(鲁歌《我们不能只埋怨孩子》)

"像当年《小兵张嘎》《鸡毛信》这样能够陶冶孩子们民族感情和历史责任感的又有多少呢""(但)真正旨在培养孩子道德情操和爱国主义情愫的又有多少呢""有多少人真正在意过孩子们的道德情操和民族情感呢",都是反问句。这是向影视界、出版界提出的责难。如果运用一般句式"……没有多少""没有多少人……",指摘非难的语气就会减弱许多。

㊴ 儿童食品吃的非要搭着玩的卖？

(标题 《北京晚报》)

现在的儿童食品常常用"玩的"搭着"吃的"卖,以此"吊孩子的胃口",这引起了家长们的不满。他们认为这种做法使食品成了玩具的附属品,"畅销食品应该以食品本身取胜"。标题用了反问句,责难具有一定力度,可以促使有关商家思考。如果说成"儿童食品吃的不要搭着玩的卖",表达效果就差得多。

有的反问句表示讥讽。例如：

㊵ 人家杭州龙井还没有开园　北京怎么满街都是龙井

(标题　《北京晚报》)

报道说的是杭州龙井茶园还没有开园,可是北京满大街就都卖龙井茶了。标题运用了反问句,语含讥刺。这个意思如果用一般句式,锋芒就没有了。

㊶ 八宝山查获迷信丧葬用品　阴间也用存款单?

(标题　《北京晚报》)

报道说的是北京八宝山工商所查获贩卖迷信丧葬用品的摊点,发现大量的"冥币"和"存款单"。"存款单"上面的行长、副行长竟是玉皇和阎罗,而且标注着"存入金山银库""随用随取"。标题运用了反问句,嘲讽了迷信的荒唐;如果直说,用一般句式,就没有这么尖锐。

反问句所表示的语气和感情色彩很多,以上只是举例性质。

反问句运用的方式也灵活多样。有的是反问句连用,这些连续的反问相互之间往往有某种联系。例如:

㊷ 如果生活以快乐为原则的话,快乐也是因人而异的,那些吃则山珍海味,行则香车宝马的人,因营养过剩、缺乏锻炼而易生疑难病症,快乐又有几多?那些为金钱日理万机,为名利不择手段的人,不知道又能享受到多少人生的乐趣?

(叶平《简单也是一种时尚》)

此例有两个连用的反问句,所问都是关于享受人生乐趣方面的,只是对象不同。"快乐又有几多"是针对一些养尊处优的人说的;"不知道又能享受到多少人生的乐趣",是针对那些为财富奔忙和不讲道德、追逐名利的人说的。

㊸ 现在,我仍然坐在丁妈妈缝制的坐垫上。每天上班,我都是怀着别样的心情坐上去的。我常常想:坐在这样的坐垫上,我还有什么理由怨艾叹息?我又有什么理由不去努力创造有价值的人生?

(张丽钧《舍一枚针》)

此例最后两个句子是反问句,所问都是自己的反思。"我还有什么理由怨艾叹息",是从不应该消沉方面讲的;"我又有什么理由不去努力创造有价值的人生",是从应该积极进取方面讲的,二者相辅相成。

反问句一般说来不用回答,因为答案已经包含在问句之中,但在运用中也有"作答"的,这往往是为了强化语意。例如:

㊹ 党八股也就是一种洋八股。这洋八股,鲁迅早就反对过的。我们为什么又叫它做党八股呢?这是因为它除了洋气之外,还有一点土气。也算一个创作吧!谁说我们的人一点创作也没有呢?这就是一个!

(毛泽东《反对党八股》)

"谁说我们的人一点创作也没有呢"为反问句,文章到这里,意思已经完整了,但接下去又加了一句:"这就是一个",它使反问句原来含有的讽意得到加强,语意更加明确,显得幽默风趣。

㊺ 更让人高兴的是他的心气。谈到此次抢救,他笑道:"传说我已经走了。我怎么能走呢?我欠影迷的债还没有还完呐!这次我又多了一种人生体验,一种生活积累,一种许多演员体会不到的生活。"

(马锐《谢添十八岁》)

"他",指谢添,我国著名的电影艺术家,1998年底曾患重病。文中所说的"走"就是指的这件事。"我怎么能走呢",反问句。下一句所说"我欠影迷的债还没有还完呐",使反问句已含有的意思更显豁,更具体,艺术家本人的思想感情得到了更充分的表述。

也有的运用反问句时,先从正面加以说明,然后再提出反问,前后配合,显得语气更肯定,语意更丰厚。例如:

㊻ 大约潭是很深的,故能蕴蓄着这样奇异的绿;仿佛蔚蓝的天融了一块在里面似的,这才这般的鲜润呀。——那醉人的绿呀!我若能裁你以为带,我将赠给那轻盈的舞女;她必能临风飘举了。我若能挹你以为眼,我将赠给那善歌的盲妹;她必明眸善睐了。我舍不得你;我怎舍得你呢?

(朱自清《温州的踪迹》)

"我舍不得你",这是肯定性陈述;"我怎舍得你呢",这是表示毫无可能性的反问,用不同的句式反复强调同一个意思,表现了作家对潭水深挚的爱,因为它的绿是那么奇异、鲜润而醉人。

㊼ 事实上,改革开放这近二十年来,随着农民的物质生活水平不断提高,他们的精神需求也与日俱增,他们对文化、科技、卫生的建设的热情也空前高涨。不是有许多地区的农村在积极订报买书吗?不是有不少地方的农民在自己花钱"请财神"迎科技吗?

(朽木《"三下乡""三段论"》)

此例有两层意思,第一层意思先概括指出农村的精神需求"与日俱增"、"空前高涨";第二层意思从"订报买书"" '请财神'迎科技"两个方面再加以论证:既有思想高度,又有具体内容,整个论述翔实饱满。第二层意思用了反问句,更显出所论的无可置疑。

第五节 口语句和书面语句

口语句和书面语句是语言中两种不同的句子形式,这是就它们总体的句式特点区分的。不能简单地说,凡是口头讲的都是口语句,凡是写在书面上的都是书面语句。人们实际运用时,并不是那么截然分开的。随着报刊、广播、电视等传媒的普及,随着文化水平的提高,人们话语中的书面语句式有增多的趋势;另一方面,人们为了取得某种修辞效果,也常常运用口语句式。

一、口语句

口语句指主要以口头形式出现的句子,如日常会话、即兴发言等。口语句有以下特点:

(一)词语少、结构简单的句子相对较多。例如:

① 改革开放还要讲,我们的党还要讲几十年,会有不同意见,但那也是出于好意,一是不习惯,二是怕,怕出问题。光我一个人说话还不够,我们党要说话,要说几十年。当然,太着急也不行,要用事实来证明。当时提出农村实行家庭联产承包,有许多人不同意,家庭承包还算社会主义吗?嘴里不说,心里想不通,行动上就拖,

有的顶了两年,我们等待。

(邓小平《视察上海时的谈话》)

此例句子(主要指分句)的词语都比较少,除很少的几个句子外,不超过10个音节,句子结构也多为简单的主谓句,没有长修饰语。

② 他抱怨了大半天了! 可是他抱怨的对! 当着他,我不便直说,对你,我可得说实话:咱们得添人!

(老舍《茶馆》)

这是裕泰茶馆掌柜王利发的妻子王淑芬对丈夫说的一段话。"他",指李三,茶馆跑堂的,工作勤恳,因为跑堂的只有他一个人,非常劳累。"当着他,我不便直说",本来也可以说成"我当着他不便直说",但这里分成了两个分句,第一个分句的主语"我"蒙后省略。"对你,我可得说实话","对你"为状语,本来可以和句子的主体部分连着说,但后面也加有逗号,表示稍稍停顿。这些,都表现了口语句短小的特点。

(二) 简略的句子相对较多。口语和书面语有一个很大的不同,它常常借助于具体的语言环境,或者面部表情、手势等,使口头所要表达的信息简化、省略,所以无主句、不完全主谓句用得较多。例如:

③ 时间是晚上八点。太阳虽然早已经落下,但暑气并没有收敛。没有风。公园里那些屹立着的古树是静静的。树叶子也是静静的。露天的"劳动剧场"也是静静的。

(叶君健《看戏》)

"没有风",无主句。它自身已经表达了一个完整而明确的意思。如果一定要加上"这会儿""此刻"一类词语,语言反而不够明快。

④ "反对成立冀察政委会!"

"打倒汉奸!"

"收复东北失地!"

"停止内战,一致对外!"

……

口号声此起彼伏。声音洪亮的三强也在人群中奋臂高呼。前门铁门紧闭,军警林立。……三强的声音都嘶哑了,但全身热血奔流的青年人被这伟大的革命群众运动所振奋,心中燃烧着熊熊的爱国烈火和对于反动当局的炽热愤懑,第一次感受到人民群众的无穷威力。

(张炯《向光明的中国前进——记核物理学家钱三强》)

例中的口号也是无主句,它补不出确定的主语。

⑤ 我(用菜刀)把四周都砍遍了。石头、钢筋、水管、暖气片……菜刀卷刃了,变成了一块三角铁。我一共凿开了七个窟窿,全都是死路。

(钱钢《唐山大地震》)

1976年7月28日,我国唐山市发生大地震,人员伤亡惨重,这是当时被压在倒塌房屋内的遭难者的诉说。"石头、钢筋、水管、暖气片……"(省略号是原文有的),不完全主谓句。通常都说成"包括石头、钢筋、水管、暖气片……"或"石头、钢筋、水管、暖气片……都砍遍了",例中省略了某些词语。

⑥ (从皮包里搜出)嚄!长袍,香烟,白炮台的,光洋,阔气呀!还有两口袋石子,这是干什么用的?

(丁一三《陈毅出山》)

游击队支队长张兆楼,长期被困深山,不了解时局的发展。当陈毅同志来宣传停止内战、实行国共合作时,他误认为陈毅同志已叛变投敌,因而对他进行了搜查。此例按通常说法,应是:"嚄!这是长袍,这是香烟,这是白炮台的,这是光洋,真阔气呀!这里还有两口袋石子,这是干什么用的?"但有的分句省略了一些句子成分。

⑦ 人呐!人呐!我的人呐!我的亲人呐!

这是旧时安徽省安庆地区的女人在丈夫死去时悲恸的哭号语。从短促的独词句中,能感受到那女人极度的哀痛和无助。

(三)关联词语相对较少。口语句因为句子简短,句子之间的关系比较显豁,所以关联词语用得较少,显得更轻便灵活。例如:

⑧ 娘子:你呀!我这辈子算倒了霉啦!

四嫂:别那么说,他总比我的那口子强点,他不是这儿(指头部)有点毛病吗?我那口子没毛病,就是不好好地干!拉不着钱,他泡蘑菇;拉着钱,他能一下子都喝了酒!

(老舍《龙须沟》)

"我那口子没毛病",含有让步的意思,"没毛病"之前省了"虽然"一类词语。"拉不着钱,他泡蘑菇;拉着钱,他能一下子都喝了酒",这是两组有假设关系的句子,但是省略了"要是……(他)就……"一类关联词语。

⑨ 林大娘打了一个呃,一手扶着女儿的肩膀,一手摸着自己的胸口,答非所问地:

"阿因,大冷天,脱得光光的,会冻出毛病的,快穿上……"把那件假毛葛旗袍给她披上,"我这个毛病,就是受了凉……"

(电影剧本《林家铺子》,茅盾原著,夏衍改编)

"脱得光光的",含有假设的意思,前面省略了"要是"一类词语。"就是受了凉",含有说明原因的意思,"受了凉"前省略了"因为"一类词语。

(四)语气词相对较多。口语句中语气词比书面语多。有的语气词用于句子当中,使句子显得比较松弛、缓慢,同时有突出下文的作用。例如:

⑩ 李 三:就算有你帮助,打扫二十来间屋子,侍候二十多人的伙食,还要沏茶灌水,买东西送信,问问你自己,受得了受不了!

王淑芬:三爷,你说的对!可是呀,这兵荒马乱的年月,能有个事儿做也就得念佛!咱们都得忍着!

(老舍《茶馆》)

⑪ 这个问题嘛,还是先听听大家的意见。
⑫ 他呀,书呆子一个,麻将、扑克,什么都不会。

有的语气词用于句末。值得注意的是,晚报某些新闻的标题用得较多。人们劳累了一天之后,"晚报"和你亲切交谈,给人以轻松愉快之感。例如(以下例子均引自《北京晚报》):

⑬ @今年30岁啦

⑭ 沙尘暴退了　苗木市场火了
⑮ 哪儿找工作　网上呗
⑯ 雪后出门　当心哦
⑰ 朱鹮　在北京挺好的

下面的例子均引自《扬子晚报》：

⑱ 美女司机喝高了，拒做测试折腾一小时
⑲ 天啊　我怎么到了南京
⑳ 一群江豚玩得不想走了
㉑ 元旦三天暖和又晴朗，出门尽情享受阳光吧

（五）多用人民群众所用的流行语或习惯语。例如：

㉒ 萨科齐老爸"火"了

（标题　《扬子晚报》）

其中的"老爸""火了"均属当今社会上的习惯用语。

政治理论家的演讲或他们的文章，在阐述国家的方针政策或谈论国内外大事或论理时，为了使老百姓易懂易记易用，也常常运用流行语或惯用语以达到口语化。如：

㉓ 撸起袖子加油干
㉔ 打铁还得自身硬

二、书面语句

书面语句指主要以文字形式出现的句子，广泛用于各种语体。书面语句有以下特点：

（一）长句子、结构复杂的句子相对较多。书面语有时需要在一个句子当中表达较多的内容，所以词语较多，结构也比较复杂。读者没有看明白的地方还可以回过头来再看一看，这也给它提供了可能。例如：

㉕ 自古以来，写诗撰文、著书立说者在作品上署名，乃是理所当然之事。署名，也是确定"知识产权"属谁所有的一种方式。

（梅桑榆《署名与人品》）

此例共两句,第二句较长,之所以长,是因为"是"后面的宾语"一种方式"之前带有一个比较长的定语,即"确定'知识产权'属谁所有的"。定语本身是一个述宾结构,"确定"为述语,"'知识产权'属谁所有"为宾语。

㉖ 总之,各项工作都要有助于建设有中国特色的社会主义,都要以是否有助于人民的富裕幸福,是否有助于国家的兴旺发达,作为衡量做得对或不对的标准。

(邓小平《各项工作都要有助于建设有中国特色的社会主义》)

此例共两个分句,第二个分句为"(各项工作)都要以……标准",谓语中心语"作为衡量做得对或不对的标准"之前有一个长状语,这个状语是一个介词结构,"以"为介词,其后的宾语,是两个句子形式:"是否有助于人民的富裕幸福"以及"是否有助于国家的兴旺发达"。

㉗ 小汽车顺着弯曲的河流驰入深山,公路像一条金线,穿织在多姿的群山之间,一处处野树葱茏的河滩,一片片倾斜的山谷小草场,一条条晶亮的泉流和瀑布,迅速地在我们的跟前闪过。

(碧野《雪路云程》)

此例共四个分句,最后一个分句为"一处处野树……闪过"。这一个分句的主语是由三个并列的偏正结构充当的,即"一处处野树葱茏的河滩""一片片倾斜的山谷小草场""一条条晶亮的泉流和瀑布"。

(二)整齐的句子相对较多。人们平时说话常常是"不假思索""脱口而出",只要把心中所想的表达出来就算达到目的了;书面语不同,许多人不仅动笔前反复酝酿构思,写成后还要加工润色,力求使文章更加完美。所以,相对来说,书面语的句子显得比较整齐匀称。例如:

㉘ 每次到苏州,我总要到几个园林里走走。

在那玲珑奇巧的假山石畔的小亭里,在那碧水池边的水榭前,喝上一杯虎丘茉莉花窨制的花茶,然后,或斜倚朱栏,或漫步长廊,或小坐花厅,或攀登楼阁,或穿假山石洞,或踏深幽曲径,饱赏园中如画的景色。

(凤章《苏州园林》)

"在那……里,在那……前",是两个结构相同的句子成分,中间都带有一个偏正结构:"玲珑奇巧的假山石畔的小亭"和"碧水池边的水榭"。"然后"的后面,一连有六个由"或"引出的分句,十分整齐。其中"斜倚朱栏""漫步长廊""小坐花厅""攀登楼阁"都是由四个音节构成的述宾结构,而"穿假山石洞"和"踏深幽曲径"则是由五个音节构成的述宾结构。

㉙ 兴趣是什么?是个人的爱好。个人的爱好千差万别,例如就学科说,有的对数学有兴趣,有的却对文学有兴趣;就文学说,有的对古典文学有兴趣,有的却对现代文学有兴趣,也有的对外国文学有兴趣;就生活爱好说,有的爱画画,有的爱唱歌,有的喜爱体育活动,有的爱跳舞,有的爱钓鱼,有的爱打桥牌,如此等等。

(吴晗《谈兴趣》)

此例"例如"之后有三点并列的意思:"就学科说……,就文学说……,就生活爱好说……",这是第一个层次;每一点并列的意思内部又有几点并列的意思,由"有的(也有的)……"构成,但字数有多有少,这是第二个层次。由于这些并列的意思之间叠用了相同的词语,所以句子非常整齐,而且层次、结构都很清楚。

(三) 具有某些特殊的句式。这里的所谓"特殊",是指口语句中基本上不用的句子格式。

汉语里有一种"'进行'(或'加以、予以、受到'等)+宾语"的结构,其中的宾语和常见的不同,为双音节动词,表示动作行为,但兼有名词的性质(如"调查、研究、组织、领导"等)。它们在句中常常充当谓语,也有充当其他成分的。带有这样结构的句子一般只见于书面。例如:

㉚ 太阳活动峰及以后数年的持续高活动年份,是科学家对太阳物理和日地科学各方面进行综合研究的良好时机。为迎接太阳活动二十二周峰年,我国科学研究机构对四十六个太阳重大活动区进行了观测研究,发现和证实了一些新的现象和规律。

[《人民日报》(海外版)]

此例"……进行综合研究"充当定语;"进行了观测研究",充当谓语中心语。包容它们的句子都是书面语句。

㉛ 中央现在做了决定,一定要把党八股和教条主义等类,彻底抛弃,

所以我来讲了许多。希望同志们把我所讲的加以考虑,加以分析,同时也分析各人自己的情况。

(毛泽东《反对党八股》)

"加以考虑""加以分析"充当谓语中心语,包容它们的句子是书面语句。

有的句子前面的成分是一个联合结构,后面和它有语意联系的成分也是一个联合结构。这前后成分联合结构的各项,存在着一一承接、对应的关系。这种句子口语中也少见。上面的例㉗最后一个分句就是这种情况:

㉜ ……发现和证实了一些新的现象和规律。

这是一个述宾结构,述语和宾语自身都是一个联合结构。其中"发现"和"现象","证实"和"规律"分别存在承接关系。

有时,前后分句之间,也存在这种分别承接、对应的关系。例如:

㉝ 汉代皇帝和贵族,死时穿"玉衣"入葬,它们是将许多四角穿有小孔的玉片,用金丝、银丝或铜丝编缀起来,分别称为金缕玉衣、银缕玉衣或铜缕玉衣。

(《北京晚报》)

此例第二分句中的"(用)金丝、银丝或铜丝(编缀起来)"和第三分句中的"(分别称为)金缕玉衣、银缕玉衣或铜缕玉衣"分别存在对应关系。

(四)关联词语相对较多。书面语比较严密、庄重,句与句之间关联词语相对来说用得较多。例如:

㉞ 饮食也不坏,但一位先生却以为这客店也包办囚人的饭食,我住在那里不相宜,几次三番,几次三番地说。我虽然觉得客店兼办囚人的饭食和我不相干,然而好意难却,也只得别寻相宜的住处了。于是搬到别一家,离监狱也很远,可惜每天总要喝难以下咽的芋梗汤。

(鲁迅《藤野先生》)

"但一位先生却以为……"中的"但"表示转折,提出下文与上文所说是相悖的。"我虽然觉得……,然而好意……"中的"虽然"表示让步,承认存在上文所说的事实;"然而"表示转折,指出事情的另外一面。"于是搬到……"中的"于是",表示承接上文,下文所说是由上文所说的事情引起的。

㉟ 苏州园林据说有一百多处,我到过的不过十多处。其他地方的园林我也到过一些,倘若要我说说总的印象,我觉得苏州园林是我国各地园林的标本,各地园林或多或少都受到苏州园林的影响。因此,谁如果要鉴赏我国的园林,苏州园林就不该错过。

(叶圣陶《苏州园林》)

"倘若要我说说……"中的"倘若"表示假设,从而引出后面所讲的述说。"因此,谁如果要……,就不该……"中的"因此",表示由于上文的所说,得出下文的结论;"如果"和"就",表示假设关系的相互呼应的关联词,做出某种假设,提出某种建议。

第六节　顺装句和倒装句

汉语里面,句子成分的先后顺序大体上是确定的。以常见的主谓句来说,一般是主语在前,谓语在后。如果谓语是一个述宾结构,则述语在前,宾语在后。如果某个成分带有修饰语,则定语或状语在前,中心语在后。如果某个成分带有补语,则述语在前,补语在后。以上是就单句讲的,至于复句,依据逻辑关系和语言习惯大都也是确定的。按照正常顺序所组成的句子叫顺装句。这里不准备讨论顺装句,主要讲讲倒装句。

单句中的某个(些)句子成分或复句中的某个(些)分句颠倒了通常的顺序,这样的句子称作倒装句。改变通常顺序,主要是为了突出某个(些)成分、分句,或是出于句子组织结构的需要。下面将结合例句进行具体分析。

一、单句中成分的倒装

单句成分的倒装常见的有以下几种情况。

(一)谓语在主语之前。主谓句中的主语往往是话题,是对方已知的或不言而喻的;而谓语是说话人所要传达的信息,是句子的语意重点。倒装,有强调谓语的效果。例如:

① 老北京见面常说:吃了吗您?

(陈新增《老北京连着新北京》)

人们相见时,首先想到的是跟对方打招呼,"吃了吗",正是北京人常说的客套话,于是脱口而出。可是出口以后发觉不完整,又加了一个"您",这样就形成了谓语前置的倒装。虽说这是带有原始状态的口语,却反映出人们说话时思维活动的过程。所以在书面语中,需要时,人们也有意识地把谓语提到主语前面来,成为突出它的一种修辞手段。此例正好说明了谓语前置以及其他某些倒装句的来由和特点。

② ……这时我猛然觉得我的头痛极了,我又哭起来了:"父亲呀,您不知道呀,我的脑壳挤得真痛呀。"
医生笑了:"可了不得,这么大的声音!"一个护士站在旁边,微笑的将我接了过去。

(冰心《分》)

"我"是作家用第一人称所塑造的新生婴儿形象。"可了不得,这么大的声音"谓语前置,它表现了医生听到"我"啼哭的声音洪亮,不由自主地发出的惊喜。

报刊的一些标题也常采用谓语前置的倒装句式。例如:

③ 四时皆美虎丘山

[《人民日报》(海外版)]

"虎丘山",苏州著名的旅游胜地,素有"吴中第一名胜"之称。苏东坡曾说:"到苏州而不游虎丘,乃是憾事。"标题如说成"虎丘山四时皆美"就平淡了,现将主谓易位,说成"四时皆美虎丘山",则有赞叹的语气;加之,句子为"4+3"音节结构,具有诗句的节律美,更吸引人。

④ 定了!穿山甲被《中国药典》除名
已经调整为国家一级保护野生动物,专家认为很快将退出临床使用

(标题 《扬子晚报》)

报道说:"国内穿山甲的种群数量自上世纪70年代至今已经下降了90%甚至更多,这意味着穿山甲在自然界中是非常少见的,距离灭绝仅有一步

之遥。"标题如果说"穿山甲被《中国药典》除名已经定了"也可以,但不如谓语前置"定了"有震撼力,有执行力度,给人的印象更深刻,整个标题的表达效果更好。

（二）宾语在谓语之前。为了突出要表达的宾语,强调它的重要性,往往将宾语置于谓语之前。例如：

⑤ 胡国华太渴望读书了,念初二遇上"文化大革命",然后就下乡。书,他没读够啊。

（朱晓军《留守在北大荒的知青》）

"书",应是"读"的宾语,正常的句式应该是他还没读够书。文中,为了表示他太喜欢读书了,就把宾语"书"放在句首,置于谓语之前。

⑥ 脑萎缩要留神

（标题 《北京晚报》）

每个人都行走在每天变老的路上。有些衰老是看得见的,如脸上长了皱纹,有了老年斑。但有些衰老是看不见的,比如脑萎缩。标题原也可以说成"要留神脑萎缩",但不如宾语前置这样醒目。人们接收到这一信息,立即会产生这样的反应：脑萎缩的症状是怎样的？怎样预防？怎样治疗？这时谓语"要留神",就给人更深的印象、更强的提醒,标题的表达效果更好。

（三）状语在句首。状语置于句首有的是为了强调。例如：

⑦ 一九三五年冬天的一个傍晚,鲁迅先生在预先约定的地点,会见了一个陌生的女青年。互通姓名之后,来客拿出一个小小的纸包,还有一封已经有点磨烂和破损的信,头尾都没有具名。鲁迅先生读完这封短信,和来客谈了一会,把她送走了,自己也立刻带着纸包和那封信,急急忙忙走回家里。

灯下,他郑重地打开纸包,按照那封信里指明的记号,把右角上用墨笔点了两点的一张毛边纸捡出来。那是一张空白毛边纸。鲁迅先生用洗脸盆盛满水,滴入一点碘酒,把纸平放到水面,纸上立刻现出了淡淡的字迹。

（唐弢《同志的信任》）

例中所讲的是方志敏同志就义前,请鲁迅先生设法将一封信和文稿《清贫》《可爱的中国》转交中国共产党中央委员会一事。例中有两处将状语放在了句首。一处是:"一九三五年冬天的一个傍晚,鲁迅先生……",这原也可以写成"鲁迅先生在一九三五年冬天的一个傍晚……"。将状语移前,更突出地表现出句中所说之事是在什么时间发生的,指出会见不是在白天,而是在天色昏暗的傍晚,可见环境险恶,具有很大的危险性。另一处是:"灯下,他郑重地……",这原也可以写成"他在灯下郑重地……",状语移前,有强调之意,表明鲁迅先生"急急忙忙走回家里"立即就着灯打开看了,可见态度极其认真。而这些似乎微不足道的地方,也都更好地表现出鲁迅先生不顾个人安危对共产党人的热忱帮助,表现了他对革命事业的一片赤诚。

状语置于句首也有的是由于句子结构的原因。例如:

⑧ 我们党历来重视全党的学习。在革命、建设、改革的重大转折关头,在面临新形势新任务的重要时刻,党总是把加强学习和教育干部的问题突出地提到全党面前。

(江泽民《〈全国干部学习读本〉序言》)

此例共两句。第二句"在……,在……"为介词结构充当的状语。这一句原也可以写成:"党在……关头,在……时刻,总是……"。可是,这样句子就显得过长,读来费力;而且句子的主要意思"总是把加强学习和教育干部的问题突出地提到全党面前",在两个较长的状语之后才迟迟出现,也减弱了它的表达效果。现在把两个状语提到句首,句子的主体部分大大简化了;同时,状语可以和第一句的"历来(重视全党的学习)"紧密相连,相互呼应,说明"历来"怎样,"在……关头""在……时刻"怎样,效果更好。

⑨ 她的加练任务是救十五个球。如果救丢一个,就负一个球。她玩命地向球飞扑过去,滚翻起来,又飞扑过去。渐渐地,她的双腿发沉了,脸色苍白了。但她仍然不顾一切地奔跑着,滚翻着,飞扑着。当她救起第九个球时,倒在地上起不来了。

(鲁光《中国姑娘》)

"渐渐地,她的双腿……",这一句原也可以写成:"她的双腿渐渐地……,她的脸色渐渐地……",但这样句子显得不够简练。把状语"渐渐地"移至句首,就可覆盖后面的两个分句。而且,三字一顿,节奏短促,和上下文短句多的特点比较协调。整个这一节写的是运动员抢救球的艰苦训练,动作迅疾,三字构成一个语音顿歇,句子的形式也更符合表现的内容的要求。

(四)状语在句末。这在日常生活的口语中常见。例如:

⑩ 信寄走了,已经。

通常的说法是:"信已经寄走了"。这里,说话人说完"信寄走了",觉得对方也知道要把信寄走这件事,所以又补充了一个"已经",表示强调。

⑪ 还不睡?几点了,都!

通常的说法是:"还不睡?都几点了"。这里的"都"表示"已经",有强调的语气。说话人说完"几点了"以后,觉得想要说的意思还没有充分表达出来,所以追加了一个"都",强调时间已经很晚了。

书面语中状语在句尾的相对较少,但是也有。例如:

⑫ 解剖实习了大概一星期,他又叫我去了,很高兴地,仍用了极有抑扬的声调对我说道:

"我因为听说中国人是很敬重鬼的,所以很担心,怕你不肯解剖尸体。现在总算放心了,没有这回事。"

(鲁迅《藤野先生》)

"他又叫我去了,很高兴地",通常的说法是:"他很高兴地……",这里把"很高兴地"放到句末,显得很突出。这样能更好地表现藤野先生对鲁迅在解剖尸体问题上由"担心"到"放心"的心情。

⑬ 如果我能够,我要写下我的悔恨和悲哀,为子君,为自己。

(鲁迅《伤逝——涓生的手记》)

通常的说法是:"如果我……,我要为子君,为自己写下……",现在把表示目的的状语放到句末,就使得假设复句的从句和主句之间意义上的联系更紧密,而"为子君,为自己"分量也更重,给人的印象更深。

(五)其他。

⑭ 只有他的照相至今还挂在我北京寓居的东墙上,书桌对面。每当夜

间疲倦,正想偷懒时,仰面在灯光中瞥见他黑瘦的面貌,似乎正要说出抑扬顿挫的话来,便使我忽又良心发现,而且增加勇气了,于是点上一支烟,再继续写些为"正人君子"之流所深恶痛疾的文字。

(鲁迅《藤野先生》)

例中第一句通常的说法是:"只有他的照相至今还挂在我北京寓居的书桌对面的东墙上",这样写,不仅仅句子太长,理解费力,而且"书桌对面"也就仅仅是一个表示物体位置的定语;可是移至句末,不仅使句子简短了一些,而且修辞作用大大加强。因为鲁迅把老师的"照相"放在自己朝夕工作的"书桌对面","仰面"可见,表明他对老师的挚爱和思念,与隐含于下文的老师对自己的督促与激励也更好地呼应。这是定语置于句末的例子。

⑮ 唐山市委宿舍的一扇墙面整个儿被推倒,三层楼的侧面,暴露出六块黑色的开放着的小空间,一切家庭所用的设备都还在,完整的桌子、床铺,甚至一盏小小的台灯。

(钱钢《唐山大地震》)

"一切家庭所用的设备都还在,完整的桌子、床铺,甚至一盏小小的台灯","完整的桌子……台灯"是"一切家庭所用的设备"的同位性定语,这里移至句尾,有强调作用,给人一种景物依旧、人迹全无之感,表现出这场大地震的浩劫,使唐山变成了一座荒凉空寂之城。这是同位性定语置于句末的例子。

⑯ ……这时如果不是宛若并肩的远山的连峰提醒了你(这些山峰凭你的肉眼来判断,就知道是在你脚底下的),你会忘记了汽车是在高原上行驶。这时你涌起来的感想也许是"雄壮",也许是"伟大",诸如此类的形容词;然而同时你的眼睛也许觉得有点倦怠,你对当前的"雄壮"或"伟大"闭了眼,而另一种的味儿在你心头潜滋暗长了——"单调"。可不是?单调,有一点儿吧?

(茅盾《白杨礼赞》)

此例最后一句并非主谓句,因为"单调"和"有一点儿吧"不是陈述关系,后者不是说明前者怎么样或者是什么。这是一个倒装句。通常的说法是:"有一点儿单调吧",这里将宾语"单调"提前了。这样,可以和上一句"而另一种的味儿在你心头潜滋暗长了——'单调'"语意上连接更紧密,读来更觉流畅。这是宾语置于述语之前的例子。

⑰ 繁漪:哦,十八年了,在这个家里,你看,妈老了吧?

(曹禺《雷雨》)

"十八年了,在这个家里",通常的说法为"在这个家里十八年了",这是一个述补结构。此例将补语移前,而且句子分为两个语段,便具有强烈的感情色彩。"十八年了",表明人物寂寞难耐、度日如年的心情,而"在这个家里",表明人物对这个没有生气、没有欢乐的"家"的怨恨。这是一个伴侍权贵过着被幽禁生活的"少妇"的呻吟与呼喊,它震撼着人们的心。这是补语置于述语之前的例子。

二、复句中分句的倒装

(一) 联合复句中分句的倒装。例如:

⑱ 鲜血和惨叫使整个工房都怔住了,大家都在发抖,这好像真是一个榜样。打倦了之后,再在老板娘的亭子楼里吊一晚。这一晚上,整屋子除了快要断气的呻吟一般的呼喊之外,再也没有别的声音。屏着气,睁着眼,千百个奴隶在黑夜中叹息她们的命运。

(夏衍《包身工》)

此例共四句,前三句写的是一名女工偷偷地给父母写信,希望接她回去,但回信落到了老板手里,为此惨遭毒打。第四句是在前面事例的基础上,用形象的比喻手法,描述整个包身工的悲惨处境。这是一个联合复句,通常的说法是:"千百个奴隶屏着气,睁着眼,在黑暗中叹息她们的命运",可是这样写流于平实而枯燥,作家把其中的两个分句"屏着气,睁着眼"提到前面去,三字一顿,句子短促而有节奏,更能表现出这些像奴隶一样的女工对"命运"的无奈和内心的悲苦。

⑲ 山如眉黛,小屋恰似眉梢的痣一点。

十分清新,十分自然,我的小屋玲珑地立于山脊一个柔和的角度上。

(李乐薇《我的空中楼阁》)

这是这篇散文的开头两段。第二段只一句,通常的说法应是:"我的小屋玲珑地立于山脊一个柔和的角度上,十分清新,十分自然",也就是说,先描述"小屋"的具体位置,然后再抒写人的主观感受。作家突破常规,先写后者,给人以强烈印象;接着再写前者,使其具有画龙点睛的效果。这样,开头两段那淡淡的彩笔,一下子就把读者吸引住了。

(二)主从复句分句的倒装。例如:

⑳ ……从此我家被迫分两处住下。人手少了,又遇天灾,庄稼没收成,这是我家最悲惨的一次遭遇。母亲没有灰心,她对贫苦农民的同情和对为富不仁者的反感却更强烈了。母亲沉痛的三言两语的诉说以及我亲眼见到的许多不平事实,启发了我幼年时期反抗压迫追求光明的思想,使我决心寻找新的生活。
　　我不久就离开母亲,因为我读书了。

(朱德《回忆我的母亲》)

"我不久就离开母亲,因为我读书了",这是一个表示因果关系的复句。通常都是表示原因的分句在前,表示结果的分句在后,这里将顺序颠倒是因为前面所讲的都是关于母亲的事:母亲的慈爱,母亲所受的苦,母亲对自己思想的影响。所以这里一开头就说"我不久就离开母亲",不仅内容上紧密相连,而且叙说的突然转折,含有依依眷恋之情。而表示原因的分句后置,也是由于下文所说是关于去"读书"的事。

㉑ 美国家长很少把孩子供到大学毕业,一般在读完义务教育后,上大学都是要孩子自己半工半读的,不管父母多么有钱。

(王黎生《教孩子学会"挣扎"》)

此例共三个分句,第二分句"一般在……半工半读的"和第三分句"不管……"为让步关系。一般来说,表示让步的从句应该在前面,表示主要意思的主句应该在后面,可是此例不行。因为第二个分句开头的状语,省略了一点意思,说全了应是"一般在(供孩子)读完义务教育后",这是承上省略,所以这里容不得表示让步关系的从句,即第三个分句插进来,那样语意就不连贯了。那么,它能不能放在第二分句的状语和中心语之间呢?即写成"一般在……后,不管……,上大学……",也不行,因为状语是修饰中心语的,二者在结构关系上不能分开。所以在第二个分句说完之后,表示让步关系的从句作为语意补充的第三个分句最为妥当。

思考与练习五

一、设问句和反问句同一般的疑问句有什么不同?请举例说明。

二、设问句同反问句有什么不同?请举例说明。

三、下面句子画线的部分是设问句还是反问句?为什么要运用这样的句式?

(1) <u>什么叫蘑菇云?</u>它是由于原子弹、氢弹爆炸而产生的蘑菇形的云状物,其中含有大量烟尘。火山爆发及星体碰撞等也能形成蘑菇云。

(2) 一位人大代表呼吁道:截流须堵源,受贿犯罪固然可恶,应从严惩处;<u>但没有人行贿,或者没有人敢于行贿,世界上哪来的受贿呢?那些贪官哪里去受贿呢?</u>

四、下面的例子口语句较多,请指出这些口语句在句式上主要有什么特点。

地震时那一声巨响,我一辈子也忘不了,真吓死人啦。

那天我两点多钟起来值班,在问讯处卖站台票。三点多光景,听见有人喊:"要下雨啦,要下雨啦。"我赶紧跑出去搬我的新自行车,只见天色昏红昏红,好像有什么地方打闪,站前广场上的人都往候车室里涌,想找个躲雨的地儿。

五、下面的例子书面语句较多,请指出这些书面语句在句式上主要有什么特点。

友情的涛声依旧,经得起时间考验的友情,经受住风浪冲击的友情,那是心的贴近,灵的融洽;那是肝胆相照,荣辱与共,喜怒相通,哀乐相应;那是春光中携手并肩,雨雪里扶持呵护;那是逆旅跋涉志不改,道路坎坷情不变。这才是真正的友情。

六、什么是倒装句?"你的忠魂,我们永远铭记"(《解放军报》2020年4月3日),作者为什么用这种表达手法?

七、下面句子加点的词语为状语,有两处,请分别说说为什么要前移放在句首。

在那年月,人们只知道砍树,不晓得栽树,慢慢地山成了秃山,地成了光地。

八、下面例子的画线部分是一个主从复句,请说说为什么把表示让步的从句放在主句之后。

有时我常常想:他的对于我的热心的希望,不倦的教诲,小而言之,是为中国,就是希望中国有新的医学;大而言之,是为学术,就是希望新的医学传到中国去。他的性格,在我的眼里和心里是伟大的,虽然他的姓名并不为许多人所知道。

第四章　语言的声音美

第一节　要讲究语音修辞

　　词是声音和意义的结合体，语句也是声音和意义的结合体。人们遣词造句，不仅要考虑到它的意义、内容，而且要考虑到它的声音、形式，讲究语音修辞，使语言的形式能给人以美感。王力先生说："在音乐理论中，有所谓'音乐的语言'；在语言形式美的理论中，也应该有所谓'语言的音乐'。音乐和语言不是一回事，但是二者之间有一个共同点：音乐和语言都是靠声音来表现的，声音和谐了就美，不和谐就不美。整齐、抑扬、回环，都是为了达到和谐的美。在这一点上，语言和音乐是有着密切的关系的。"(《略论语言形式美》)这些论述对我们认识语言的形式美是宝贵的启示。

　　汉语是富于音乐性的语言。大家知道，一个汉字就是一个音节，一般说来，每个音节都要有元音作为它的组成部分，而元音是一种乐音，清晰响亮，悦耳动听。汉语没有严格意义的形态变化，词语组合时音节稳定不变，易于构成整齐的语音段落。汉语的音节具有高扬转降的声调变化，平仄交错，相互配合，会显得抑扬有致，富有节奏感。汉语有双声词、叠韵词、叠音词、同音词以及词的轻重音等，它们的反复再现，可以使语音盘旋回环，连绵不断。以上这些具有特点的语音建筑材料，如果巧妙地加以运用，就能使文章声情并茂，大大地提高语言的艺术感染力。

　　我们在写作的时候，应该重视语音修辞。书面文字看起来似乎没有声音，其实作者在选用词语组织句子时，心里也是在想着音节的组合安排的。而读者，看到的同样不单纯是一个个方块字，而是音义的结合体，心头在默读着。这些，人们只不过没有觉察罢了。所以静止的文字，实际上字里行间在涌动着作者思想情感的潜流。不少作家对此都有深刻的体会，并且努力追求内容与形式的完美。老舍说："我写文章，不仅要考虑每一个字的意义，还要考虑到每个字的声音。不仅写文章是这样，写报告也是这样。我总希望我的报告可以一字不改地拿来念,大家都能听得明白。虽然我的报告作得不好,但是念起来很好听,句子现成。比方我的报告当中,上句末一个字用了一个仄声字。如'他去了'。下句我就要用一个平声字。如'你也去吗?'让句子念起来叮当地响。"(《关于文学的语言问题》)有的作家还谈到了自己的素养的提高。碧野说:"我的散文不仅得力于现代诗歌的学习,而且得力于古典诗词的熏陶。唐诗、宋词,都是我所喜爱的。诗词讲究音韵。我的散文也力求要给读者一种音韵美的感受。"他们是人们学习的楷模。

下面讲一点有关语音修辞的主要问题。

第二节 双音节化

吕叔湘先生说:"在现代汉语的语句里,双音节是占优势的基本语音段落。正如周有光先生所说:'把单音节的补充成双音节,把超过两个音节的减缩为双音节……双音节化是现代汉语的主要节奏倾向。'"这一论述揭示了汉语的声音流程是均匀的,富有规律性的,而其主要节奏倾向又在于双音节化。这对我们进一步认识汉语的语言特点,研究汉语语言的声音美,更好地运用语音修辞手段,如协调音节、平仄、韵律等,都具有重要的指导意义。

一个句子,人们诵读时绝不可能一个字一个字地往下念,也不可能整个句子(特别是长句子)从头到尾一口气读完。如果读得慢一点,我们就不难发现它是可以分为一个个很小的语音单位的。这个语音单位也就是吕叔湘先生所说的"基本语音段落"。借用歌曲的术语不妨称之为节拍。一个节拍所包含的音节有多有少,但以双音节最为常见。

为了实现语句基本语音段落的双音节化,人们常常把单音节的凑成双音节,有的是在前面或后面加上没有多少意义的字,例如"老乡、阿爹、初一、石头、帽子";也有的是把意义相同或相近的字合起来用,例如"朋友、人民、拼搏、污染、锋利、忧伤、刚才、自从";一些多于两个音节的词,人们也常常简缩为双音词,例如"第十中学→十中、火车头→车头、龙井茶→龙井、豆沙包→豆包"。以上这些都是易于理解的。

值得注意的是,语句基本语音段落的双音节化和某些复杂的语言现象有密切的关系。

例如,有时为了行文的需要,在单音节词之后加上另一个单音节词。这个词并非表示通常的意义,只是使单音节变为双音节,起类似衬字的作用。如"着",本来是表示持续状态的助词,但书面语中动词"有"之后有时也带"着"。按说,"有"表示领有、存在,本身已含有持续的意思,后面是不必加"着"的。一般语法著作中多指出:表示一种静止状态,本身已包含持续性的动词,不能用时态助词"着",如"在、是、像、包括、反对、含有、富有、忘记、承认、佩服、禁止、知道"等。以上的说明是正确的,加上就叠床架屋了。"有"本当属于这一类;之所以"破例",是由于音节配合上的关系。例如:"中国在两千年前就与伊朗等国有着贸易往来""这二者之间也是有着内在联系的"(吕叔湘主编《现代汉语八百词》)。以上两例用"有"未尝不可,但用"有着",与后面的词语便可二字一顿,从而更有节奏感。

甚至某些单音节虚词和意义近似的带"着"的双音节虚词并存,常常和音节也有关系。例如"顺——顺着",后面的宾语是单音节时,常用"顺",某些成语和其他四字结构便是如此。如"顺藤摸瓜、顺水推舟、顺手牵羊、顺口而出"等。如为双音节或多音节时,则常常用"顺着",如"雨水顺着帽檐直流""顺着一排红砖大楼走到头,就是我们学校"(吕叔湘主编《现代汉语八百词》)。这里的"着"也不表示持续,只起了补足双音节词的作用。

四个音节的语音段落具有很强的双音节节奏化倾向,其中大量的可以从中间作语法切分(指第一个层次),语音上也可以在这里略作顿歇,也就是说,其语法结构关系和语音停顿是一致的。例如:

| 张冠‖李戴 | 明察‖秋毫 | 谋事‖在人 | 十年‖树木 |
| 盛衰‖荣辱 | 雪中‖送炭 | 成事‖在天 | 百年‖树人 |

但是,也有不一致的情况。例如:

力‖不从心	木‖已成舟	物‖以类聚
人‖尽其才	美‖不胜收	老‖当益壮
青‖出于蓝	闻‖所未闻	一衣带‖水
旁观者‖清	三十六‖计	不亦乐‖乎

以上四个音节的语音段落,第一个层次如按音节计算,多为"1+3",也有的是"3+1",但人们读起来都可作"2+2"的短暂顿歇。

其实，语法结构关系和语音顿歇不一致的地方并不限于四个音节的语音段落，在一般的语句里也是存在的。例如：

| 语法结构关系 | 两个音节后可略顿歇处 |

① 他 是 老师。
　　主｜　谓
　　　　述｜宾

他是‖老师

② 你们 想 不 想看？
　　主｜　　谓
　　　　　述｜宾
　　　　联｜合
　　　　状｜中

你们‖想不‖想看？

③ 妈妈 刚 从 外面 回来。
　　主｜　　谓
　　　状｜　中
　　　　　状｜中
　　　　　介｜宾

妈妈‖刚从‖外面‖回来。

④ 他 把 手机 忘 在 车上了。
　　主｜　　　谓
　　　　状｜　中
　　　介｜宾｜述｜补
　　　　　　　　介｜宾
　　　　　　　　　方｜位

他把‖手机‖忘在‖车上了。

上面的例子表明，两个音节之后能稍作顿歇的地方，有时和语法结构关系很不一致。这说明双音节确实是现代汉语主要的节奏倾向。

我们在讨论双音节节奏倾向时，有一点要加以说明。所谓基本语音段落的双音节化，并不是要求写作时每一个节拍都安排两个音节。这是不可能的，也是不必要的。句子如果都是两字一顿，不仅束缚思想内容的表达，而且语言也会显得沉闷、呆板。事实上，一字一顿，三字一顿，乃至更多音节一顿的情况也是有的。但是每一个"顿歇"，每一个节拍的时值

大体相当,只是音节松紧的程度不一样。例如:

⑤ 动物园里有狮子、老虎、豹、野猪、犀牛、河马、孔雀、长颈鹿等动物。

⑥ 东北的许多城市,如大连、沈阳、长春、哈尔滨、齐齐哈尔等,冬季都成了旅游热点。

以上例⑤中的"狮子、老虎"等,例⑥中的"大连、沈阳"等都是两个音节一拍;而例⑤中的"豹"一个音节一拍;例⑤中的"长颈鹿",例⑥中的"哈尔滨",都是三个音节一拍;例⑥中的"齐齐哈尔"则是四个音节一拍。以上每拍的音节虽然有多有少,但时值和双音节节拍大致相同。只是双音节节拍松紧度比较适中,而单音节节拍比较舒缓,音节可适当延长或其后可略加停顿,多于两个音节的节拍比较急促,因为音节被紧缩了。

诗歌节奏分明,节拍的音节容易显示出来;下面摘取郭沫若《天上的街市》的前两节为例:

⑦ 远远的‖街灯‖明了,
　好像‖闪着‖无数的‖明星。
　天上的‖明星‖现了,
　好像‖点着‖无数的‖街灯。

　我想那‖缥缈的‖空中,
　定然有‖美丽的‖街市。
　街市上‖陈列的‖一些‖物品,
　定然是‖世上‖没有的‖珍奇。

诗歌的节奏、节拍是一个比较复杂的问题,涉及诗行的长短,语音的高低、轻重、快慢等,加上人们朗诵时艺术处理的不同,对节拍的划分可能不尽一致。

第三节　音节的协调

我们在遣词造句时,不仅要考虑到符合语法规则,考虑到意义的配合,同时也要考虑到音节的协调。

一、直接组合的词语中要注意音节匀称

现代汉语的词汇中,许多单音节、双音节的同义词并存,选用词语时,应该符合双音节的节奏倾向。在某些情况下,单音词以配单音词为好,使成一个节拍;双音词以配双音词为好,使成两个节拍。这样语音会显得平稳匀称,节奏分明。前面讲到"顺—顺着"的用法时已经涉及这一问题,这里再作进一步的说明。

以"互—互相"为例。这是一组意义相同的副词,单音节的动词前宜用"互",如"互帮、互学、互通(有无)、互致(问候)"。双音节的动词前则宜用"互相",如"互相支持、互相关心、互相谅解、互相指责"。再如"过—过于",这也是一组意义相同的副词,单音节的形容词前宜用"过",如"过热、过忙、过急、过累"。双音节的形容词前则宜用"过于",如"过于谨慎、过于固执、过于昂贵、过于乐观"。

实词中名词、动词、形容词双音节的很多,它们组合时,许多都要求双音词与双音词相配。例如"清正廉洁"说成"清正廉"或"清廉洁"都不成。这样的例子很多:

建设国家	*建国家	*设国家
庆祝节日	*庆节日	*祝节日
伪劣产品	*伪产品	*劣产品
艰难困苦	*艰难困	*艰难苦
勤劳节俭	*勤劳节	*勤劳俭
性情平和	*性情平	*性情和

有时有这样的情况:某个双音词和另一方同义的双音词配合也可以,和单音词配合也可以。例如:

① 锻炼身体长期坚持(自、自然)有好处。
② 月光笼罩下的西子湖,景色(更、更加)美丽。

以上两例括号内的单音词、双音词都可以分别和后面的动词或形容词组合,但是效果不一样;单与单相配,双与双相配都显得更为和谐。例①或者说"自有",使成一个节拍,或者说"自然大有",使成两个节拍,都比"自然有"好。例②或者说"更美",使成一个节拍,或者说"更加美丽",使成两

个节拍,都比"更美丽"好。广播或诵读时,这点更明显。

在实际的语言表达中,为了达到音节匀称、协调的效果,经常将与双音节词意义相同的单音节词,与其后的另一单音节词连读,构成一个双音节节拍。例如:

③　这片美丽的国土永远、永远、永远不要再重演人压迫人的情景,永远、永远、永远不要再蒙受为世人所唾弃的屈辱。
　　人类所取得的这项无比辉煌的成就将永放光芒。

(曼德拉《把南非建成彩虹般的国家》)

这段演讲词,曼德拉七次用了表示"永远"的意思的词,译成汉语时,前六次的均译为双音节词"永远",而最后一个却译为单音节词"永"。这一方面是译者追求用词的变化,以避免单一的双音节"永远"的不断重复;另一方面,也可以说是更主要的,是译者考虑到汉语说话、演讲、朗读时语音的表达习惯,为使该句能更好、更符合汉语的双音节节奏而做出的修辞选择。

"无比""辉煌""成就""光芒",已经为双音节了,虚词"的""将"在句中起调节节奏、舒缓语气的作用,使该句不至于一口气双音节到底。而因为有个单音节词"将",其后如还译成"永远""放""光芒"的二、一、二节拍的词,读起来就不如单音节词"永"和"放"连在一起构成双音节节拍,再下接双音节词"光芒"。这样的二、二两个双音节节拍一顿歇,有缓有促,节奏匀称,更和谐更流畅。

下面的句子音节不够协调:

④　*姑娘那时真可怜啊,爸爸、妈妈被打成叛徒、死不悔改的走资派,关押在一个人们不知道的地方。一到星期天,邻居小伙伴高高兴兴地同爸爸、妈妈在一起,她拉着弟弟站在家门前,从太阳出来一直盼到太阳落,也不见爸爸妈妈回。

最后两个分句句末都是单音节节拍,不够平稳,语音上有点煞不住。"落"最好改成"落下","回"最好改成"回来"。

⑤　*观众喜爱的十一面哈哈镜已整修一新,装潢别致,同光学馆一起也将在春节期间供大家观赏。

最后一个分句最好改成:"将同光学馆一起也在春节期间供大家观赏"。修改后,单音节节拍的"同",变成了双音节节拍的"将同";而三音节节拍的"也将在",变成了双音节节拍的"也在",读来更觉顺畅。

虚词的运用也要注意音节协调,下面的例子最好改一改:

⑥ *原江西省副省长胡长清,因大肆收受、索取贿赂,被一审判死刑。

后一个分句最好改成"一审被判死刑",这样,六个字两字一顿,均构成双音节节拍,显得更匀称。或改成"被一审判处死刑"。

二、相应位置上的词语要注意音节一致

词组也好,句子也好,相应位置上词语的音节应该力求一致,这样语言就具有整齐美。四字结构中,有许多就是如此。如"深思熟虑",前后两部分是并列的,各自又是一个状中结构,相应位置上的"深"与"熟"、"思"与"虑",都是一个音节,所以十分上口。如果其中的任何一个成分为多音节,比方写成"深思考熟虑",那整齐美就被破坏了。下面的四字结构也是如此:

| 左邻右舍 | 三言两语 | 探亲访友 | 推波助澜 |
| 丰功伟绩 | 清规戒律 | 明察暗访 | 风平浪静 |

下面我们举一些散文中的句子为例:

⑦ 我们曾经说过,房子是应该经常打扫的,不打扫就会积满了灰尘;脸是应该经常洗的,不洗也就会灰尘满面。我们同志的思想,我们党的工作,也会沾染灰尘的,也应该打扫和洗涤。

(毛泽东《论联合政府》)

第二句中有两个并列的主语,两个主语的主要成分"思想"和"工作"都是双音节。谓语部分有两个并列的词语"打扫""洗涤",它们所处位置相同,也都是双音节。值得注意的是,前面运用这两个概念时,一处为"打扫",一处为"洗",这里把"洗"改换成了"洗涤",正是从音节的整齐考虑的。

⑧ 日出后的草原千里通明,这时最便于去发现蘑菇。天山蘑菇又嫩又肥厚,又大又鲜甜。

(碧野《天山景物记》)

第二句谓语部分是两个并列的结构,这两个并列结构各自又都是联合词组。值得注意的是两个联合词组中,前一个实词词语都是单音节,而后一个实词词语则为双音节:"(又)嫩(又)肥厚""(又)大(又)鲜甜",如果相应位置上的任何一个词语不符合这个音节组合,那就很拗口了。

⑨ 为了达到这个目的,他们讲究亭台轩榭的布局,讲究假山池沼的配合,讲究花草树木的映衬,讲究近景远景的层次。

(叶圣陶《苏州园林》)

"他们"之后,有四个并列的述宾结构,述宾结构中宾语的中心语都是双音节:"布局""配合""映衬"和"层次"。中心语之前的定语都是四个音节:"亭台轩榭""假山池沼""花草树木"和"近景远景"。"花草树木"原也可以说成"花草树",但为求音节一致,"树"用了双音词"树木"。

⑩ 殿堂内宋代泥塑圣母像及四十二尊侍女,是我国现存宋代泥塑中的珍品。她们或梳妆,或洒扫,或奏乐,或歌舞,形态各异。

(梁衡《晋祠》)

第二句中有四个并列的词语都是双音节:"梳妆""洒扫""奏乐"和"歌舞",前三个都是双音节动词。"歌舞"比较复杂,在现代汉语中,它作为一个词,是唱歌和舞蹈的意思,名词;作为词组,"歌""舞"均为名词兼动词。这里显然表示动作。这就是说,在四个并列的词语中,有的是词,有的是词组。这是为求音节的一致,所以灵活地将词和词组作为相应位置上的成分用了。

下面的句子相应位置上词语的音节不够匀称:

⑪ *这部作品展现的生活画面广,开掘主题思想深,塑造人物性格活,所有这些,都显示了作者较高的艺术概括力和纯熟的表现技巧。

这个例子在"这部作品"之后有三个并列的分句,它们都是主谓句,但是结构和音节不尽一致。三个分句的谓语分别为"广""深""活",都是单音节,这很整齐;但是它们的主语就不整齐了:"展现的生活画面"是偏正结构,"开掘主题思想"是述宾结构,"塑造人物性格"也是述宾结构,为什么不一致起来呢?后两者都可以改成偏正结构,分别在"开掘""塑造"之后加上"的"。

⑫ *"稀土"的名称有点名不副实,其实它们既不"稀",也不是"土"。

后两个分句的谓语"既不'稀'"和"也不是'土'",音节不一致。可以改成"既不'稀',也非'土'",也可以改成"既不是'土',也并不'稀'"。

⑬ *猕猴桃这种水果不仅酸甜可口,而且有丰富的营养。

两个分句的谓语"(不仅)酸甜可口"和"(而且)有丰富的营养",结构、音节都不一致,以相同为好。后者可以改成"营养丰富"。

第四节 几个多音节语音段落

前面我们讲了有关双音节的问题,这里再讲讲有关四音节、三音节、五音节、七音节的语音段落问题。

一、四音节语音段落

四个音节的语音段落也称"四字格",它两字一顿,整齐匀称,是人们喜闻乐道的一种语言格式。我国最早的诗集《诗经》就多为四言,童蒙读物《千字文》《百家姓》也是四言。成语大部分也是四个字。

在现代社会生活中,人民日常口语中,四音节语音段落用得很多,其中一般都是按照语法规则组合在一起的。例如:沉默是金;送人玫瑰,手留余香。又例如,2002年小布什访华时,曾登上长城,并有留言,该留言译成汉语时,就恰当地选用了"四字格":长城依旧,中国已今非昔比。但是,我们仔细研究一下就会发现,也有一些和通常的语法规则是相悖的,然而并不影响人们的语言交际,谁都能理解。这说明人们对四音节语音段落的"偏爱",同时也表明汉语词语组合的灵活性。

(一)现代汉语中,名词性词语通常不能直接做状语,常常充当介词的宾语,而由整个介词结构来修饰谓词性中心语。可是在一些四字结构中,前面的名词性词语如果带有手段、方法等含义,介词常常省去。例如:

科教兴国　　科技兴农　　智力扶贫　　礼貌待客

好言相劝	恶语伤人	武装干涉	武力威胁
感情用事	白手起家	一叶知秋	街谈巷议

以上名词性词语前省略了"以、用、凭、靠、从、在"等一类介词。这是为求构成四音节语音段落，名词充当了状语。

（二）现代汉语中，动词做定语时后面要加助词"的"，否则和所修饰对象的关系就会改变。例如，"看的报纸"是偏正结构，而"看报纸"就成述宾结构了。但是一些双音节动词充当定语，而所修饰的对象也是双音节时，动词后面的"的"常常省去，由两个双音节词直接组成。这种情况现在越来越多，特别是一些结构比较紧密的带有固定词组性质的词语。例如：

参考资料	调查结果	表决程序	传播媒介
营业时间	服务态度	畅销商品	投资项目
承包合同	管理条例	从业人员	访问学者

以上词语的组合为求构成四音节语音段落，看似述宾结构，实为偏正结构。

（三）有的四字结构由两组偏正结构组成，偏正结构均为"方位词＋中心语"，表面看来，前者和后者似乎是并列关系，其实不是。例如：

南水北调　　西电东送

前面的两个音节的词组为定中结构，而后面的两个音节的词组为状中结构。如果加上虚词，结构关系就显豁了："南（之）水（向）北调""西（之）电（向）东送"，前者和后者都是陈述关系，为主谓结构。这是为求构成四音节语音段落省略了虚词，以致引起了结构关系的错觉。

（四）双音节谓词的肯定形式和否定形式连用时，构成"AB 不 AB"格式，由于有了否定词"不"，便成了五个音节的语音段落。怎么办呢？人们便将肯定形式的双音词，即前一双音词的后一字省去，使成为"A 不 AB"格式。例如：

参加不参加→参不参加
知道不知道→知不知道
安静不安静→安不安静
凉快不凉快→凉不凉快

应该不应该→应不应该
可以不可以→可不可以
喜欢不喜欢→喜不喜欢

肯定形式双音词的第二字省略后,借助于否定形式双音词的衬托,不会误解为其他双音词。如:"参不参加"中的"参",只会理解成"参加",而不会误解为"参观、参看、参与、参照"等双音词。这是为求构成四音节语音段落,将双音词的两个音节简缩成了一个音节。

(五)古代汉语中单音词居主要地位,而现代汉语中双音词占有优势。古代的单音词成了现代汉语中多音词的构词语素。虽然如此,但在某些特殊的情况下仍单独使用。前面那些例子如"参不参加"中的"参"就是如此。再如:

西气东输　　缺医少药

"输"在现代汉语里一般不单用,成为多音词的构词语素,可是在这里表示"输送"。"医"单用时为动词,表示治疗;而这里表示医生,是"医生"这一双音词中的一个构词成分。这是为求构成四音节的语音段落,将语素灵活地用作了词。

(六)为了修辞的需要,人们常常把某一类词灵活地用作另一类词,这种情况在四字结构中也存在。例如:

吃请受礼

"吃请受礼"是由两个双音节述宾词组并列构成,"受礼"好理解,"吃请"呢?"请"本是动词,但在这里表示"请的(宴请的)",是作为"的"字结构用的,为名词性。再如"生于忧患,死于安乐","忧患""安乐",也作为名词性结构而使用。这都是为求构成四音节语音段落将词性活用了。

二、三音节语音段落

现代汉语中三音节的词语不少,如三音词(主持人、连锁店、影响力、信息战、献金门、现代化、绿油油、蒙蒙亮),词的重叠式(看一看、说一说),单音词的并列(老中青、吃穿用)等。这里主要讨论一下和语音修辞有关的三音节语音段落的问题。

前面我们讲到双音节化是主要的节奏倾向,而两个双音节组合在一起,就成为四个音节,所以在现代汉语中,双音节、四音节的语音段落是大量的、常见的。但是,一个句子如果都是由双音节和四音节词语组成或充当,那也够沉闷、单调的。三音节语音段落正好可以起到调节作用。现代汉语中有一些四音节词组和两个三音节词组的意思基本相同,但两种形式同时存在,颇能说明这一问题。例如:

    亲痛仇快——亲者痛,仇者快
    求同存异——求大同,存小异
    说千道万——说一千,道一万
    吃苦耐劳——吃大苦,耐大劳
    想方设法——动脑筋,想办法
    东张西望——东张张,西望望

三音节语音段落的音节组合多为"1+2"或"2+1",它不像四音节语音段落由"2+2"构成,显得平稳匀称,所以常常成双成对地出现,那实际上是三个音节语句的对偶。三个或更多三音节以上语音段落的并列也是有的。例如:

① 深挖洞、广积粮、不称霸

      (20世纪60年代为防外部入侵的战备口号)

② 情况明、方法对、决心大

      (20世纪50年代常讲的一种工作方法)

③ 说空话,说大话,说假话(的恶习必须杜绝)

      (邓小平《在全国科学大会开幕式上的讲话》)

这实际上是三个音节语句的排比或叠用。

三音节语音段落也是中国老百姓所熟悉、所喜欢的,例如:"人在做,天在看""放长线,钓大鱼""药材好,药才好"。童蒙读物《三字经》就是三言三音节,自宋代编成,广泛流传,一直使用到清末民初。现在注重国学和传统文化的人,不但自己读过《三字经》,也会让自己的后代读一读。其中某些句子,人们有时还在引用,如"养不教,父之过""玉不琢,不成器"等。我国古典文学名著中有的三字句流传也很久远,如《水浒传》:

④ 话说当时薛霸双手举起棍来,望林冲脑袋上便劈下来。说时迟,那时快,薛霸的棍恰举起来,只见松树背后雷鸣也似一声,那条铁禅杖飞将来,把这水火棍一隔,丢去九霄云外,跳出一个胖大和尚来,喝道:"洒家在林子里听你多时!"

(第八回)

⑤ 那大虫又饥又渴,把两只爪在地下略按一按,和身往上一扑,从半空里撺将下来。武松被那一惊,酒都做冷汗出了。说时迟,那时快,武松见大虫扑来,只一闪,闪在大虫背后。

(第二十二回)

以上两例中"说时迟,那时快"为三字句,如果将这两句的三个音节分别紧缩为一个节拍,则可显出情势的危急。犹如射箭时将弓弦拉紧,以便箭矢疾如流星般射向目标;人们跳高、跳远时,加快步伐助跳,以便飞身腾跃。这里的音节组合,道理是相同的。清代文学评点家金圣叹在例④的文中评点道:"'说时迟,那时快'六字,神变之笔。"又评述这一节文字说:"行文有雷轰电掣之势,令读者眼光霍霍。"其实,这六个字的意思也平平常常,但音节组合奇巧,所以能取得紧张惊险的音响效果。直到现在,人们还不时运用。

现代汉语书面语中,三音节的语音段落常常可以见到,其原因之一,就是为了和双音节、四音节的语音段落调节。例如:

⑥ 百姓们大都空着手,他们知道他们的李书记①不会要他们丁点儿东西,哪怕是一个鸡蛋,一个梨子。他们只想来送送他们的书记,跟他拉拉手,说说话,道个别……

(彭明凯《大巴山中的三尖杉》②,《光明日报》)

"百姓们""李书记""空着手"为三音节词;"拉拉手""说说话""道个别"为三个并列的三字短句,和双音节词"他们""知道""哪怕""送送"及四音节语音段落"丁点儿东西""一个鸡蛋""一个梨子"等组合,读起来有舒有缓、有抑有扬、语意深切。最后的三音节短句更表现了人们对"用自己的生命

---

① 李书记,真名李林森,曾任四川省万源市五宝镇党委书记,为当地百姓脱贫致富奋斗终生,2011年去世。2019年建国70周年时被评为"最美奋斗者"。

② 三尖杉:大巴山中的珍贵树种,有治病抗癌功效。

⑦ 其次,我国石拱桥的设计施工有优良传统,建成的桥,用料省,结构巧,强度高。

(茅以升《中国石拱桥》)

"用料省,结构巧,强度高",都是三字短语,行文紧凑,一气呵成。如果改成四字短语也不是不可能的,像"用料节省,结构巧妙,强度很高"之类,但上文已有四音节语音段落,如"设计施工""优良传统",这里不宜再相同。

⑧ 人在劳动中不断地动脑筋,想办法,才清清楚楚地知道自己做这件事为什么目的,有什么意义,有什么缺点,才渐渐想出节省劳力,增加效率的方法。

(胡绳《想和做》)

此例中四音节语音段落甚多:"清清楚楚、什么目的、什么意义、什么缺点、节省劳力、增加效率",所以前面用了两个三音节语音段落:"动脑筋,想办法",显得整齐而又有变化。

⑨ 历时几个世纪的殖民主义体系,终于在本世纪风起云涌的民族解放运动中宣告终结。各国人民的卓越创造和广泛交流,汇成了推动历史前进的浩荡动力。要和平,求发展已成为当今世界的时代潮流。

(江泽民《二〇〇〇年贺词——在首都各界迎接新世纪和新千年庆祝活动上的讲话》)

此例中四音节的语音段落也非常多:"几个世纪、风起云涌、宣告终结、各国人民、卓越创造、广泛交流、浩荡动力、当今世界、时代潮流",所以中间用了两个三音节语音段落"要和平,求发展",可以避免单调,而且语意上比"谋求和平发展"一类说法分量重。

诗词中,更注重用三音节的语音段落来进行调节,以避免一直用双音节、四音节的呆板和单调。例如:

⑩ 在中国广州,老百姓自发地立了一座叫"九天九夜"的雕像,真实地表现了2008年春节前后抗雨雪冰冻灾害时,4名执行任务的士兵因连续奋战九天九夜,过度劳累,倚着路旁栏杆站着睡着了的

感人情景。雕像底座上刻着一首诗：
>   醒着时，
>   他们是一堵墙，
>   守卫生命；
>   睡着时，
>   他们是一座山，
>   震撼心灵。

(《光明日报》)

诗用三、六、四，三、六、四的语音段落，读起来有变化，节奏感强，有顿有挫，富有音乐美。

报纸标题中也常常运用三字短句。例如：

⑪ 一年级小学生学了《弟子规》后，给爱名牌的妈妈提意见
——妈妈，衣贵洁，不贵华

(《扬子晚报》)

⑫ 欧冠三豪强赛后反应大不同
米兰怒！拜仁急！皇马笑！

(《扬子晚报》)

⑬ 500多个坐标"门儿清"
2万平方公里"倍儿熟"
四级士官李占山①黑脸"活地图"

(《解放军报》)

⑭ 密度低　强度高　韧性好
我科学家研制出仿生结构新材料

(《光明日报》)

⑮ 大长腿　高颜值　爱干净
扬州拍卖的这匹汗血宝马是个聪明girl

(《扬子晚报》)

⑯ 少花钱　多办事

---

① 李占山负责载人航天飞船返回地面时，在主着陆场执行搜索任务。

——看深圳工商如何管理市场

(《人民日报》)

⑰ 查隐患　堵漏洞　保安全
市有关部门对"安全月"活动提出四项要求

(《北京日报》)

⑱ 打走私　反盗抢　禁黄毒　抓防范
——浙江省台州边防海上治安专项治理行动成效显著

(《人民政协报》)

⑲ 秋风起　落叶飞　北京人扶贫济困
市民捐衣捐被献爱心

(《北京晚报》)

三、五音节语音段落和七音节语音段落

　　五音节语音段落是双音节语音段落和单音节的组合，一般为"2＋1＋2"或"2＋2＋1"，因为它整齐而又有变化，所以常为人们运用。许多谚语是五字句。例如：

　　飞鸟恋故林　　春雨贵如油
　　长线放远鹞　　夏雨遍地流
　　主雅客来勤　　路遥知马力
　　忙人惜日短　　日久见人心
　　幸福苦中来　　欲速则不达
　　针无双头利　　老百姓是天

　　五言诗在中国诗歌史上有着杰出的成就，是流传最普遍、影响最深远的诗体之一。五言诗的诗句不仅讲求音节的组合，而且讲求平仄的协调。关于平仄的协调后面将会讲到。现在有的文章的题目、新闻的标题也很讲求艺术性，有的五字语句，就具有五言诗句的节律美，读起来朗朗上口。例如：

⑳ 搬出穷山窝　走上小康路——山西异地扶贫搬迁之路

(《光明日报》)

㉑ 蓝天酬壮志——记中国航空工业西安飞机设计研究所所长黄强

(林溪)

第四章 语言的声音美

㉒ 日落桃花江

(摄影标题　林京学)

㉓ 台岛寿星多

[《人民日报》(海外版)]

㉔ 金秋番茄红

(摄影标题　新华社记者艾尼瓦尔)

㉕ 酒香飘七洲——青岛啤酒股份有限公司发展纪实

[《人民日报》(海外版)]

七音节语音段落是双音节、四音节语音段落和单音节的组合,一般为"2+2+2+1"或"2+2+1+2"。七字语句也常常为人们所运用,许多谚语就是七字句。例如:

一个典型一盏灯　　一石激起千层浪
少年享福不算福　　老年享福才是福
山鹰不怕山峦陡　　千年石头等仇人
小树虽绿不成荫　　天生我材必有用
年怕中头月怕半　　车行半道停不得
先天下之忧而忧　　后天下之乐而乐

我国古典诗歌中,七言诗同样是艺术瑰宝,流传久远。现在有的文章的题目、新闻的标题也运用七字语句,给人以音乐般的美感。例如:

㉖ 火树银花濠江夜——来自澳门同胞回归现场的报道

(《人民日报》)

㉗ 浩然正气贯千古——文天祥纪念馆记游

(彭劲秀)

㉘ 挺在抗疫最前线　战到病魔穷尽时——中山大学附属第一医院援鄂医疗队战疫记

(《光明日报》)

㉙ 古风新韵靓中原——郑州开封洛阳文明景区,文明城市创建掠影

[《人民日报》(海外版)]

㉚ 一腔热血化碧波——记我国远洋船舶的一面旗帜华铜海轮

(谢宗惠)

㉛ 金龙起舞报春来——铁路全行业提前扭亏纪实

(《文汇报》)

第五节 押　韵

押韵指诗词歌赋中,某些句子的最后一字运用韵母相同或相近的字,以便使得音调和谐优美。

押韵是韵文区别于散文的本质特征。韵文中的韵类似音乐中的再现,同一类的乐音在句中重复,可使语流具有一种回环美。押韵是语言追求音乐性的最高表现。作家秦牧说:"美妙的韵文是多么动人啊!每一个国家的最古老的文学都是韵文作品,具有高度音乐性的诗歌,读了常常把人引进一个忘我的境界。它朗朗上口,特别容易感染人;它又便于背诵,易于记牢。它有这么多的好处,怪不得广大群众对于精彩的诗词、工整的对联,对于弹词唱本,是那样的喜爱了。怪不得母亲的摇篮曲,儿童的启蒙书籍,流行的格言谚语,宗教的宣传诗,许许多多都是韵文了。怪不得各方面的行家,都借韵文来帮助记忆了。"

韵律是汉语诗歌的基本要素之一。我国的古典诗歌中,从《诗经》起到后代的诗词没有不押韵的,可谓"无韵不成诗"。"五四"以后的新诗虽然有一些无韵的自由体诗,但大都还是押韵的,只不过用韵较宽,不像古代那么严格。

现代诗歌的押韵方式和古代大致相同,常见的有:(1)偶韵,即偶句押韵,隔句押韵。(2)奇奇偶韵,指四句一组的诗歌,第一句(奇)、第三句(奇)和第四句(偶)押韵。(3)随韵,即每两句一换韵(也有四句的),下句随上句押韵。(4)排韵,即数句押一韵,或"一韵到底"。(5)交韵,指四句一组的诗,第一、第三句一韵,第二、第四句一韵。(6)抱韵,指四句一组的诗,第一句、第四句一韵,第二句、第三句一韵,中间两句被其外两句所环抱。(7)一字韵,即每句的韵都相同。(8)阴韵,指某些句子之后加上某一虚词,以此构成全篇韵律。以上押韵方式不限于诗歌,其他韵文体裁,如歌曲、快板、民谣等,也多采用这些方式,但更加灵活。例如:

① 日落西山满天霞,对面山上来了一个俏冤家。眉儿弯弯眼儿大,

第四章 语言的声音美

头上插了一朵小茶花。哪一个山里没有树,哪一个田里没有瓜,哪一个男子心里没有伊,要打鬼子,可就顾不了她。

(田汉《日落西山》)

诗前四句是句句押韵,后四句是隔句押韵,押韵灵活。

诗歌等韵文的韵律、节奏,富于音乐性的语言,能更好地抒发人物内心情感,渲染某种气氛,打动人们的心弦,激起人们的共鸣。请看贺敬之《回延安》:

② 心口呀莫要这么厉害地跳(iao),
　　灰尘呀莫把我眼睛挡住了……(iao)。

　　手抓黄土我不放(ang),
　　紧紧儿贴在心窝上(ang)。

　　……几回回梦里回延安(an),
　　双手搂定宝塔山(an)。

　　千声万声呼唤你(i),
　　——母亲延安就在这里(i)!

　　杜甫川唱来柳林铺笑(iao),
　　红旗飘飘把手招(ao)。

　　白羊肚手巾红腰带(ai),
　　亲人们迎过延河来(ai)。

　　满心话登时说不出来(ai),
　　一头扑在亲人怀(uai)。

诗人于1956年回到延安,非常激动,于是以陕北民歌"信天游"的形式写下了这首新诗。它有两部分,这是其中的第一部分。诗作每两行一节,每行句末押随韵,每节一换韵,用韵较密,节奏快速而富有变化,表现了诗人对阔别了十一年的革命圣地的深深怀念,表现了重返故地会见亲人时的无限喜悦。诗人后来说:"回去以后感觉很不一样",于是"用信天游的方式写几句诗,抒发一下感情。夜里我就一边唱,一边写,写了一夜"。他还说:"那确实是自己的真实感情,虽然是我自己的真实感受,许多在延安工作过的同志说我写出了他们的心声。"(桑地《延安:一个诗人的回望》)

有时非韵文文体也用韵,而且由于用韵精当,所以具有巨大的感染力。电影纪录片《敬爱的周总理永垂不朽》的解说词就是如此。下面选录其中的几段:

③ 灵车队(ui),万众心相随(ui)。哭别总理心欲碎(ui),八亿神州泪纷飞(ei)。

红旗低垂(ui),新华门前洒满泪(ei)。日理万机的总理啊,您今晚几时回(ui)?

敬爱的总理啊,您怎么走得这样急(i)?有多少问题等着您去解决(üe),有多少事情等着您去处理(i)!总理啊,您怎么走得这样急(i)!

长夜无言,天地同悲(ei)。只见灵车去,不见总理归(ui)。

解说词押的韵大体上是排韵,韵字的韵母多为 ui 以及 i,ei,üe,发音时口腔共鸣空隙较小,声音低沉;其中许多如"随、飞、垂、回、急、决、悲、归"等为平声,可以略略绵延,这样的语音形式有助于表现悲痛的内容。整个解说词,哀思绵绵,感情深沉,简直是一首哭别总理的悼诗。记得当年上映时,人们看到长安街上数不清的人群在寒风中肃立两旁哭别总理的情景,再听着那样的解说,真是心都要碎了。

韵文讲求押韵,散文当中适当地带有一些韵语,也能提高表达效果,使作品更具有感染力。王力先生说:"散文能不能有韵?有人把诗歌称为韵文,与散文相对立,这样,散文似乎就一定不能有韵语了。实际上并不如此。……如果骈体文中间夹杂着散文叫做'骈散兼行'的话,散文中间夹杂着韵语也可以叫做'韵散兼行'。读者如果只看不诵,就很容易忽略过去;如果多朗诵几遍,韵味就出来了。"(《略论语言形式美》)请看下面的例子:

④ 也许还有人心里隐隐约约地说:你说的就是那些"兵"吗?他们看来很平凡,很简单哩,既看不出他们有什么高深的知识,又看不出

第四章　语言的声音美

　　他们有丰富细致的感情。可是,我要说,这是由于他跟我们的战士接触太少,还没有了解到我们的战士:他们的品质是那样的纯洁和高尚,他们的意志是那样的坚韧和刚强,他们的气质是那样的淳朴和谦逊,他们的胸怀是那样的美丽和宽广!

(魏巍《谁是最可爱的人》)

这篇通讯发表于20世纪50年代初期,发表后引起轰动,在全国范围内出现了学习"最可爱的人"的热潮。例中的最后四句不仅句式整齐,而且一、二、四句末字押韵:"尚(ang)""强(iang)""广(uang)",具有诗句的韵律美,字音洪亮,朗朗上口,是对"最可爱的人"的热烈赞颂。

　　⑤ 党中央已把四个现代化的号角吹响。祖国的未来,应该较盛唐无可比拟般地辉煌。马克思主义武装的党和人民,岂能不如自己的祖先?岂能让古老的历史老是戳着我们的脊梁?更岂能容忍我们的敌人幸灾乐祸地投来蔑视的目光?!又怎忍心啊,怎忍心使我们的朋友惋惜、哀叹、失望?!

(黄宗英《大雁情》)

1978年春天,全国科学大会在北京举行。当时,科技事业百废待兴,全国上千名科学家汇聚北京,共议发展祖国科学事业大计。《大雁情》是关于出席大会的科学家秦官属先进事迹的报道。它被评为1977—1980年优秀报告文学作品。上面一段文字是作家感情的抒发,句末用韵:"响(iang)""煌(uang)""梁(iang)""光(uang)""望(uang)",更能表现出澎湃的激情和昂扬的斗志,给人以鼓舞。

　　文章的标题如果用了韵语,会很醒目,便于人们记忆和学习。例如,《邓小平文选》二卷中有一篇文章,标题是《实现四化,永不称霸》,是根据小平同志1978年5月会见马达加斯加民主共和国政府经济贸易代表团的谈话内容概括而成的。标题用了两个四字格的短语,每个短语最后一字"化""霸"的韵母相同,读起来声音响亮、铿锵悦耳,有顿有挫,易诵、易记。

　　标题又如:

　　⑥ 人生很贵,请勿浪费

(《解放军报》)

标题为两个四字格的短语,"贵、费"押韵,易读、易记。

外语译成汉语时,除了注意汉语的双音节节奏而选词外,也要注意汉语的音韵,尤其是将外国的诗歌、俗语、谚语译成中文时,应尽量选择上下文能押上韵的词语,以便中国人记忆和诵读。例如,印第安人的一句谚语译为:

⑦ 当神让他疯狂,就让他堕入情网。

又例如匈牙利诗人裴多菲的短诗译为:

⑧ 生命诚可贵,爱情价更高,
　若为自由故,二者皆可抛。

以上,"狂、网"押韵,"高、抛"押韵,符合中国人的吟咏诵读习惯,因此我们一直传诵。

大文学家、诗人郭沫若先生依英译本并参考日译本,将古波斯诗人莪默·伽亚谟的诗译为汉语《鲁拜集》(人民文学出版社,1978年出版),郭老也十分注重译文的民族风格、民族气息、汉语句子的表达方式和音韵,如:

⑨ 树荫下放着一卷诗章,
　一瓶葡萄酒,一点干粮,
　有你在这荒原中傍我欢歌——
　荒原呀,啊,便是天堂!

这些优秀的译文重视音韵的语音美、语音修辞的精神,是很值得我们学习的。

第六节　平仄的安排

现代汉语中,声调分阴平、阳平、上声、去声四类,阴平、阳平为平声,上声、去声为仄声。大体上说来,平声长而扬,仄声短而抑。平仄安排得当,声调平衡交替,声音显得错落有致,节奏分明,具有抑扬美。

古代的声调和现代略有不同,这里不去细说。但古代的诗、词、曲是讲求平仄的,这是它们富于音乐性的重要因素。明代戏曲理论家兼作家王骥德对此就十分强调,他说:"句字长短平仄,须调停得好,令情义婉转,音调铿锵,虽不是曲,却要美听。"(《曲律》)古代诗词平仄安排的情况可以概括为:同句中相互交替,对句中彼此对立。这在律诗中表现得最为明显。请看下面的例子(". "表示平声,"—"表示仄声;"国""别""白"为古入声字,入声为仄声):

① 国破山河在,城春草木深。
　　感时花溅泪,恨别鸟惊心。
　　烽火连三月,家书抵万金。
　　白头搔更短,浑欲不胜簪。

(杜甫《春望》)

杜甫《春望》为五言律诗,不仅句子整齐,而且平仄交错,所以读来抑扬顿挫,和谐流畅,具有音乐美。

新诗比较自由,没有固定的格律,但是许多诗人还是很重视语言的形式美,注意平仄的协调,特别是句中关键性的字和句末的字。例如:

② 看见了甘蔗林,我怎能不想起青纱帐!
　　北方的青纱帐啊,你至今还这样令人神往;
　　想起了青纱帐,我怎能不迷恋甘蔗林的风光!
　　南方的甘蔗林哪,你竟如此翻动战士的衷肠。

　　哦,我的青春,我的信念,我的梦想……
　　无不在北方的青纱帐里染上战斗的火光!
　　哦,我的战友,我的亲人,我的兄长……
　　无不在北方的青纱帐里浴过壮丽的朝阳!

(郭小川《青纱帐——甘蔗林》)

诗人以北方的青纱帐和南方的甘蔗林作为具有象征性的形象,热烈地歌颂了我们亲爱的祖国和英雄的人民,诗作气势豪迈,热情奔放。全诗共12节,这是开头的两节。从这两节看来,句子有停顿的地方(包括长句可稍作顿歇处),大体上平仄是交替的。诗人不刻意追求,但也不是不予重视,他以其深厚的艺术修养和语言功力,做到了内容和形式的完美结合,吟诵起来抑扬起伏,悦耳动听,深深地感染人,打动人。

一些民歌对声调也很重视。例如：

③ 穷人身上两把刀，
　　租子重，利钱高，
　　苦在心头恨难消。
　　穷人眼前三条道：
　　逃荒，上吊，坐监牢！

（歌谣《两把刀》）

歌谣倾诉了旧中国农民所遭受的残酷剥削和悲惨命运。句子可停顿处（包括没有用标点点断的地方），平仄安排大体上也是有变化的，深沉悲凉，易于传唱。

韵文讲究平仄，散文要不要讲究平仄？老舍说："在汉语中，字分平仄。调动平仄，在我们的诗词形式发展上起过不小的作用。我们今天既用散文写戏，自然就容易忽略了这一端，只顾写话，而忘了注意声调之美。其实，即使写散文，平仄的排列也还该考究。'张三李四'好听，'张三王八'就不好听。前者是二平二仄，有起有落；后者四字皆平，缺乏抑扬。四个字尚且如此，那么连说几句就更该好好安排一下子。'张三去了，李四也去了，老王也去了，会开成了'，这样一顺边的句子大概不如'张三、李四、老王都去参加，会开成了'，简单好听。前面有一顺边的四个'了'，后者'加'是平声，'了'是仄声，抑扬有致。"（《戏话浅论》）这是宝贵的经验之谈。

散文不可能也没有必要像韵文那样调配平仄，但是行文时一些抒情性文字，一些整齐的并列、对举的句子，如果注意平仄安排，会显得声情并茂，铿锵悦耳。例如：

④ 站在这唐封古迹的谯楼上，看日照千山，看流云走雾，看粉水清流，看田亩村树，看银线穿珠……祖国的明丽山川给人多么壮阔的胸怀，高尚的情思啊！

（碧野《丽谯上》）

此例各句句末音节的平仄大体上是交错的，尤其是"看……，看……，看……，看……，看……"五个并列的分句更为明显。最后的一个分句较长，如果把句中可停顿处计算在内，平仄也是相间的。

⑤ 像蜂蝶飞过花丛，像清泉流过山谷，每当回忆起少年时代，我心里就自然涌起一种甜美的感情。少年时代的学习生活，恰似流光溢彩的画页，也似一曲跳跃着快乐音符的乐章。

（叶文玲《我的长生果》）

此例共两句，每句各自又包含一些分句。这些分句每一个语段的最后一个音节，总的说来平仄是交替的。两句的每一句内，都有一组并列的分句："像……，像……"和"恰似……，也似……"，末字平仄相对。

第七节　双声叠韵和叠音

一、双声和叠韵

双声和叠韵为音韵学术语。双声指两个字的声母相同；叠韵指两个字的韵母或主要元音和韵尾相同。双声如"琉璃、仿佛、辗转、伶俐、澎湃"等。以"琉璃"为例，声母都是"l"。叠韵如"骆驼、霹雳、彷徨、咆哮、灿烂"等。以"骆驼"为例，韵母都是"uo"；以"彷徨"为例，主要元音和韵尾都是"ang"。双声、叠韵词语因为有相同的语音成分再现，连续地作用于人们的听觉，给人以回环往复之感，这是汉语传统的语音修辞手段。近代学者王国维在《人间词话》中说："余谓苟于词之荡漾处多用叠韵，促节处用双声，则其铿锵可诵，必有过于前人者。"古代诗歌中很重视双声、叠韵的运用。例如：

① 参差荇菜，左右流之。窈窕淑女，寤寐求之。

（《诗经·关雎》）

"参差"，双声；"窈窕"，叠韵；用得自然而巧妙，更好地表现了年轻小伙子对美丽贤惠姑娘的追求思慕。再如：

② 瀚海阑干百丈冰，愁云惨淡万里凝。

（岑参《白雪歌送武判官归京》）

"瀚海（沙漠）"，双声；"阑干（纵横散乱）"，叠韵；"惨淡"，叠韵。诗句语音的回环变化，更生动地描绘了戈壁滩上冰天雪地的世界。

现代诗歌中同样重视双声词、叠韵词的运用。例如：

③ 像云一样柔软，
　像风一样轻，
　比月亮更明亮，
　比夜更宁静，
　人体在太空里游行；

　不是天上的仙女，
　却是人间的女神，
　比梦更美，
　比幻想更动人——
　是劳动创造的结晶。

　　　　　　（艾青《给乌兰诺娃——看芭蕾舞〈小夜曲〉后作》）

"柔软"，双声；"宁静"，叠韵；"结晶"，双声。这些富于音乐性的语言，更深情地表现了诗人对这位芭蕾舞艺术大师的赞美。

散文中双声、叠韵也常见。例如：

④ 上边和下边有几堆火没有熄，冻醒了的同志们围着火堆小声地谈着话。除此以外，就是寂静。耳朵里有不可捉摸的声响，极远的又是极近的，极洪大的又是极细切的，像春蚕在咀嚼桑叶，又像野马在平原上奔驰，像山泉在呜咽，像波涛在澎湃。不知什么时候又睡着了。

　　　　　　（陆定一《老山界》）

"寂静"，双声；"捉摸"，叠韵；"咀嚼"，双声；"澎湃"，双声。散文借助于双声、叠韵词语声音的复沓变化，真切传神地描述了夜宿老山界时所听到的那种奇特而带有神秘的声响，从一个侧面表现了红军长征的艰苦。

⑤ 在月亮左侧不远，一颗很光明的星，是每夜最使我注意的。自此稍右，三星一串，闪闪照人，想来不是"牵牛"，就是"织女"。此外秋星窈窕，都罗列在我的枕前。就是我闭目宁睡之中，他们仍明明在上临照我，无声的环立，直到天明，将我交付与了朝霞，才又

无声的历落,隐入天光云影之中。

(冰心《寄小读者·通讯十一》)

"窈窕",叠韵;"罗列""历落",双声。散文借助于声音的回环荡漾,描绘了秋星的美丽、温馨,给人以美的感受。

二、叠音

叠音又称叠字,指相同字(音节)的重叠。叠音是汉语语音修辞的重要手段。刘勰在《文心雕龙·物色》篇说:

⑥ 是以诗人感物,联类不穷。流连万象之际,沉吟视听之区。写气图貌,既随物以婉转;属采附声,亦与心而徘徊。故"灼灼(zhuó)"状桃花之鲜,"依依"尽杨柳之貌,"杲杲(gǎo)"为日出之容,"瀌瀌(biāo)"似雨雪之状,"喈喈(jiē)"逐黄鸟之声,"喓喓(yāo)"学草虫之韵。……并以少总多,情貌无遗矣。

他认为,诗人感知景物,所引起的联想是无穷的。在丰富多彩的世界中流连玩赏,在看到听到的范围内吟味体察。描绘景象和事物的情状,既要随着景物而变化;选用词藻和摹状拟声,也要依据自己的内心感受而反复斟酌。刘勰很推崇《诗经》的词语,他举了一些生动的例子,其中许多就是叠音,像用"灼灼"形容桃花色彩的鲜艳,用"依依"以曲尽杨柳轻柔的情态,"杲杲"是太阳出来的样子,"瀌瀌"像下雨下雪的情景,"喈喈"是模仿黄鹂的呼叫,"喓喓"是仿照草虫的鸣声。刘勰认为这些都是用少数的字来概括各种各样的情状,把它们尽善尽美地表现出来了。

我国古代文学作品中叠字用得好的很多。例如:

⑦ 　　寻寻觅觅,冷冷清清,凄凄惨惨戚戚。乍暖还寒时候,最难将息。三杯两盏淡酒,怎敌他,晚来风急!雁过也,正伤心,却是旧时相识。

　　满地黄花堆积,憔悴损,如今有谁堪摘?守着窗儿,独自怎生得黑!梧桐更兼细雨,到黄昏,点点滴滴。这次第,怎一个愁字了得!

(李清照《声声慢》)

李清照,宋代著名女词人。金兵入据中原,流寓江南,丈夫又不幸病故。国破家亡,离乡背井的遭遇,让词人陷于深深的痛苦之中。词的上阕一开头的三句便连用七组叠字:"寻寻觅觅,冷冷清清,凄凄惨惨戚戚",沉郁凝重,凄切哀婉,词人好像已经抑制不住了,所以在连续不断地倾诉内心的悲苦。下阕叠字"点点滴滴"与其说是打在梧桐上的滴滴秋雨,毋宁说是词人滴在人们心头上的点点血泪。以上字词平平常常,但叠用新颖奇妙,具有巨大的艺术感染力,千百年来一直为人们所赞赏传诵。

现代汉语中的叠音有以下两类:

(一)相同语素或音节的重叠。这有两种情况,一种是重叠后自身成词——叠音词。例如:

  星星 娃娃 巍巍 炯炯 悄悄 纷纷 滚滚 常常
  祖祖辈辈 形形色色 口口声声 原原本本 叽叽喳喳

另一种是重叠后与其他语素组合成词。例如:

  ~乎乎 热乎乎 湿乎乎 油乎乎 圆乎乎
  ~溜溜 滴溜溜 光溜溜 灰溜溜 酸溜溜
  ~滋滋 乐滋滋 美滋滋 甜滋滋 喜滋滋
  ~丝丝 辣丝丝 冷丝丝 凉丝丝 甜丝丝

(二)词的重叠。汉语中有许多词可以重叠,这不是产生的新词,也不是组合成的词组,而是词形的变化,是同一个词的不同语法形式。例如:

  人人 天天 看看 问问 试试 远远 高高 慢慢
  风风雨雨 日日夜夜 说说笑笑 吵吵闹闹 平平安安
  考虑考虑 商量商量 研究研究 通红通红 碧绿碧绿

量词也可以重叠,如"个个、行行、张张"。数量词也可以重叠,如"一个一个、一行一行、一张一张""一个个、一行行、一张张"(前者的变体,省略了第二个数词"一")。这里要说明的是,数量词说全了应该是"数词(和)量词",它不是词,而是词组结构,将其称作"数量词"是简省的习惯说法。但是数量词重叠使用的形式及其修辞效果,与一般词的重叠近似,所以也把它包括到"叠音"里来一并讲一讲。

关于叠音的修辞作用,陈望道先生曾说:"而采用此类叠字的用意却同笔头上一色无二,大致不外:(一)借声音的繁复增进语感的繁复;或(二)借声音的和谐张大语调的和谐。"具体说来,有以下三点:

(一)语意鲜明突出。语音是意义的载体,同一声波连续作用于人的听觉器官,会提高刺激的强度;从语言表达来说,也就是能使人获得更强烈的感受,语意更鲜明突出。例如:

⑧ 重庆的台阶特别多,它们好像数不清的钢琴键。勤劳的山城居民,祖祖辈辈踏着这些琴键,演奏着生活的交响乐。随着交通事业的发展,过去"睁眼看得见,抬腿走半天"的地方,如今坐上缆车说话就到了。

(陈汉元《从宜宾到重庆》)

"祖祖辈辈",叠音词,和表示祖先的"祖辈"相比,有强调历代之意,突出了重庆居民世世代代都是生活在这一环境独特、过去交通不便的山城。

⑨ 眼下,连续一段时间的低温天气早已让喜爱溜冰一族脚痒痒了。元旦假日这两天,踏冰刀,坐冰车,一时成了许多京城百姓的首选休闲项目。

(《北京晚报》)

"痒痒",叠音词,比"痒"力度强,更能表现出"喜爱溜冰一族"急不可耐的心情。

⑩ ……当她缝完最后一针,给病人眼睛上盖上纱布时,她站起身来,腿僵了,腰硬了,迈不开步了。
姜亚芬换好了衣服,站在门口叫她:"文婷,走啊!"
"你先走吧!"陆文婷站住不动说。
……
姜亚芬走了,陆文婷退身到墙边,用手扶着白色瓷砖镶嵌的冰冷的墙壁,站了好一阵,才一步一步走到更衣室。

(谌容《人到中年》)

陆文婷由于长期劳累,加上这天一个上午连续给三个病人做手术,突发"心肌梗塞",这一节是她发病时的描写。"一步一步",数量词的重叠,有表示逐指的意思,表明步履沉重、缓慢、艰难。这样就能与上文所写"腿僵了……"

"站住不动""退身到墙边……"等更好地呼应,从而表现出病情的严重。

⑪　　县委同意了焦裕禄的建议,决定派这个同志到灾害严重的赵垛楼去蹲点。这位同志临走时,焦裕禄把他请来,严格地提出批评,亲切地提出希望,最后焦裕禄说:"……先烈们为解放兰考这块地方,能付出鲜血、生命;难道我们就不能建设好这个地方?难道我们能在自然灾害面前当怕死鬼?当逃兵?"

　　焦裕禄的话,一字字、一句句都紧紧扣住这位同志的心。这话的分量比一个最重的处分决定还要沉重,但这话也使这位同志充满了战斗的激情。阶级的情谊,革命的情谊,党的温暖,在这位犯错误的同志的心中激荡着,他满眼流着泪,说:"焦裕禄同志,你放心……"

(穆青《县委书记的榜样——焦裕禄》)

"一字字、一句句"是"一+量词重叠"的对举。这种形式,这种用法,能给人特别深刻的印象。试想如果这里改成"每一句话,每一个字",那就差远了。只有这样说才能表现出上文焦裕禄尖锐而充满深情话语的分量,才能表明这些话语为什么能重新唤起这位犯错误同志"战斗的激情"。

⑫　时候既然是深冬,渐近故乡时,天气又阴晦了,冷风吹进船舱中,呜呜的响,从篷隙向外一望,苍黄的天底下,远近横着几个萧索的荒村,没有一丝活气。我的心禁不住悲凉起来了。

(鲁迅《故乡》)

"呜呜",叠音拟声词。小说之所以用"呜呜"而不用单音节的"呜",一是为了这一分句"呜呜的响"可两字一顿,语音比较平稳;更重要的是表现了风声不断,一阵紧似一阵,使人的感受更深刻。而且这样和天色的"苍黄"、荒村的"萧索"、"我"心境的"悲凉"等整体描写更显得一致。

⑬ 平平淡淡从从容容才是真。

(通俗歌曲)

叠音词强调什么是生活的本真——平平淡淡、从从容容。

(二)表情细致生动。我们知道,书面语言比起口头语言来,无法借助于面部表情和形体动作加强表现力,这是它不及口头语言的地方;但

是,它可以让人停下来体味玩赏,这又是它优越的地方。叠音,正是书面语言发挥自己所长弥补自己不足的一种修辞手段。例如:

⑭ 听人家背地里谈论,孔乙己原来也读过书,但终于没有进学,又不会营生;于是愈过愈穷,弄到将要讨饭了。幸而写得一笔好字,便替人家抄抄书,换一碗饭吃。可惜他又有一样坏脾气,便是好喝懒做。坐不到几天,便连人和书籍纸张笔砚,一齐失踪。

(鲁迅《孔乙己》)

"便替人家抄抄书","抄抄",动词重叠,表示微量,包括次数少、时间不长,所以下文说"换一碗饭吃"。而且这样写有助于表现人物"好喝懒做"以至行窃的形象特点。如果用单音节动词,说成"便替人家抄书",似乎这成了他的职业,叠音所蕴含的一些微妙的意味便丧失了。

⑮ 这种大茶馆现在已经不见了。在几十年前,每城都起码有一处。这里卖茶,也卖简单的点心与菜饭。玩鸟的人们,每天在遛够了画眉、黄鸟等之后,要到这里歇歇腿,喝喝茶,并使鸟儿表演歌唱。商议事情的,说媒拉纤的,也到这里来。

(老舍《茶馆》)

"要到这里歇歇腿,喝喝茶"中的"歇歇""喝喝"为动词重叠,也表示微量。但与前例不同,它表现了人物悠游闲适的心情神态,表现了北京特定人群的生活习俗和情趣,"京味"颇浓。如果换成"歇腿""喝茶",那也就仅仅表示一种行为,潜在的情味全没了。

⑯ 果园也是花园。那园里花的种类不少。木本的有蔷薇,木槿,丁香;草本的有凤仙,石竹,夜来香,江西腊,步步高……草花不名贵,但是长得繁茂泼辣。甬路的两边,菜地的周围,园里的角角落落,密密丛丛地到处都是。

(吴伯箫《菜园小记》)

"角角落落",名词"角落"的重叠,有"每一个角落""所有角落"的意思,但语气更重,表示无一例外,无一遗漏。"密密丛丛",叠音形容词,"茂密"的意思。声音的重叠给人一种一株紧挨着一株的感觉,更富有形象性。

⑰ 这孩子长得可真俊。圆鼓鼓红扑扑的脸儿,黑眉毛高鼻梁,配上

一个红嘴唇儿,一只双眼皮大眼睛滴溜溜水汪汪的。可惜,另一只眼睛却向外斜着。

(谌容《人到中年》)

前面我们曾经讲到有的语素重叠后与其他语素组合成词,这一类词多为形容词。它不仅具有音乐性,而且还能描声绘色,摹形拟状,带有感情色彩。此例中的"圆鼓鼓红扑扑""滴溜溜水汪汪"正是如此,它在其他词语的配合下,描画出了一个美丽机灵、活泼可爱的小女孩的形象。

⑱ 唐山市第一次失去了它的黎明。

它被漫天迷雾笼罩。石灰、黄土、煤屑、烟尘以及一座城市毁灭时所产生的死亡物质,混合成了灰色的雾。浓极了的雾气弥漫着,飘拂着,一片片,一缕缕,一絮絮地升起,像缓缓地悬浮于空中的帷幔,无声地笼罩着这片废墟,笼罩着这座空寂无声的末日之城。

(钱钢《唐山大地震》)

整个这一节写的是唐山遭遇地震毁灭性打击后的悲惨景象。"一片片,一缕缕,一絮絮",这三个并列的数量词都是"'一'+量词重叠",更显得节奏缓慢,有如哀乐在字里行间回旋,表现了浓重的悲凉气氛。

⑲ 月亮的脸偷偷地在改变。

(通俗歌曲)

"偷偷地"表现了月亮在我们不经意间慢慢地阴晴圆缺的样子。

⑳ 甜蜜蜜,你笑得甜蜜蜜,好像花儿开在春风里。

(歌曲)

"甜蜜蜜",将爱情的甜美劲儿表现了出来。

(三)语音和谐流畅。相同音节的重叠带有音乐性,人们在行文中如果注意运用叠音词语,语流就会显得和谐悦耳,流畅动听。例如:

㉑ 习近平强调,中华民族伟大复兴,绝不是轻轻松松、敲锣打鼓就能实现的,实现伟大梦想必须进行伟大斗争。

(《习近平:发扬斗争精神　增强斗争本领　为实现"两个一百年"奋斗目标而顽强奋斗》,新华网)

例㉑中习近平讲话用了"轻轻松松"这一叠音词,语音流畅和谐、亲切活泼,而且颇接地气,十分口语化。

㉒ 那个时候,人们对一身灰布制服,一件本色的粗毛线衣,或者自己打的一副手套,一双草鞋,都很有感情。衣服旧了,破了,也"敝帚自珍",舍不得丢弃。总是脏了洗洗,破了补补,穿了一水又穿一水,穿了一年又穿一年。

(吴伯箫《记一辆纺车》)

此例最后一句有几处运用了叠音词语:"洗洗""补补""穿(了)一水(又)穿一水""穿(了)一年(又)穿一年",再加上前面叠用含"一"的数量词"一身""一件""一副""一双",显得匀称而和谐。

㉓ 这家院子很破旧,但打扫得干干净净。门上贴着红对联,新房窗户上贴着双喜字,一些亲友们出出进进,倒也显出了办喜事的气氛。王顺喜是个和和气气的老头,他向我说了许多感谢的话。

(马烽《结婚现场会》)

"干干净净""出出进进""和和气气",均为四音节的叠音词语,十分整齐,句子读来富有节奏感。

㉔ 坦坦荡荡,大大方方。巍巍峨峨,正正堂堂。雄雄赳赳,碰碰磅磅。轰轰烈烈,炜炜煌煌。

(郭沫若《颂北京诗》)

郭沫若用16组叠音词语,把北京雄伟壮观的景象和气势描绘了又描绘,渲染了又渲染,将其热爱北京的感情表达得淋漓尽致。

㉕ 这时我突然看到,山路的两旁,簇拥着雨后盛开的几百树几千树的樱花!这樱花,一堆堆,一层层,花像云海似地,在朝阳下绯红万顷,溢彩流光。

(冰心《樱花赞》)

"一堆堆,一层层",为"一+量词重叠"的数量结构。这样的结构含有叠音成分,又是一组并用,具有很强的抒情性和歌吟般的美。

㉖ 河谷里的风迎着汽车呼啸,只见克拉玛依河因风激起一朵朵

浪花,河滩上的一丛丛沙柳在随风摇摆。

　　小汽车顺着弯曲的河流驰入深山,公路像一条金线,穿织在多姿的群山之间,一处处野树葱茏的河滩,一片片倾斜的山谷小草场,一条条晶亮的泉流和瀑布,迅速地在我们的眼前闪过。

(碧野《雪路云程》)

此例共有五处运用了"一＋量词重叠"的数量结构。上一段有"一朵朵""一丛丛"。下一段最后一个分句的主语是三个并列的偏正结构,它们各自都有一个数量定语:"一处处""一片片""一条条"。这些富有音乐美的语言成分被组织在语句之中,语流有如潺潺的溪水,轻盈流畅,引人入胜。

㉗ 喜洋洋敲响新年鼓点　乐滋滋迈向新的世纪

[标题　《人民日报》(海外版)]

这是2000年元旦报道全国各族人民喜迎新世纪。标题运用了对偶句式,其中各自都带有一个修饰语:"喜洋洋""乐滋滋",均为含有叠音成分的形容词,音乐感强,使标题更具有喜庆祥和的色彩。

思考与练习六

一、为什么要讲究语音修辞?

二、在现代汉语里,"双音节是占优势的语音段落",请举例说明。

三、请从近期新闻报道中选取具有声音美的五字、七字标题各两则(注明出处及日期)。

四、什么是押韵?请举例说明。

五、普通话的几个调类中,哪些是平声?哪些是仄声?请注明下列诗句中各字的平仄:

　　金沙水拍云崖暖,大渡桥横铁索寒。

(毛泽东《长征》)

六、什么是双声?什么是叠韵?请指出下面句子中的双声词、叠韵词:

　　峰间夹立高大的古柏,给人一种气势雄伟的感觉。穿过指柏轩,

第四章　语言的声音美

立在真趣亭里看假山就更妙了。只见那些假山石,高低起伏,玲珑别透,气象万千。再细细看一看,那些假山,全像狮子。……当你走向那些"狮子",踏上假山,或钻一钻山洞,那山上山下,洞里洞外,盘旋曲折,变化无穷,有千山万壑之感。

(凤章《苏州园林》)

七、下面的例子中,哪些地方运用了叠音手段,请指出来(在词语下画上横线):

这么多的水长流不息,日日夜夜发出叮叮咚咚的响声。水的清澈真令人叫绝,无论多深的水,只要光线好,游鱼碎石,历历可见。水的流势都不大,清清的微波,将长长的草蔓拉成一缕缕的丝,铺在河底,挂在岸边,合着那些金鱼、青苔以及石栏的倒影,织成一条条大飘带,穿亭绕榭,冉冉不绝。

(梁衡《晋祠》)

八、下面的句子在语音方面如有不够和谐之处,请予以改正,并说明原因:

(1) 这次遭遇空难飞机上的两个黑匣子已经被找到。
(2) 人体的新陈代谢像时钟一样在运行,叫"生理节奏"。人的活动如果和生理节奏相协调,将会有益于健康。
(3) 灯下,重读《钢铁是怎样炼成的》,下面一段论述使我格外感奋,受教育……
(4) 如今中学生学习压力之重,考试之频繁,人人都知道。中学生毕竟还年轻,这种状况不利于他们的健康成长。

第五章　修辞格的运用

　　修辞格也称辞格,是修辞学的一个重要内容。在中国,最早提出这一概念的是唐钺。1923年他在《修辞格》一书中说:"凡语文中因为要增大或者确定词句所有的效力,不用通常语气而用变格的语法,这种地方叫做修辞格(又称语格)。"陈望道在《修辞学发凡》中说:"所谓积极手法,约略含有两种要素:(1)内容是富有体验性的,具体性的;(2)形式是在利用字义之外,还利用字音、字形的。……这种形式方面的字义、字音、字形的利用,同那内容方面的体验性具体性相结合,把语辞运用的可能性发扬张大了,往往可以造成超脱寻常文字、寻常文法以至寻常逻辑的新形式,而使语辞呈现出一种动人的魅力。在修辞上有这种魅力的有两种:一种是比较同内容贴切的,其魅力比较地深厚的,叫做辞格,也称辞藻;一种是比较同内容疏远的,其魅力也比较地淡浅的,叫做辞趣。两种之中,辞藻尤为讲究修辞手法的所注重。"张弓在《现代汉语修辞学》中指出:"修辞方式(又叫修辞格)是适应社会交际的需要,根据民族语言的内部发展规律创造的具体的、一定的手法(语言艺术化的手段如对偶、对照、回环、反复、比喻、拟人、夸张、同语、幽默、讽刺、双关等式)。"

　　关于修辞格的定义,除以上三位先生的见解外,其他还有不少专家学者提出自己的看法。参考各家的阐述,我们认为可以这样说明:修辞格是人们在长期的语言交际过程中,在本民族语言特点的基础上,为提高语言表达效果而形成的格式化的方法、手段。如何给修辞格下一个科学的、恰当的定义,还有待进一步深入讨论。

　　修辞格共有多少?由于各家在这个问题上的认识不尽一致,对它所包括的范围、分类的标准等有不同看法,所以各家的分类有多有少。唐钺《修辞格》分为五类二十七格;陈望道《修辞学发凡》分为四类三十八格;张弓《现代汉语修辞学》分为三类二十四式。近二十多年来还有一些专家学者又提出不少新的补充。

　　在国外,修辞格的研究有一个变化的过程,过去一直被认为是修辞学固有的研究领域,十分重视。"在文艺复兴时期,英语修辞学有过专门研究转喻与布局两大类辞格的'辞格派'。亨利·皮雷姆在《修辞花苑》(1577年)一书中就曾划分了一百八十四个辞格;米里亚姆·约瑟夫在《莎士比亚笔下的语言艺术》一书中按语法、逻辑、精神因素和客观因素四个范畴重新划分了两百多个辞格。……到了20世纪,几乎很少有人津津乐道于辞格的分类或新辞格的识别和鉴定。许多实践修辞学教科书已不再提及辞格。因为辞格的选用往往不是使用者的有意识的活动,而是思想或感情的自然流露。这当然并不等于说修辞格在现代修辞学中已不复存在。现代修辞学家已把注意力放到常见辞格的实质性研究上。"(王德春《外国现代修辞学概况》)国外的这些研究状况值得我们参考。

本教材在前面有关章节中讲到的某些词语、句式、语音等修辞手段的运用,换一个角度看,也可以视为修辞的一种格式。我们觉得,那样安排更有利于学习的人理解和掌握。在这一章里,专门介绍一些常见的修辞格。

第一节 比 喻

一、什么是比喻

比喻就是日常人们所说的"打比方",也就是用某一事物来说明与其本质不同而又有相似之处的另一事物。它是建立在心理学所说的类化作用基础上的,利用已知经验引起新的经验,通常是以易知来描述、说明难知,以具体来描述、说明抽象,轻车熟路,从而便于理解。

比喻是汉语中最常见、使用最广泛的一种修辞手段,很早就为人们所重视。《礼记·学记》说:"不学博依,不能安诗。""博依",广博的譬喻;"安诗",安善其诗。古人那时就认为不学习广博的譬喻不能作好诗。墨子对此做了精辟的解释,《墨子·小取》:"辟也者,举也物而以明之也。""辟",比喻;第二个"也",他。墨子认为比喻就是借用他物来说明此物。宋代陈骙在《文则》中把比喻分成十类:直喻、隐喻、类喻、诘喻、对喻、博喻、简喻、详喻、引喻、虚喻。可见,这时对比喻的研究已经相当深入。不过分类虽细,有点流于烦琐。

二、比喻的类型

比喻包括本体、喻体和比喻词三个部分。本体是指被比喻的事物;喻体是指作比喻的事物;比喻词是联结本体和喻体的词语。根据本体、喻体和比喻词运用情况的不同,比喻可以分为几种不同的类型。常见的有明喻、暗喻和借喻。

(一)明喻。明喻的本体和喻体在句中都出现,本体和喻体之间一般有比喻词联结,常见的比喻词有"像、好像、如、如同、似、若、仿佛、犹如、恰似、……般、好像……一样、仿佛……似的"等。例如:

① 草原给我的第一个印象是,它有多么像海啊!只有在海上,天和地才能像接到一起的两匹布这么完完整整,没有间隔。只有海才这么寂静,这么广漠得望不到边际,它永远像一幅没有框子的画。

(萧乾《草原即景》)

② 月光如水,从窗纱外泻将进来,他想起许多幼年的事情——慈爱的母亲,天上的繁星,院子里的花……

(冰心《超人》)

③ 爱情如同阳光。

(俗语)

④ 坐如钟,卧如弓,站如松,行如风。

(俗语)

⑤ 你就像那冬天里的一把火 熊熊火焰温暖我心窝。

(通俗歌曲)

⑥ 藏族有句俗语,相亲相爱,犹如茶和盐巴。

⑦ 习近平 2016 年 5 月 24 日考察黑龙江省同江市八岔村看望赫哲族群众时说,各民族要像石榴籽一样紧紧抱在一起,在实现中华民族伟大复兴的征程上团结一致,共同发展进步。

(央视新闻移动网)

⑧ 那时河里热闹极了,船大半泊着,小半在水上穿梭似的来往。停泊着的都在近市的那一边,我们的船自然也夹在其中。

(朱自清《桨声灯影里的秦淮河》)

⑨ 天下起雨来了,战士们身上的军装浇得湿淋淋的,冷得发抖。天又黑得像口锅,令人迈不开步。

(李天佑《首战平型关》)

⑩ 但梅兰芳和他们不一样,他是艺术家,是世界知名艺术家,他曾经有王府花园般精美的处所,有锦衣玉食,有前呼后拥众星捧月般的境遇。

(王慧《梅兰芳画传》)

明喻中比喻性词语可以充当多种句子成分。以上例①("像海,像……画")和例②③④⑤⑥为谓语;例①("像……布")、例⑦和例⑧为状语;例⑨为补语;例⑩"……般"为定语。

(二)暗喻。暗喻又称隐喻,它的本体和喻体也都在句中出现,但不明确表示是在打比方,而是用"是、为、就是、成、变成、当作"等词语或其他某些方法来显示两者的关系。如果说明喻本体和喻体是相类关系,那么暗喻则是相合关系,暗喻比明喻形式上更紧凑,内容也更密切。暗喻有以下几种不同形式:

1. 本体和喻体之间用"是"等联结。这是暗喻的基本形式,最典型,也最常见。例如:

⑪ 音乐是流动的建筑。

⑫ 它(革命高潮)是站在海岸遥望海中已经看得见桅杆尖头的一只航船;它是立于高山之巅远看东方已见光芒四射喷落欲出的一轮朝日;它是躁动于母腹中的快要成熟了的一个婴儿。

(毛泽东《星星之火 可以燎原》)

⑬ 求同思维与求异思维是两朵并蒂的人类思维之花。

(陈永顶《求同思维与求异思维》)

⑭ 现存满语是研究满族语言的第一手珍贵资料,也是世界性满学研究的活化石,被学术界称之为"国宝"。

(亓树新、刘萍《救救满语》)

⑮ 如果说骆驼是沙漠之舟,那么羊就应当是草原上的花朵吧。在绿色草原上,开着成片的白色花朵,近看才知其实是羊群。

([日]陈舜臣《西域余闻·羊的那些故事》,吴菲译)

⑯ 北京的金山上光芒照四方,毛主席就是那金色的太阳。

(歌曲)

⑰ 这次(指1966年发生在河北邢台地区的大地震)是地底下的敌人,我们要和地底下的敌人做斗争!(周恩来总理的)这些话说得坚定有力。

(尧山壁《周总理在震中》,《光明日报》)

文中周总理把地震比喻为"地底下的敌人",句中本体"地震"没有出现。

⑱ 多数人的压力感是来自日常生活和工作中遇到的问题,没有必要过分紧张,不应以"应激状态"来应付生活中的一般问题,而应以适度的紧张来面对生活压力,做到遇事镇定自若。若将生活事件中的挫折都当做"火山""地震"来看待,就会把自己弄得极度紧张焦虑。

(《健康文摘》)

2. 本体和喻体之间用破折号联结。例如:

⑲ 五点钟,第一次回声很有劲地叫了。红砖罐头的盖子——那一扇铁门一推开,就好像鸡鸭一般地无秩序地冲出一大群没有锁链的奴隶。

(夏衍《包身工》)

⑳ 沙漠之舟——骆驼

㉑ 人体镜——舌头

㉒ 指甲——体内疾病的荧光屏

现在还有一种新的显示方法,即在本体和喻体之间用冒号或逗号来联结。这多见于标题。例如:

㉓ 酸雨:从天而降的"软刀子"

(《中国青年报》)

㉔ 城市垃圾:未开掘的金矿

[《人民日报》(海外版)]

㉕ 诚信,人的第二张"身份证"。

(《解放军报》)

3. 其他。例如：

㉖ 冬去春来，第一年过去了，埋在我心底的愿望的种子没能冲破冰封的土层……

(陶斯亮《一封终于发出的信——给我的爸爸陶铸》)

㉗ "火炉"武汉种草还是种树

(标题 《光明日报》)

例㉖"埋在我心底的愿望的种子"是一个偏正结构，"埋在我心底的愿望"是本体；"种子"为喻体。作者将前者暗喻为后者。例㉗"'火炉'武汉"，是一个同位性结构，"火炉"是喻体；"武汉"是本体。作者将后者暗喻为前者。

(三) 借喻。借喻的本体不出现，也不用"像""是"等词语，干脆把用来打比方的事物当作被比方的事物来说，即以喻体直接代替本体。比起明喻、暗喻来，借喻的本体和喻体关系最紧密。例如：

㉘ 经过参观、访问、座谈、闲聊，我在谢底大队接触了许多不同身份的人，了解到了许多情况。于是，秦官属同志来山区前前后后活动的底片，在我的脑海里越来越清晰地"感光显影"了。

(黄宗英《大雁情》)

㉙ 这几年，一些地方"上有政策，下有对策"，"擦边球"的绝招被套用为一"对策"盛行起来。例如，用公款吃喝、游玩是不行的，于是，煞有介事地在酒店"接洽工作"，到旅游区"开会"、"考察"，这样就"擦"了"奉公"的边；私分公物，接受馈礼是不准的，但象征性地交点钱，这样就"擦"了守法的边；滥发财物也是不让干的，可发点"服装费"、"招待费"、"午餐费"、"参考资料费"以至"人身保险费"等，这样就"擦"了"福利"、"劳保"的边……如此种种，层出不穷，"擦边球"越打越时兴。

(刘百粤《擦边球》)

㉚ 科学的春天。

(郭沫若)

科学的春天，借喻"文化大革命"结束后科学技术事业迎来了得以发展的好时机。

㉛ 有人不耐烦地问起"车子究竟出了啥毛病",司机幽默地回答说:"心脏病!"本来嘛,汽车要是发动机上出了故障,那还不就是心脏病!

(萧乾《草原即景》)

㉜ 常去红土地吸吸"氧"

(标题 《解放军报》)

文章说,上海有位83岁高龄的老干部,连续多年拄着拐杖到赣南苏区走访学习。面对有些人的不解,他说:"当年中国共产党在赣南中央苏区留下了宝贵的精神财富,我这个老党员是来'吸氧'的。"

㉝ 那么,我为什么没有给您回信呢? 这是因为我一直徘徊在坟墓的边缘。因此,我必须把我能够工作的每一分钟用来完成我为之牺牲了健康、人生幸福和家庭的著作。

(弗兰茨·梅林著,樊集译《马克思传》)

"坟墓的边缘"借喻死亡。

三、比喻的修辞作用

比喻是人们最常用的一种修辞方法,可以说,平时人们说话、写文章都离不开它。汉代大学者刘向在《说苑·善说》中曾经讲了这样一则故事:

㉞ 客谓梁王曰:①"惠子之言事也善譬。② 王使无譬,则不能言矣。"王曰:"诺。"明日见,谓惠子曰:"愿先生言事则直言耳,无譬也。"惠子曰:"今有人于此而不知弹者,曰:'弹之状何若?'应曰:'弹之状如弹。'则谕乎?③"王曰:"未谕也。"于是更应曰:"'弹之状如弓,而以竹为弦。'则知乎?"王曰:"可知矣。"惠子曰:"夫说者,固以其所知谕其所不知,而使人知之。今王曰'无譬',则不可矣。"王曰:"善。"

---

① 梁王:指魏惠王,名䓨(yīng),公元前369年至前319年在位。
② 惠子:即惠施,战国宋人,能言善辩,后为梁王相。
③ 谕(yù):理解,明白。

刘向举上面的例子是为了强调"谈说之术"运用比喻的重要性。其实不只"谈说之术",其他方面同样如此。具体说来,比喻主要有以下修辞作用。

（一）说明事理。运用比喻来说明事理,可以使复杂的问题变得简单浅显,使艰深的问题变得通俗平易,使抽象的问题变得形象具体。例如:

㉟ 刘伯承同志经常讲一句四川话:"黄猫、黑猫,只要捉住老鼠就是好猫。"这是说的打仗。我们之所以能够打败蒋介石,就是不讲老规矩,不按老路子打,一切看情况,打赢算数。现在要恢复农业生产,也要看情况,就是在生产关系上不能完全采取一种固定不变的形式,看用哪种形式能够调动群众的积极性就采用哪种形式。

（邓小平《怎样恢复农业生产》）

"黄猫、黑猫,只要捉住老鼠就是好猫",这个比喻在中国可谓家喻户晓,尽人皆知。——流传中,"黄猫、黑猫"被说成"白猫、黑猫"。比喻浅近通俗,但寓意精辟深邃。在战争年代,它是克敌制胜的法宝;在后来的农村改革中,它成了人们解放思想的精神武器。

㊱ 摸着石头过河。

邓小平用"摸着石头过河"来比喻改革开放的开创性、艰难性和坚定性,非常形象地说明了中国共产党在建设中国特色社会主义的道路上,逐步地、试验并探索性地向市场经济过渡的艰难方式和确保国家政局稳定的正确选择。

㊲ 百花齐放、百家争鸣的双百方针。

中国共产党发展文化艺术和科学事业的方针是什么？1956 年 4 月 28 日毛泽东在中共中央政治局扩大会议上说:"百花齐放、百家争鸣,我看这应该成为我们的方针。艺术问题上百花齐放,学术问题上百家争鸣。"从此它成为促进我国艺术发展和科学进步、繁荣社会主义文化的一项基本方针。

用"百花齐放、百家争鸣"作喻,非常形象地把复杂抽象的理论问题、方针政策说明白了。

㊳ 密云水库和官厅水库又是高悬在北京头顶的两盆水,它们的库底比天安门高出上百米。专家告诫说,从现在起,如不加大保护力

度,过不了多久,北京的用水将会告急;如果北京的主要饮用水源被污染了,如果水库发生意外,后果将不堪设想。

(《科技日报》)

报道把密云水库和官厅水库比作"高悬在北京头顶的两盆水",形象而贴切,它和北京的利害关系,保护好它的重要性,无须多加分析,就已经清清楚楚。

㊴ 发炎可以算得上是体内的一场火灾,白血球被人们称为人体内的消防员,哪里有险情便会及时赶到哪里,消灭从皮肤表层伤口进入的细菌和病毒,从而消除炎症。而人体的免疫系统正是利用了白血球的这一特性,在皮肤划破时为了引起注意,消灭入侵的细菌,主动放了这把"火",并拉响警报,从而动员消防员——白血球,及时出击。于是,白血球终于从人体的红骨髓中出动了,他们在血管中不断游弋,到处巡逻。

(牧马《人体内的消防员》)

文章把白血球比作人体内的"消防员",借此说明人体免疫系统运作的有关机理,通俗易懂,饶有趣味。

㊵ 中国板块就像一艘船,北京、上海、天津等所有地方就像这艘船上的乘客,都在随船一起航行。不管船航行到哪里,乘客之间的距离是不变的,因此它们相互之间也不会发生什么挤压、拉伸或错位,这样就能一直保持相对的平静和稳定。

(《北京晚报》)

曾有报道说,北京就像登上了一艘巨轮,正在以每年5毫米的速度向东"行驶",许多读者对此不解并感到担心。为此,《北京晚报》记者专门访问了中国科学院院士、国家地震局地质研究所名誉所长马宗亚。例㊵所说,就是马院士的解答。解答用"船"和"乘客"的比喻,生动地解释了地壳运动、板块漂移的有关理论,它消除了人们的疑团,并使人们从中增长了不少知识。

(二)描述事物。无论写景、状物、叙事,生动的比喻可以使描述的对象具体化、形象化,引起人们的联想和想象,提高人们的感知度。

在这方面,古人为我们提供了典范。例如,对"愁",很多很多的"愁",怎么描述? 南唐后主李煜那"问君能有几多愁,恰似一江春水向东流"已成了千古名句。宋代词作家贺铸用的博喻,更给我们留下了生动形象而且深刻的印象。他在《青玉案·凌波不过横塘路》中说:

㊶ 试问闲愁都几许? 一川烟草,满城风絮,梅子黄时雨。

有多少愁呢? 你去看那野外迷茫如烟的萋萋春草、满天飞舞的杨花柳絮,还有那绵绵不断的丝丝细雨吧。这三个经典性的比喻,让我们形象地感知了愁是什么,愁之多是怎样的多呀。

如今,我们的文人作家、写作者,也充分地利用和发挥了比喻的这种作用。例如,对乡愁的描述,台湾诗人余光中在他的《乡愁》一诗中,这样写道:

㊷ 小时候
乡愁是一枚小小的邮票
我在这头
母亲在那头

长大后
乡愁是一张窄窄的船票
我在这头
新娘在那头

后来呵
乡愁是一方矮矮的坟墓
我在外头
母亲在里头

而现在
乡愁是一湾浅浅的海峡
我在这头
大陆在那头

作者用暗喻的方式,让读者从邮票、船票、坟墓、海峡等与本体有关的事物中,感知并理解了乡愁——这割不断的思念和牵挂。

文学作品中描写景物,多用比喻,以达到最大限度的具体化、形象化,让读者有所体会、认知,引起读者丰富的想象。例如:

㊸ 那瀑布从上面冲下,仿佛已被扯成大小的几绺,不复是一幅整齐而平滑的布。岩上有许多棱角;瀑流经过时,作急剧的撞击,便飞花碎玉般乱溅着了。那溅着的水花,晶莹而多芒;远望去,像一朵朵小小的白梅,微雨似的纷纷落着。

(朱自清《绿》)

这里,作家一连用了三个比喻来描述瀑布的景观:从上面冲下时,说它"被扯成大小的几绺";和棱角撞击时,说它"飞花碎玉般乱溅";远望时,说水花"像一朵朵小小的白梅,微雨似的纷纷落着"。这些动人的描绘,勾画出了一个充满诗意的美丽境界。

㊹ 但是,最近这里工作很紧张,到处都是冒着风雪劳动的人。发电机、卷扬机、混凝土搅拌机和空气压缩机的吼声,震荡山谷。点点昏黄的火球,就是那无数的电灯。看不清天空里蛛网似的电线;只见运材料的铁斗子,顺着架在山腰的高架索道,来回运转。

(杜鹏程《夜走灵官峡》)

《夜走灵官峡》所反映的是我国第一个五年计划期间铺建宝成铁路的情景。这一段文字,作家用形象的比喻描述了两个具有特征的事物:一是把工地无数的电灯喻为"点点昏黄的火球";一是把空中许许多多的电线喻为"蛛网"。一经彩笔点染,便更加显现出了广阔的工地上那激动人心的紧张劳动景象。

㊺ 在平坦宽阔的迪拜沙岸边,一座被命名为"阿拉伯塔"的摩天大厦宣告建成。从外表看,它的模样确实有些奇突,似一轮插入黄沙的弯月,似一张顺风膨胀的风帆。据悉,设计师受《天方夜谭》故事的启迪,企盼追回阿拉伯天堂的梦幻,将全部设计灵感赋予这座高塔。如今,每逢夜幕降临,七色彩光照射直冲天穹的塔身,煞似阿拉伯梦幻世界再现。

(沙皎明《沙海蜃楼》)

文章将这座"煞似阿拉伯梦幻世界"的摩天大厦形容为"似一轮插入黄沙的弯月,似一张顺风膨胀的风帆",新奇而富有浪漫色彩,使人们仿佛感受到了异国风光。

㊻ 西湖烟柳患"癌症"

(标题 《北京晚报》)

这是说杭州西湖白堤烟柳患了古怪的根朽病,其"罪魁"是一种真菌。由这种真菌引起的林木根朽病,是世界闻名的根部传染性病害。标题用"癌症"喻代根朽病,通俗真切,使人们充分认识到病害的严重性。

㊼ 武汉东风公司采取"拆庙"、核编、消肿三项措施精减干部 一年"削"官 315 个

(标题 《北京晚报》)

"拆庙",是指对职能重叠、冗员过多的部门"该合的合,该并的并,该撤的撤"。"消肿",是指取消一些享受处级待遇的职位。标题用比喻来代替具体的叙述,不仅形象概括,而且带有感情色彩。

(三)刻画人物。刻画人物,表现人的思想情感,也是比喻修辞作用的一个方面。例如:

㊽　蜜蜂孜孜不倦,死而后已地广采百花香液,辛勤酿造,把纯蜜带给人;这精神是多么可贵。

　　鲁迅先生一生夜以继日、孜孜不倦地博览群书,广采百花香液,辛勤精酿,把"纯蜜"供给读者。他说自己"吃的是草,挤出的是奶汁"。

(曹靖华《采得百花酿蜜后》)

作家先赞美了蜜蜂的奉献精神,接着以此作譬,讴歌了鲁迅的高尚品德。蜜蜂"广采百花香液,辛勤酿造,把纯蜜带给人",而鲁迅"一生夜以继日、孜孜不倦地博览群书",广采精酿,把更宝贵的精神"纯蜜"献给了人们,鲁迅崇高的奉献精神永放光辉。

㊾　钱学森声名鹊起,成为和冯·卡门齐名的著名科学家。美国军队邀请他讲授火箭和喷气技术,美国空军以他的《喷气推进》为内部教材。1947 年,36 岁的钱学森成为麻省理工学院年轻的正

教授,拥有了许多人一辈子梦寐以求的地位、名誉和舒适的生活。

钱学森却从未准备在美国长期生活,他清楚地知道,这里只是他人生的一个驿站,遥远的祖国才是他永远的家园。

(新华社记者曲志红、孙承斌《人民科学家钱学森》)

“这里只是他人生的一个驿站”,驿站,是古代传递政府文书的人途中更换马匹或休息、住宿的地方。当时的钱学森在美国已经“拥有了许多人一辈子梦寐以求的地位、名誉和舒适的生活”,然而他只是把这里当作人生的一个临时寄寓之处,他“永远的家园”是“遥远的祖国”。一个普普通通的比喻词语“驿站”,把钱学森向往祖国、报效祖国的热烈情怀和崇高境界表现出来了。

㊿ 张老师推着自行车,有意识拐进了免费出入、日夜开放的小公园里。他寻了一条僻静处的长椅,支上车,坐到长椅上,燃起一支香烟,眉尖耸动着,有意让胸中汹涌的感情波涛,能集中到理智的闸门,顺合理的渠道奔流出去,化为强劲有力的行动,来执行自己这班主任的职责。

(刘心武《班主任》)

这一段是关于张老师到宋宝琦家中进行访问后内心活动的描写。他为这个平素打架斗殴、空虚愚昧的学生而震惊,更对毒害他的人无比愤怒。他“有意让胸中汹涌的感情波涛,能集中到理智的闸门,顺合理的渠道奔流出去,化为强劲有力的行动”。作家用形象的比喻在读者面前展示了这位教师的感情世界。他在竭力使自己平静下来,让爱与恨转化为动力,去“救救被坑害了的孩子”。一名优秀的教育工作者的形象在熠熠生辉,令人肃然起敬。

(51) 改革开放让千百万老百姓的憧憬变为现实,而每一个享受梦想成真果实的上海人,又都是时代奋进之舟的纤夫。二十年来,千万上海人民在车间、田野、商场、实验室、建设工地,改造着上海的面貌,同时也重塑着自我。

(新华社记者厉正宏《为旧景观的褪色叫好》)

改革开放以来,上海发生了天翻地覆、举世震惊的变化。这是“在车间、田野、商场、实验室、建设工地”的千万上海人民辛勤劳动的结果。报道将他们喻为“时代奋进之舟的纤夫”，这是对这个伟大群体的赞颂，也是对全国人民的激励。

(52) 幸而再过了一天，四大娘再细心看那“布子”时，哈，有几处转成绿色了！而且绿得很有光彩。四大娘立刻告诉了丈夫，告诉了老通宝，多多头，也告诉了她的儿子小宝。她就把那些布子贴肉揾在胸前，抱着吃奶婴孩似的静静儿坐着，动也不敢多动了。

（茅盾《春蚕》）

布子，春蚕，这是蚕农生活的“命根子”，是他们全年的指望。“她就把那些布子贴肉揾在胸前，抱着吃奶婴孩似的静静儿坐着，动也不敢多动了”，生动的比喻，传神地表现了人物此时此刻的心情，使形象的刻画更具有艺术的魅力。

四、运用比喻的要求

（一）贴切。比喻的喻体和本体之间必须有共同之处，这是构成比喻的基础，而要有共同之处，就要求比喻贴切。刘勰说：“夫比之为义，取类不常；或喻于声，或方于貌，或拟于心，或譬于事。……故比类虽繁，以切至为贵，若刻鹄类鹜，则无所取焉。”（《文心雕龙·比兴》）刘勰这些话说得很中肯。他指出，比喻这种方法，在用作比方的事物上是没有一定的，有的比声音，有的比形貌，有的比心思，有的比事物。……所以比喻的运用虽然多种多样，以用得贴切得当为好，要是把天鹅刻画成鸭子，那就没有什么可取的了。下面的例子给我们以启示：

(53) 比及当下，无论国与国之间、民族与民族之间、集团与集团之间、人与人之间，正义与道德，总爱结伴而行。加强法治，是“硬件”，严打整治便是一例；加强修德，是“软件”，润物细无声的教化、寓教于乐的文艺，亦是良药一方。

（章灶来《为政以德》）

(54) 这些无声史诗（注：指“贺兰山岩画”）是超越时间的宝镜，能直射或折射丰富的生活场景，是史前史、民族学、人类学、民俗学、原始宗教史、艺术、美学、考古等各个学科的重要研究对象。

（柯文辉《无声的史诗——谈“贺兰山岩画”》）

(55) 没有花香,没有树高,我是一棵无人知道的小草。

(歌曲《小草》)

例(53)把“法治”比喻为“硬件”,把“修德”比喻为“软件”;例(54)把“贺兰山岩画”比喻为“超越时间的宝镜”,都是很适当的,帮助人们进一步理解了要说明的道理、事物。例(55)把我们每个平凡的国民比喻为阳光下的“小草”,贴切。

(二)新颖。人云亦云的比喻会使人厌烦,而新颖的比喻则能引起人们的兴味。老舍在谈到诗的比喻时说:“比喻很难精彩。所以好用比喻的人往往不能不抄袭前人的意思,以致本是有创造性的设喻逐渐变成了陈词滥调。‘芙蓉为面柳为腰’本来不坏,后来被蝴蝶鸳鸯派诗人用滥了,便令人难过。”他认为:“诗中的比喻必须精到,这是诗人的责任。找不到好的比喻就不比喻,也还不失为慎重。”(《比喻》)写诗如此,写任何东西都是如此。下面的例子就富有新意:

(56) 科学家发现两个黑洞“流浪汉”

(标题 《北京晚报》)

这是一则报道的标题。报道说,“天文学家最近在银河系内发现了两个孤独的黑洞,尽管这两个黑洞相距很远,并不搭界,但它们有一个共性,那就是不像普通黑洞那样有自己的伴星,也没有发现它们绕哪一个天体运动”。标题将这两个黑洞比喻为“流浪汉”,新鲜而有趣。

(57) 中国西部像一只大鹏鸟,它曾经搏击九万里,搅动过千年的风云,为传递和交融东西方的文化忙碌地飞翔。明代以后,从海外射来了一支无形的箭,使它跌落在地上。它头枕着大片的荒凉,痛苦地呻吟。它的翅膀是如此巨大而又沉重,鸦片战争以来,多次被时代的强大气流冲击过,吃力地扑打着,希望起飞,掀起遮天蔽日的黄土,造成推掉重压的雪崩。直到红旗插遍,它才逐渐向着蓝天爬高。如今,西部大开发的浩荡长风,正把它送入从未有过的繁荣和无限美妙的境界。

(高平《西部是只大鹏鸟》)

庄子《逍遥游》所讲的寓言故事是人们熟知的,作者把中国西部比作大鹏鸟,借助于这个高大的形象,描述它搏击九万里、搅动千年风云的风采,诉说它头枕荒凉、痛苦呻吟的屈辱,赞颂浩荡长风,正将它送入新境界的美好。比喻新鲜而神奇,仿佛使人们重睹了西部,乃至整个中华民族曲折的历史进程。

(三)巧妙。比喻巧妙是指要善于根据题旨、情境运用比喻,以增强人们的感受。例如:

㊳ 我移开视线,看见城堞边上站着一个姑娘,她凝神眺望着向北飞去的大雁。我走过去,轻轻拍着她的肩膀,问道:"默不言声的姑娘,你在想什么?"话音刚落,我察觉出了自己的错误。她一回头,我看见她的两鬓已经斑白,微黑的面颊上,已刻下细密的智慧的年轮。透过近视眼镜,她安详地看着我,淡淡地一笑:"我看见大雁,就想起大雁塔下的植物园。"

(黄宗英《大雁情》)

这是这篇报告文学开头部分的一段。作品要写的是三十多年来在植物学领域内辛勤耕耘的科学家秦官属。作品说她"微黑的面颊上,已刻下细密的智慧的年轮",把岁月留下的印记——面部皱纹比作"年轮"已很巧妙,前面再加上一个修饰语,说成"智慧的年轮",更鲜明地点出了报道对象的科学家的身份。这个精巧的比喻连同其他描述,就把读者的思路引向了下文人物生活历程和感人事迹的述说。

㊴ 在四川乐山,郭沫若同志的故乡,参加郭沫若研究学术讨论会,想到了四句话:"凌云钟秀,沫水深情,友以文会,同仰金顶。"那是把郭老在近代文化史上所树立的学术高峰比之为峨眉山的金顶的。会后与会的代表真的攀登了峨眉山。

……在栈道上凭栏俯视深涧,溪水晶莹,清澈见底;凌空仰望,峭壁浓荫,千藤万蔓,天光一线。这里名实相副地就叫做"一线天"。

郭老在学术上给我们开辟的视野绝不是"一线天",而是极为广阔的天地。考古、历史、文学各个领域他都亲手树立了高峰。从甲骨文、金文的研究,中国古代史的分期,到白话自由诗的创立,哪个问题上他都站在高处,走在前边。

(吴伯箫《攀金顶》)

引例有两处运用了比喻:一是讲到郭老的学术成就时,以峨眉山"金顶"作喻,这是就近取譬,因为学术讨论会是在四川召开的。二是讲到郭老学术上所涉及的领域时,用了一个否定性比喻,说他"给我们开辟的视野绝不是'一线天'"。这是攀登峨眉山描述"一线天"景观时,顺势用譬,把写景和写人融合了起来。这两处的比喻都巧妙自然。

下面的例子在运用比喻上不够妥当:

⑥⓪ *这里山峦起伏,群峰耸立,河流坡度陡,落差大,降水多,因此出现了好几条瑰丽的瀑布。站在远处丘陵上,俯瞰滚滚如云的瀑布,真是美不胜收。

"瀑布",指从山壁上或河身突然降落的地方流下的水,远看好像挂着的白布。而"滚滚"是形容急速地滚动或翻腾。把"像挂着的白布"用"滚滚如云"来比喻,不够贴切。此外,"站在远处丘陵上"看,用"俯瞰"也有语病。

⑥① *傍晚6时10分左右,一辆红色夏利出租车停在龙湫商场门口。四个男子下了车,被配合民警行动的佟小姐认出,民警们饿虎扑食般冲了上去,三人被按倒在地,一人向南鼠窜。民警随即鸣枪示警,正在商场南边设伏的副分局长李雪明冲了上去,将逃跑的绑匪抓获。

民警擒拿罪犯的雄姿用"饿虎扑食"比喻,很不妥当,感情色彩不对。可改成"像猛虎(般冲了上去)"。

五、比喻的辨识

(一)要把运用比喻和运用词的比喻义区别开来。例如:

⑥② 黄河流域是我国古代文化的摇篮。

[《现代汉语词典》(第7版)]

⑥③ 话里有文章。

(同上)

例⑥②"摇篮",含有比喻义项的词。表示幼年或青年时代的生活环境或文化、运动等的发源地。例⑥③"文章",也是含有比喻义项的词,表示暗含的意义。这些词的运用不是比喻。

(二) 要把比喻和含有比喻语素的词区别开来。例如：

㉔ 领导干部应该从"文山""会海"中解脱出来,到基层去,到第一线去。

㉕ 北京今天下了一场"米雪"。

例㉔的"文山""会海"和例㉕的"米雪"(像小米大小的冰晶),都是含有比喻语素的词,运用这些词不能看作比喻。

(三) 要把运用比喻和同类事物的比较区别开来。例如：

㉖ 不用问,这孩子像我碰到的千百个孩子一样,工地里出生,工地里成长。

(杜鹏程《夜走灵官峡》)

㉗ 姐妹俩长得很像,性格不同。大姑娘很文静,话很少,像父亲。小英子比她娘还会说,一天咭咭呱呱地不停。

(汪曾祺《受戒》)

例㉖"这孩子像我碰到的千百个孩子一样",例㉗"像父亲",都不是比喻,而是同类事物的比较。

(四) 要把运用比喻和表示猜度、不确定的语气区别开来。例如：

㉘ 孟蓓气得直瞪对面的辛小亮。谁让她天生一副笑模样呢,像生气,又像笑。

(陈建功《丹凤眼》)

㉙ 站在香港太平山顶,俯瞰灯火下的香港城市,梅兰芳感慨万千。耳畔呼呼的风声,在他听来似乎是那听惯了的经久不息的掌声。一时间,他仿佛回到了16年以前的1922年夏秋。

(王慧《梅兰芳画传》)

例㉘"像生气,又像笑",例㉙"仿佛回到了16年以前",都是表示猜度,表示一种不十分确定的语气。

(五) 要把运用比喻和举例区别开来。例如：

㉚ 我国的大城市很多,像北京、上海、天津、广州、南京等都是。

(吕叔湘《现代汉语八百词》)

㉛ 两代抑或三代人之间的隔阂,许多是从生活方式和对流行事物的不同认识开始的。比方说,做父亲的视某些新潮饮品为奢侈,坚

持喝他的绍兴花雕、老土茶,做儿子的却酒必"王朝"、"野力",冰淇淋不上档次的不掏钱;父亲感情专一,儿子谈女朋友则像走马灯……诸如此类的差异多了,"共同语言"自然就少了。

(沈扬《说"代"际沟通》)

例⑦"像北京、上海、天津、广州、南京",例㉛的"比方说,做父亲的……,做儿子的……;父亲感情专一,儿子……走马灯",都是举例性质,不是比喻。

第二节 借 代

一、什么是借代

借代就是不用事物本来的名称,而用和它有密切关系的其他事物的名称来代替。原来事物的名称叫本体,被用来代替的事物的名称叫借体。

借代在古典文学作品中用得很广泛,许多都是人们所熟悉的。例如:

以"秋"代"季"或"年"。(《诗经·采葛》:"一日不见,如三秋兮。")

以"杜康"代"酒"。(曹操《短歌行》:"慨当以慷,幽思难忘。何以解忧?惟有杜康。"相传,杜康是酒的制造者。)

以"布衣"代"百姓"。(诸葛亮《出师表》:"臣本布衣,躬耕南阳。")

以"朱门"代豪门贵族。(杜甫《自京赴奉先县咏怀五百字》:"朱门酒肉臭,路有冻死骨。")

以"樯橹"代"战船"。(苏轼《念奴娇·赤壁怀古》:"羽扇纶巾,谈笑间,樯橹灰飞烟灭。""樯",桅杆;"橹",一种近似桨的摇船工具。)

二、借代的方式

常见的方式有:

(一)以部分代整体。例如:

① 这些无聊的事算什么?只要模模糊糊。模模糊糊的过了新年,仍旧教我的"子曰诗云"去。

(鲁迅《在酒楼上》)

② 凡是愿意留下的,再不许拿人家一草一木。

(姚雪垠《李自成》)

③ 风樯动,龟蛇静,起宏图。

(毛泽东《水调歌头·游泳》)

④ 当官不与民做主,不如回家卖红薯。

(豫剧《七品芝麻官》)

例①"子曰诗云",代指旧式教材。例②"一草一木",代指任何东西。例③"风樯",代指帆船。例④"卖红薯",代指"做小买卖"。

(二) 以具体代抽象。例如:

⑤ 在我了解到一些情况之后,有多少问号在我脑子里翻腾!我苦于自己政治理论水平太低,逻辑思维能力太差。

(黄宗英《大雁情》)

⑥ ……她做梦也没有想到,几年后,她会有一段最痛心的经历。而其实,她也只是九百六十万平方公里土地上的无数个受害者的一个,所以,至今她并不愿意多提自己在这场浩劫中的不平遭遇,她常用省略号(……)来表达自己这段生活。

(陶寿钧、吴芝麟《"丑小鸭"的故事》)

⑦ 音乐教学 ABC

(标题 《中国教育报》)

⑧ 现代文明的新思想、新道德、新风尚不可能一蹴而就,它只能在与旧的习惯势力作斗争中艰难地前进。关键在于:遇到困难和挫折必须顶住歪风,坚持到底不动摇,回头路是走不得的。知难而行,别打退堂鼓。

(虞兮《别打退堂鼓》)

⑨ 化干戈为玉帛。

例⑤"问号",代指疑问、问题。例⑥"省略号(……)",代指沉默、回避。例⑦"ABC",代指初步(体会)。例⑧"打退堂鼓",指古代官吏停止办公退出大堂时敲鼓。这里代指中途向后退缩。例⑨"干戈"代战争,"玉帛"代和平。

(三) 以专称代泛称。例如:

⑩ 我国科学家不久前在人的大脑中发现了一个和学习、记忆功能有关的新区域,并得到了国际科学界的承认……专家认为,人脑"新大陆"的发现,提供了研究某些学习记忆障碍疾病发病机理的新途径,并将促进老年性痴呆、帕金森氏病等疾病的研究。

(新华社)

⑪ 皇室成员去哪儿实习?威廉王子当了三周"007"

(标题 《扬子晚报》)

据外媒报道,英国的威廉王子在英国情报机构进行了共计三周的实习体验。

⑫ 所谓"另才",粗说起来就是指"不拘一格式的人才"。……对这样的另才,做教师的或当"伯乐"的往往既不能发现、尊重,也不能给予特殊的保护,这往往是教育的悲哀,也是人才的悲哀。

(毛志成《尊重"另才",保护"另才"——兼谈素质教育》)

⑬ 出行列车上"马大哈"多

(标题 《北京晚报》)

例⑩"新大陆",美洲的别称。因系15世纪以后始由欧洲人发现、殖民,相对于他们原先居住的欧洲大陆而言,故称"新大陆"。此处代指重大的新发现。例⑪"007"本是谍战片中情报特工人员的代号,后已成为他们的专称。在现实生活中也用"007"泛称他们。文中说威廉王子当了三周"007",即他当了三周的情报特工人员。例⑫"伯乐",见于韩愈《杂说四》:"世有伯乐,然后有千里马。"伯乐,姓孙名阳,伯乐是字,春秋时秦国人,善于相马。后借指善于识别、发现人才的人。例⑬"马大哈",相声《买猴儿》中所塑造的一个典型的人物,他马马虎虎,大大咧咧,嘻嘻哈哈,故名。后以此代指粗心大意的人。

(四)以特征代本体。例如:

⑭ 高卢雄鸡二度捧杯　格子军团虽败犹荣

(标题 《参考消息》)

⑮ 欧洲红魔惊天逆转　蓝色武士抱憾出局

(标题 《参考消息》)

两篇文章的标题中所说的"格子军团、欧洲红魔、蓝色武士",都是以足球队队员所穿球衣的特征、颜色来代称该国的足球队。"格子军团"指克罗地亚足球队队员,身穿由红白方格组成的花纹的球衣;欧洲红魔为穿红色球衣的比利时队;蓝色武士为身穿蓝色球衣的日本足球队。

(《参考消息》)

⑯ 今天上午,朝阳区飘香饭馆、东城区商委周转房公司材料厂、东城区东直门内大街莱根甜餐馆,被市爱卫会摘去"卫生不合格"黄牌。三单位在市卫生、环境综合整治检查中被挂起"黄牌"公开曝光后,受到极大震动。他们闻过则改,在三天内,干群同上,使卫生面貌有了彻底改观。

(《北京晚报》)

⑰ 来自中央纪委的消息说:自中央纪委去年底开始治理"红包"现象到今年5月底,全国各地干部上缴的"红包"数额已超过亿元。

(《报刊文摘》)

⑱ 日前,江苏省赣榆县又有40名农民工启程赴韩国首尔,当上了"外国研修生",将系统学习淀粉、粉丝生产、加工新工艺及先进的企业管理经验,期限一年,可赚取外汇18万美元。而像这样由外资企业保送到国外研修的"泥腿子",该县已有200人。

[《人民日报》(海外版)]

例⑯"黄牌",体育比赛中,运动员、教练员等严重犯规,裁判员出示黄牌予以警告。后代指警告或警告牌。例⑰"红包",包着钱的红纸包。原多用于馈赠或奖励;现多代指好处费或变相的贿赂。此处代指后者。例⑱"泥腿子",代指农民工。

三、借代的修辞作用

(一) 运用借代可以突出事物的特征、属性,使人获得鲜明、深切的感受。例如:

⑲ 做官和做事相比,做官舒服,也简单。乌纱帽一戴,惊堂木一拍,威风十足。出门有车马,前呼后拥;在朝有权势,巧取豪夺——读书做官,做官享福,这是封建时代做人的最好的选择。

(蒋元明《要做事,不要做官》)

"乌纱帽",帽名。南北朝刘宋时始有此帽,以后各代多为官服。"惊堂木",旧时审案时用以敲击案桌,警戒、威吓被审问者的长方形木块。"乌纱帽一戴,惊堂木一拍",代指做官当老爷。这样的词语可以使人想到高踞于群众之上的官僚,威风凛凛不可一世的样子。

⑳ 陕西省黄龙县机构改革为何遇"红灯"

(标题 《报刊文摘》)

红灯绿灯,指挥车辆通行的信号灯,红灯指示停止,绿灯指示前进。这一交通信号灯是城市居民都非常熟悉的。这里"红灯"代指机构改革进程受阻,给人深刻的印象。

㉑ 上海正成为越来越多的外省市青年人才大显身手的舞台。目前,上海"白领"群落中来自外省市的青年超过8万人。

(《北京晚报》)

"白领",指从事脑力劳动的职员。这一借体给人以形象感,读者眼前仿佛浮现出了这一群体的人们。

有时人们将有关的借代组合在一起,可以起到映照、衬托的作用,所要表述的事物显得形象而深刻,这一用法常见于标题。例如:

㉒ 干部的"嘴"与上访的"腿"

(《经济日报》)

这是一篇评论的标题,讲的是有些地方农村干部"吃请"和用公款吃喝的现象严重,农民深为不满,因而集体上访。"嘴",代指"吃请"和用公款吃喝;"腿",指不顾奔波劳累,前往上级机关反映情况。标题运用借代,不仅表现了褒贬爱憎,而且揭示了二者之间的内在联系,发人深思。

㉓ 光环与镣铐之间

(《法制日报》)

这也是一篇评论的标题,它讲了两个干部由立功受奖到收受贿赂、腐化堕落的过程,并发表议论说:"综观他们蜕变的轨迹,似乎有一个共同的致命伤,即贪欲。""光环",代指荣誉;"镣铐",代指沦为阶下囚。文章运用借代,不能不引起人们的震动。

㉔ "网络佐罗"在行动——记河北科技大学学生社团超限工作室

(《光明日报》)

《佐罗》,是1975年法国所拍电影名,讲一个主持正义、除恶助善的侠义之士的故事。河北科技大学超限工作室的学生们,在网上寻找问题,帮助别人,引导舆情,升华生活,助人是他们最主要的职责。由于网络的真实身份的隐遁,这群人被形象地称为"网络佐罗"。

(二) 运用借代可以使语言不一般化,显得活泼风趣。例如:

㉕ 有一次他到汽车运输队去,何顺刚从外单位调来不久,不认识自己的党委书记,反而把祝同康当成了蹬三轮车的老大爷,拿他取笑着玩:"老大爷,你那三个轱辘的还想跟我们四个轱辘的抢买卖!"

(蒋子龙《赤橙黄绿青蓝紫》)

"三个轱辘的",代指三轮车;"四个轱辘的",代指汽车。这里,不用本体名称,而用车辆的轱辘数代称,"三"比"四"少,当然不是对手。语言新鲜有趣。

㉖ 气温"牛市"只是假象,即将"暴跌"

《扬子晚报》讯:这个清明节(指2019年清明节),江苏的气温是红红火火,昨天(4月7日)更是突破30℃大关,但是气温的"大牛市"只是假象,迎来的将是"暴跌"。预计今天(4月8日)到明天白天,全省有一次明显降水、大风、降温天气。连云港气温下降到10℃左右,后天南京降至16℃,直接从"短袖"切换成"棉服"。

(《扬子晚报》)

该文用股市行情的术语"牛市""暴跌"代称气温上升、下降,又用电视电影制作的术语"切换成"代称"换衣服",语言活泼生动,幽默有趣。

㉗ 济南怪事:"李逵"为"李鬼"开脱
　　企业短见　打假尴尬

(标题　《经济日报》)

报道说的是:有的生产酒水的厂家明明知道自己的产品被人假冒,但不敢承认,生怕一经媒体曝光,反而会使不辨真伪的老百姓产生怀疑,从而影响销量。这种情况使济南技术监督局十分尴尬。"李逵""李鬼",均为《水浒传》人物,"李鬼"冒充"李逵"在当地为非作歹,后碰上了真"李逵",被杀。标题用"李逵"代指生产厂家,用"李鬼"代指假货制造者,不仅文字俭省,而且使市场上的这种怪现象更显得可笑。

(三)运用借代可以使本体具有的某些含义、情味、色彩附着在所指代的借体上,从而丰富了语意,增加了信息含量。这突出地表现在人名的借代上。例如:

㉘"祥子"过节忙坏了

(摄影标题 《北京晚报》)

标题有几句说明:"忙碌的人们终于放下包袱享受七天长假的休闲之乐。昨天晚上,金街人头攒动,汹涌如潮,就连'祥子'也忙得不可开交,前来与他合影的人排起了长长的队伍,长达几十米。""祥子",老舍《骆驼祥子》中的主人公,人力车夫。这里代指当代的三轮车工人。题目运用借代,可以使人将旧社会"祥子"的贫困处境和不幸遭遇,跟现在三轮车工人的幸福生活和受人尊重的社会地位进行对比,从而感受到新社会特别是改革开放以来的巨大变化。

㉙"小拉兹"们的奶奶张淑琴

(标题 《北京晚报》)

报道说:20世纪50年代印度电影《流浪者》中有一句著名的台词:"贼的儿子还是贼。"电影主人公拉兹努力抗争。然而在现实生活中,这样的事屡屡发生。事实证明,罪犯子女是少年犯罪的最高发人群。父母因犯罪入狱后,孩子无人管教,流浪街头,很容易成为犯罪团伙中的一员,沦落成新的罪犯。张淑琴的事业就是收留这些流离失所的罪犯的子女。张淑琴,一级警督,孩子们都亲切地叫她奶奶,关于她的事迹十分感人。报道干脆以"小拉兹"代指"罪犯子女",张淑琴工作中遇到的困难以及这一工作的重大社会意义,从这一名称里全反映出来了。

㉚"三仙姑"卷土重来

(标题 《文摘报》)

报道说:近几年巫医活动在湖北、湖南、山西、山东等20多个省、市、自治区又有重新抬头之势,我国农村巫医目前至少有180万名。他们"绝大多数是不学无术者,76％是文盲、半文盲,64％甚至还有精神疾病!他们所谓的'治病'手段无非是画符、烧纸、驱邪、抽打等"。"三仙姑"是赵树理小说《小二黑结婚》中的人物形象,巫婆,在中国可谓家喻户晓。标题以此代指巫医,其装神弄鬼欺骗人们的丑态、手段,对社会的危害,不用多说,就已表现出来。

㉛ 浙江整治"周扒皮" 为八万职工拿回血汗钱

(标题 《报刊文摘》)

报道说:浙江全省近两个月来严厉整治"周扒皮",516家严重违法的用工单位被处以共计133万余元的罚款。"周扒皮",小说《高玉宝》中的人物,地主老财,残酷而刁滑地压榨农民。标题以此代指严重违法的用工单位,无情地暴露、鞭挞了这些单位的丑恶行径,表现了社会舆论主持正义、维护职工权益的鲜明立场。

四、借代与借喻的区别

借代和借喻都有一个"借"字,这是二者的共同点,即本体都不出现,以借体或喻体代替本体。那么,二者的不同点在哪里呢?关键在于一个是"代",一个是"喻"。借代的借体和本体之间虽然关系密切,但不存在比喻关系;借喻的喻体和本体之间也可以说关系密切,但仅仅是比喻关系。例如:

㉜ 普及工作者若是永远停止在一个水平上,一月两月三月,一年两年三年,总是一样的货色,一样的"小放牛",一样的"人、手、口、刀、牛、羊",那么,教育者和被教育者岂不都是半斤八两?

(毛泽东《在延安文艺座谈会上的讲话》)

例中"半斤八两"是借代,代指"差不多"之类的意思;而"小放牛"和"人、手、口、刀、牛、羊"则是借喻,前者喻指通俗文艺(小型演唱),后者喻指识字课本(初级文化教材)里的汉字。

由于借喻的本体和喻体之间具有某些共同属性或特征,所以借喻往往可以改为明喻,借代则不能。如上例,借喻"小放牛"可以改为明喻"像小放牛那样的通俗文艺";借喻"人、手、口、刀、牛、羊"可以改为明喻"像人、手、口、刀、牛、羊那样的初级教育"。借代"半斤八两"是说彼此一样,这里不能改,要是硬改成"像半斤八两那样的差不多",那就成笑话了。

第三节 比 拟

一、什么是比拟

比拟就是把一个事物当作另外一个事物来描述、说明。人们长期传诵的一些古典诗词的名作名句,很多运用了比拟手法,创造了优美的意境,具有巨大的艺术魅力。例如杜甫《春夜喜雨》:

① 好雨知时节,当春乃发生。
　随风潜入夜,润物细无声。

诗中的"雨"分明是具有灵性的人。春天,万物萌发生长正需要雨水的时候,她就来了。一个"知",多么善解人意。她随着春风悄悄地来到夜幕笼罩下的人间,"潜",不为人们所察觉,也不愿给人们带来纷扰,奇笔。她将绵绵春雨毫无声息地飘向大地,滋润着万物,"润""细",生动感人,多么可爱的大自然的生灵!再如苏轼《水调歌头》:

② 明月几时有,把酒问青天。
　不知天上宫阙,今夕是何年。

诗人举起酒杯,询问青天,月亮是什么时候开始有的。不知道天上的月宫里,今天晚上是一个什么日子。他想象今天一定是一个美好的夜晚,所以月亮才这样亮,这样圆。诗人运用拟人化的手法,把"青天"当作人,把人们带进了一个天人无间浪漫神奇的世界。

二、比拟的类型

(一)拟人。把物当人来描述叫拟人。拟人手法是让物具有人的思想情感、动作神态,其表现形式有:

1. 无生命的事物拟人化。所谓"无生命"主要是指不具有思想感情

活动的事物,不是指科学的、严格意义的无生命。例如:

③ 他(鲁迅)的面孔黄里带白,瘦得教人担心,好像大病新愈的人,但是精神很好,没有一点颓唐的样子。头发约莫一寸长,显然好久没剪了,却一根一根精神抖擞地直竖着。

(阿累《一面》)

④ 我爱你,塞北的雪

(歌名 王德作词,刘锡津作曲)

作者把无生命的雪拟人化,当作有生命的人来写——塞北的雪,"舞姿是那样的轻盈,心地是那样的纯洁,(她)是春雨的亲姐妹,是春天派出的使节"。塞北的雪,"用白玉般的身躯,装扮银光闪闪的世界,把生命溶进了土地,滋润着返青的麦苗,迎春的花叶"。作者笔下的这塞北的雪,是多么可爱可亲、多么纯洁美丽、多么善良、多么令人心醉的女孩儿呀。

⑤ 在太空轨道上运行了 15 年之后,俄罗斯"和平"号轨道空间站今天回家了。

(《北京晚报》)

以上三例都把物当作人来写。例③"头发"是无生命的物,说它"精神抖擞地直竖着"。例④雪是无生命的自然物,这里作者把它当作有生命有感情的、美丽温柔有爱心的少女来写。例⑤"'和平'号轨道空间站"是物,说它"退役"返回地球是"回家"。

2. 有生命的事物拟人化。这里有生命的事物主要指动物、植物。例如:

⑥ 西藏藏北高原无人区科学考察团的野生动物学家,昨天在那曲地区申扎县错鄂湖上首次发现,5 万多只迁徙渔鸥密密麻麻地占据在 4650 平方米的沙砾地面上,"生儿育女"繁衍后代。

(新华社)

⑦ 在南京大学学习汉语的意大利学生大明说:"老师,蚊子和我们住在一个房间里,可是它们却不交房费。"

⑧ 大树穿"盔甲"

(标题 《北京晚报》)

⑨ 建宁西路过江通道怎么施工？先要江豚"点头"①

(《扬子晚报》)

这四例，都是把有生命的物当作人来写。例⑥"渔鸥"是动物，说它们繁衍后代是"生儿育女"。例⑦"蚊子"是昆虫，把它当作人来说，说它与"我们"同住却"不交房费"。例⑧是说北京郡王府广场新移植来71棵油松、雪松等常绿大树，生长年限都在20年以上。为了使这批树能安全过冬，所以用钢管、竹席等为每一棵大树搭建了挡风棚。此例说大树同人一样，为了御寒，穿上了"盔甲"。例⑨完全把江豚当作人来写，怎么施工要它"点头"同意才行。

3. 抽象的事物拟人化。例如：

⑩ 一眼望去，疏疏的林，淡淡的月，衬着蔚蓝的天，颇像荒江野渡光景；那边呢，郁丛丛的，阴森森的，又似乎藏着无边的黑暗：令人几乎不信那是繁荣的秦淮河了。

(朱自清《桨声灯影里的秦淮河》)

⑪《当幸福来敲门》

(威尔·史密斯演的一部美国电影)

⑫ 教材——让历史告诉未来

(小标题 宋君颖《历史巨片形象教材——评影片〈巍巍昆仑〉》)

例⑩"黑暗"是抽象事物，此例说它能像人一样"藏着"。例⑪"幸福"也是个抽象的词，这是把它拟人化，说"幸福"可以有人的动作"敲门"。例⑫"历史""未来"都是抽象事物，此例让前者"告诉"后者。

⑬ 凡真理都不装样子吓人，它只是老老实实地说下去和做下去。

"吓人""说""做"，都是人的动作行为，这里把抽象的"真理"比拟为人，具有了人的心理和动作。

⑭ 道家和道教的精神是什么呢？季老(季羡林)说："我觉得'顺其自然'最有道理，不能去征服自然，自然不能征服，只能天人合一。

---

① 文中讲在南京建宁西路建造通过长江的江底隧道，不能惊扰濒临灭绝的长江水生动物江豚，一定要采取能保护好它们的施工方案。

要跟自然讲交情、讲平等、讲互相尊重,不要讲征服,谁征服谁都是不对的。"

"自然"是抽象的事物,我们跟它"讲"交情,把它也当成了人、当成了朋友。

(二) 拟物。把人当作物或者把某种物当作其他物来描述叫拟物。拟物手法是让被拟物具有新的寓意、色彩,其表现形式有:

1. 人拟为物。例如:

⑮ 是什么风把你吹来了?

⑯ 我们到了一个地方,就要同那里的人民结合起来,在人民中间生根、开花。

(毛泽东《关于重庆谈判》)

⑰ 荷叶下面,有一个人的脸,下半截身子长在水里。

(孙犁《荷花淀》)

例⑮"你"被视为可以被风吹动之物,所以说"吹来"。例⑯是把人(我们)当作物(种子)来写,所以说"(在人民中间)生根、开花"。例⑰是把人的"下半截身子"当作植物的干、茎来写,所以说"长在水里"。

2. 一种物拟为另一种物。例如:

⑱ 在我的房间外面,有一段没有被屋瓦遮掩的蓝天。我抬起头可以望见嵌在天幕的几颗明星。我常常出神地凝视那些美丽的星星。

(巴金《星》)

⑲ 月亮一露面,满天的星星惊散了。

(杨朔《金字塔夜月》)

⑳ 崇明岛越"长"越大

(标题 《人民日报》)

例⑱把"明星"当作宝石之类的物来写,把"苍穹"也当作舞台之类的物来写,所以说"嵌在天幕"。例⑲把"星星"当作有生命的物来写,所以月明星稀时,说它被月亮"惊散"。例⑳是指崇明岛由于泥沙淤积,面积在不断扩大。此例将土地当作有生命的物来写,说它"越'长'越大"。

3. 和人有关的抽象的事物拟为另一种物。例如:

㉑ "宝宝"都上山了,老通宝他们还是捏着一把汗。他们钱都花光

了,精力也绞尽了,可是有没有报酬呢,到此时还没有把握。

(茅盾《春蚕》)

㉒ 此后,每当我看到您在沉思时脸上露出幸福的微笑,我就知道,您又在重温同志的信任和爱,用它给自己的信仰淬火加钢……

(陶斯亮《一封终于发出的信——给我的爸爸陶铸》)

㉓ 有人似乎认为一不怕苦、二不怕死这种精神,这个口号已被充满诱惑的市场经济所冲淡,不再具有鼓舞力量,但事实再一次证明,我们的人民,我们的军队就是靠这种不怕苦、不怕死的拼搏精神扭转了局面,没有重陷解放前洪灾肆虐的困境。

(王玉芳《冲不垮的堤坝》)

例㉑"精力"被当作物来写,所以说"绞尽"。例㉒"信仰"被当作物来写,所以说给它"淬火加钢"。例㉓"一不怕苦、二不怕死"这种"精神",这个"口号"被当作物来写,所以说它似乎被"冲淡"。

三、构成比拟的几种方式

(一) 把适用于人或其他物的动词性词语用于被比拟的事物,使具有前者的动作、行为。例如:

㉔ "熊猫"在沪跟"白猫"斗法

(标题 《北京晚报》)

㉕ 电视机如何"避暑"

(标题 《报刊文摘》)

㉖ 最后还是风认输了,渐渐地平静下来,(周恩来)总理举起拳头呼口号:"奋发图强,自力更生,重建家园,发展生产!"

(《光明日报》)

例㉔是说北京生产的"熊猫"洗衣粉等产品打入上海,与上海生产的"白猫"等产品在质量、减少污染等方面比试,争夺市场。"斗法",是用于人或动物的动词。例㉕是说夏季如何保护好电视机,避免损坏。机器跟人一样,要求"避暑"。例㉖把人具有的"认输"的心理反应、动词,用在自然现象"风"上。

㉗ 村子里到处覆盖着厚厚的白雪。沟沿的那棵老榆树上,聚集着许

多麻雀,唧唧喳喳地叫着,像是在讨论雪天里到哪儿才可以找到食物。

(荆永鸣《坐席》)

动词"讨论"本来是人类的事儿,这里用在麻雀身上。

(二)把适用于人或其他物的形容性词语用于被比拟的事物,使具有前者的特征、情状。例如:

㉘ 清晨,天有点儿阴,清除废墟的起重机,已经在火车站广场的两侧轰轰隆隆工作,不时吊起一块块形状狰狞的楼板。

(钱钢《唐山大地震》)

㉙ 风一吹,朵朵白云从我身边飘浮过去,眼前的景物渐渐都躲到夜色里去……山头上忽然漫起了好大的云雾,又浓又湿,悄悄地挤进门缝来……

(杨朔《泰山极顶》)

例㉘把砸坏的"楼板"当作怪物来写。"狰狞",形容词。例㉙把"云雾"当作人来写,具有人的"挤"的意识和动作,还有人的情态,"悄悄",副词。

(三)把适用于人或其他事物的名词性词语用于被比拟的事物,使具有前者的特性、状况。例如:

㉚ 高尔夫球一向被人认为是地道的外国玩意儿,但一位中国人在一篇论文中却提出确凿的证据,证明高尔夫球的"祖籍"在中国。

(《中国体育报》)

㉛ 近年来,享有"樟树之乡"美称的江西省安福县,严格管理和保护宝贵的樟树资源。县林业局在有关单位的大力协助下,对全县数万棵樟树进行全面普查,给每一棵成材樟树编号存档,建立"户口",重点保护。

[《人民日报》(海外版)]

例㉚把"高尔夫球"当作了人。"祖籍",名词。例㉛将"樟树"当作了人。"户口",名词。

(四)让"物"直接作为"人"说话。这突出地表现在拟人化手法的作品中。例如《大公鸡悲喜剧》中开头的三段:

㉜　太不自由了！有这么养鸡的吗？一年到头关着，不许出去遛遛，还大队鸡场呢，会养鸡吗？

　　喔，活了几百天，没过一天好日子。那么小块地儿，几百只鸡搁一块儿，一个挨一个，身儿都转不开。说北京王府井挤，上海南京路挤，跟我们比比，算个屁！咯咯咯，咯咯咯，吵得脑浆子疼，简直活要命！没法儿不神经衰弱。

　　好不容易长到一斤多吧，生死关头来啦！十个母鸡才留一个公鸡，十比一呀，剩下的全处理啦！喔，我的那些哥儿们哟，从此天各一方，不知是死是活，八成儿都进了宰鸡场。听说有那种罐头厂，惨无鸡道，专门做"辣子笋鸡"。净挑一斤多的嫩公鸡呀！还嚷嚷"保护妇女和儿童合法权益"呢，杀童子鸡，怎么就没人管哪？

　　　　　　　　　　　　　　　　　　（谌容《大公鸡悲喜剧》）

㉝　大家好，我叫四铢钱范，来自汉代，是专门为了生产钱币而生……没错，我就是你们所说的印钞机。

　　　　　　　　　（宋美娟《我是两千年前的印钞机》，《光明日报》）

这里，作者用拟人的手法将无生命的四铢钱范赋予人的生命，以第一人称的口吻，讲述出土于山东省胶州市法家大村、现胶州博物馆镇馆之宝的西汉时的四铢钱范的前世今生及我国 2000 多年前的钱币政策。

四、比拟的修辞作用

（一）运用比拟由于把物当成了人，所以显得风趣幽默。例如：

㉞　滇金丝猴北京生儿育女

　　北京动物园人工繁育成功的小奔奔今天开始亮相

　　　　　　　　　　　　　　　　　　（标题　《北京晚报》）

"生儿育女""亮相"通常用于人类，这里把金丝猴繁衍后代、公开展出，分别称作"生儿育女""亮相"，颇有情趣。

㉟　土拨鼠学名叫旱獭，喜以植物为食，由于对庄稼有一定的危害，20 年前还被当作"有害动物"而遭"通缉"。但时过境迁，如今获得"平反"的这些小东西，在中欧地区已被列入受严格保护的动物种类名单。

　　　　　　　　　　　　　　　　　　　　　　　　（《文摘报》）

"通缉""平反",这都是用于人类社会的字眼,现在用于土拨鼠,语言生动。

㊱　　我已经四十多的人了,他倒叫我做"年轻人"。因为他叫得我怪稀奇的,我也就大胆地跟他开了一句玩笑:
"'年轻人'这三个字离我已经二十个年头啦!"

(碧野《迷人的排湖》)

"离",一般都是指人的动作,这里用于"'年轻人'这三个字",将它视为有思想情感的人,颇为诙谐。

(二)运用比拟,人们常常将自己的褒贬爱憎寄托在被比拟物上,所以要表达的内容常常带有鲜明的感情色彩。例如:

㊲　海外漂泊140多年　圆明园三国宝回故乡

(标题　《北京晚报》)

报道讲的是青铜牛首、猴首、虎首三件国宝"漂泊"海外,历尽沧桑,长达140多年,现在终于返回故乡。标题将国宝当作归来游子,充满了喜悦与感慨。

㊳　一曲"灯塔"沉冤30年

(标题　《文摘周报》)

报道讲的是一首革命歌曲被停唱了30年的事实。"你是灯塔,照耀着黎明前的海洋;你是舵手,掌握着航行的方向……"这首歌曾唱遍大江南北,长城内外。1949年10月苏联一代表团前来访问,其中有人说"灯塔"这首歌像苏联的一首悼歌,于是它因有"抄袭"嫌疑待查而停唱。直到1980年才否定"抄袭"说,肯定了这是作者的创作,彻底地平了反。标题将歌曲当作人,说它"沉冤30年",表现了委屈不平之情。

㊴　野生大熊猫　为求爱苦守9昼夜　体力严重透支仍奋勇搏斗赶走"第三者",最终赢得"美人"芳心

(《扬子晚报》)

记者报道陕西秦岭佛坪国家级自然保护区一雄性大熊猫为"求爱",在雌性大熊猫的树下守候了九昼夜终成功(从3月21日至30日),雄雌两个大熊猫聚在了一起。此时雌性大熊猫千娇百媚,温情脉脉,然而雄性大熊

猫表现出力不从心,我们由此判断它们已经完成了它们生命中最美好的时刻。雌雄熊猫过了九天才走进"二人世界",主要因为它们发情不同步造成的,它们后来的交配应该是自愿的。记者把熊猫当作人来写,文字优美、爱怜之情尽现。

㊵ 列车开出去很远,静寂的空气里隐约还可以听到车轮在铁轨上转动的声响,尖细的汽笛声回荡着,好像在殷切地叮咛我们什么,又像是用依依不舍的心情祝福着我们这次深入草原腹地的旅行。

(萧乾《草原即景》)

文中把汽笛声比拟为人的话语,它"殷切地叮咛",又用"依依不舍的心情"来"祝福"。这些充满了人类情感的用语,深切地表达着作者所眷恋的亲情。

(三)运用比拟,抽象的东西被当成具体的东西,没有生命的东西被当成有生命的东西,所以用于说理更容易为人们所理解、接受。例如:

㊶ 怕得罪人,无非是怕丧失选举票,还怕工作上不好相处。你不投我的票,我就吃不了饭?没有那回事。其实,你讲出来了,把问题尖锐地摆在桌面上,倒是好相处了。

(毛泽东《在中国共产党全国代表会议上的讲话》)

此例抽象的"问题"当成了具体有形的事物,说把它"摆在桌面上"反而会怎么样,通俗显豁,使人心服。

㊷ 一个地球,一块地,一个星球,一片天。海水没有边界地来回流动,空气不用签证地进进出出。环境保护,不仅需要各国自己的努力,还需要加强国际合作,靠大家共同努力来解决。

(李瑞环会见出席二十一世纪论坛外方代表的谈话)

此例把"海水""空气"当成人,不受约束的人,从而论证了环境保护"加强国际合作"的必要性,风趣而有说服力。

㊸ 木偶戏姓木不姓电

(标题 《文摘报》)

此例说的是木偶戏应处理好传统与创新的关系,不应过分运用声光设计,使木偶表演技巧处于从属地位,从而失去这一传统艺术的特点。标题将木偶表演艺术当成人,并且就"木偶戏"的名称说它姓"木"不姓"电",巧妙自然,很有道理。

五、比拟和比喻的区别

比拟和比喻是两种不同的修辞格,有时不易分清。比喻的本体和喻体有着相似关系,通过喻体的描述、说明,可以更好地理解本体。喻体,用来作为比喻的事物总是要出现的,不出现便难以构成比喻。比拟不同。它是把物当作人来写,或者是把人当作物、把某种物当作其他物来写,被比拟的事物和用以比拟的事物已经融为一体,用以比拟的事物一般并不出现。请看下面的例子:

㊹ 就在这深沉寂静的空间里,老水牛爷爷的影子,出现在我的面前了:一副古铜色的脸孔上,镶着一双亮光闪闪的眼睛,尖尖的下巴上,飘拂着一部苍白的络腮大胡须。高高的个子,宽宽的肩膀,说起话来,声音像洪钟一样的响亮……

(峻青《老水牛爷爷》)

"镶",比拟词语。"一双亮光闪闪的眼睛"被当作了宝石一类的物来写,二者已融合在一起。用以比拟的"宝石"一类事物并未出现。"声音像洪钟一样的响亮",比喻。本体为"声音",比喻词和喻体为"像洪钟一样的响亮"。这是明喻,三者都出现了。

㊺ 我仔细打量着我面前这个老医生的脸。他前额很宽(使人想起列宁的前额),额头上清晰地刻着三条深深的皱纹,皱纹里似乎藏着严峻的经历和饱经沧桑的折磨。他喜欢皱眉,当我目光射向他的时刻,他那双灰白间杂的眉毛正皱在一起,目光在我脸上滚来滚去。虽然,他嘴角浮现着一丝微笑,但那满头银发,那如火的目光,仍然使人想起法庭上的法官。

(丛维熙《献给医生的玫瑰花》)

"刻",比拟词语。"三条深深的皱纹"被当作雕刻的物体(如花、动物等)来写,二者已融合在一起。用以比拟的"被雕刻的物体(如花、动物等)"并未出现。"藏",比拟词语。"严峻的经历和饱经沧桑的折磨"被当作藏匿物来写,二者也已融合在一起。用以比拟的"藏匿物"并未出现。"滚来滚去",比拟词语。"目光"被当作了可以滚动的物体来写,二者也同样融合在一起,用以比拟的"可以滚动的物体"并未出现。"如火的目光"是比喻。这里的"目光"为比喻的本体;比喻词和喻体为"如火"。这是明喻,三者都出现。

第四节 夸 张

一、什么是夸张

夸张又称夸饰、铺张、饰词、增语、扬厉、形容。它出于表情达意的需要,对描述的客观事物故意"言过其实",加以夸大或缩小。

刘勰《文心雕龙·夸饰》曾对夸张进行精辟的论述:"至如气貌山海,体势宫殿,嵯(cuó)峨(é)揭业,熠(yì)耀(yào)焜(kūn)煌之状,光采炜炜而欲然,声貌岌岌其将动矣。莫不因夸以成状,沿饰而得奇也。……辞入炜烨(yè),春藻不能程其艳;言在萎绝,寒谷未足成其凋;谈欢则字与笑并,论戚则声共泣偕,信可以发蕴而飞滞,披瞽(gǔ)而骇聋矣。"大意是说,至于描摹山海的气派形状,宫殿的格局气势,或突兀高耸,或灿烂辉煌,光彩闪耀像是要燃烧,气势巍峨有如在飞动。这没有不借助于夸张来构成引人注目的形状,没有不运用增饰来取得奇突的效果的。……描写华采,春花不能比它更鲜艳;摹述枯萎,荒寒的山谷不能比它更凋败;谈起欢乐,字里行间也洋溢着笑意;说到哀伤,声音里面也带着抽泣。实在可以显露内心的隐秘,让郁积的感情腾飞起来,具有使盲人开眼的光耀、使聋子震惊的声音了。

周振甫在谈到抒情诗的夸张时,曾经做了深刻的分析,对我们理解夸张这一修辞格很有帮助。他说:"抒情诗里往往运用夸张手法,说出事实上绝对不会有的事,诗人却通过它来抒写极为深刻的感情。由于感情是真切的,所以这些事实上不会有的话也变成合理的和真实的了。用现在的话来说,就是艺术的真实不同于生活的真实,由于艺术是从生活中高度概括来的,所以比生活更集中,更高。"(《诗词例话·夸张》)夸张,可以突出事物的本质特征,引起人们丰富的联想和想象,使人们对客观事物有更为深切的感受,激起强烈的共鸣。它源于生活真实,又胜似生活真实,能提高语言表达的修辞效果。

夸张作为一种修辞手段,先秦著作中已广泛使用。例如:

① 崧高维岳,峻极于天。

（《诗经·大雅·崧高》）

② 亦余心之所善兮,虽九死其犹未悔。

（屈原《离骚》）

③ 肩高于顶,颐隐于脐。

（《庄子·人间世》）

秦汉以后历代的诗词、散文中夸张手法更是常见。例如:

④ 哙遂入,披帷西向立,嗔目视项王,头发上指,目眦尽裂。

（《史记·项羽本纪》）

⑤ 白发三千丈,缘愁似个长。不知明镜里,何处得秋霜。

（李白《秋浦歌》）

⑥ 玉露凋伤枫树林,巫山巫峡气萧森。江间波浪兼天涌,塞上风云接地阴。

（杜甫《秋兴》）

⑦ 羽扇纶巾,谈笑间,樯橹灰飞烟灭。

（苏轼《念奴娇》）

二、直接夸张和间接夸张

夸张从不同的角度可以进行不同的分类。直接夸张和间接夸张是从形式着眼的分类。

(一) 直接夸张。直接夸张就是不借助于其他修辞格的夸张,也称作单纯夸张或自身夸张。例如:

⑧ 他永不相信靠一次蚕花好或是田里熟,他们就可以还清了债再有自己的田;他知道单靠勤俭工作,即使做到背脊骨折断也是不能翻身的。

（茅盾《春蚕》）

⑨ 我发烧,烧得厉害,这头上放壶水都能烧开。

(电视剧《闯关东》中三儿子朱传文装病时说的话)

⑩ 孟蓓当然深深地爱上了那个"大块头"辛小亮,可到底是从哪一天开始的? 她也说不上。也许,是在火车上,第一次见面,听了他那些让人笑破肚皮的谈话之后?

(陈建功《丹凤眼》)

⑪ 亲爱的南宇,今天我们就能见到姜古迪如冰川了。昨天我们翻了九座山梁,幺妹鲜红说:累得嫌耳朵多余,割下来的心思都有。现在我们听着老阿爸边走边念叨着藏族佛教中的六字真言,被前面的神秘牵着。姜古迪如冰川,你到底是什么样?

(杨波《倾听中国 走向正在消逝的冰川——寄自长江源的家书》)

⑫ 江苏句容天王镇浮山300亩的巨幅"芝樱花毯",芝樱花粉艳绽放,把这里装成浪漫唯美的"梦幻仙境",当真是美到窒息!

(《美到窒息!句容"芝樱毯"绽放》,《扬子晚报》)

例⑧"即使做到背脊骨折断也是不能翻身的",例⑨"头上放壶水都能烧开",例⑩"让人笑破肚皮的谈话",例⑪"累得嫌耳朵多余,割下来的心思都有",例⑫"美到窒息",都是独自运用夸张修辞格,所以是直接夸张。

(二)间接夸张。间接夸张就是通过与其他修辞格结合进行的夸张,常见的是比喻,实际上是一种比喻性夸张。例如:

⑬ ……于是老通宝去找那黄道士详细问过了以后,便又和儿子阿四商量把茧子弄到无锡脚下去卖。老通宝虎起了脸,像吵架似的嚷道:

"水路去有三十多九①呢! 来回得六天! 他妈的! 简直是充军! 可是你有别的办法么? 茧子当不得饭吃,蚕前的债又逼紧来!"

(茅盾《春蚕》)

⑭ 他见我挨他坐下,立即张皇起来,好像他身边埋下了一颗定时炸弹,

---

① 老通宝乡间计算路程都以"九"计,"一九"就是九里,"十九"就是九十里,"三十多九"就是三十多个"九里"。——作者原注

局促不安,掉过脸去不好,不掉过去又不行,想站起来又不好意思。

(茹志鹃《百合花》)

⑮ 将军下了飞机。他仍然像当年一样神采奕奕,红脸膛,眼睛炯炯发光,身材魁梧得像一架起重机,挺着胸脯,络腮胡子刮得铁青,军衣的一条空袖子,在风中飘动。

(碧野《将军和"报春早"》)

⑯ (虹)花雨霏微
洒下一片湿气
成吉思汗拉开的巨弓
从蓝天降于大地
一个两岁的诗人
手握牧羊鞭
为了寻找那弓弦
呼喊着奔去。

(纳·乌力吉德力格尔《献给大自然的歌——虹》,《光明日报》)

例⑬"充军",封建时代的一种流刑,把罪犯押解到边远地方去当兵或服劳役。"简直是充军",有"简直像充军那样受苦"的意思。例⑭"好像他身边埋下了一颗定时炸弹",例⑮"身材魁梧得像一架起重机",都是比喻性夸张。例⑯"成吉思汗拉开的巨弓,从蓝天降于大地"也是比喻性的夸张,草原雨后的虹像巨弓,巨弓有多大?"从蓝天降于大地"。

夸张也有和其他辞格结合在一起运用的,这种情况较少。如:

⑰ 每次介绍人登门,总让辛小亮给喧走。他妈不知为这跟他抹过多少回眼泪,生过多少回气。有一回,他烦了:"妈,您别说啦,我这耳朵都起茧子了!我去见一面还不行!"

(陈建功《丹凤眼》)

"茧子",手掌或脚掌上因摩擦而生成的硬皮,也作趼(jiǎn)子或老趼。"耳朵都起茧子了",这是把声音比拟作可以摩擦的物,并作了夸张。

三、扩大夸张和缩小夸张

从内容着眼,夸张可以分为扩大夸张和缩小夸张。

古人在这两种夸张的运用上都已十分娴熟,无论扩大夸张还是缩小夸张,都能给人以神奇的新意。如孟子说"挟泰山以超北海",项羽高歌"力拔山兮气盖世",《汉书·王莽传》里讲"强者占田以千数,弱者无立锥之地"。

(一)扩大夸张。扩大夸张是把事物的某种属性加以放大。例如:

⑱ 于是,中国大地上展开了一场长达 8 年之久的反抗与斗争,我们的每个人发出的最后的吼声,最终卷起了人民战争的排天巨浪,将侵略者埋葬在汪洋大海之中。

(王怀让《中国的第三道长城》)

"排天巨浪""汪洋大海",极言人民战争的巨大威力。这是把声势、力量往大里说。

⑲ 人们啊,往往如此,有时在一起工作几十年,却依然形同陌路;有时,才碰头,就好像几辈子之前就相知了。

(黄宗英《大雁情》)

"几辈子之前就相知",极言"相知"之早。这是把时间的久远往大里说。

⑳ 平素,也许她仰起头就能看见她的丈夫,也能看见她的孩子;而那攀登在山与天相接之处的丈夫,也许在擦汗水的工夫,一转眼就看见妻子坚毅的身影和孩子小小的身材了。

(杜鹏程《夜走灵官峡》)

"攀登在山与天相接之处",极言攀登之高远。这是把高度往大里说。

(二)缩小夸张。缩小夸张是把事物的某种属性加以缩小。例如:

㉑ 瀑布在襟袖之间;但我的心中已没有瀑布了。我的心随潭水的绿而摇荡。

(朱自清《温州的踪迹》)

"瀑布在襟袖之间",极言自己和瀑布挨得很近。这是把空间距离往小里说。

㉒ 这山峡,天晴的日子,也成天不见太阳;顺着弯曲的运输便道走去,随便你什么时候仰面看,只能看见巴掌大的一块天。

(杜鹏程《夜走灵官峡》)

"只能看见巴掌大的一块天",极言可以看见的天空很窄。这是把视野往小里说。

㉓ 他总是不按时赴约,总是那么忙。连眼镜框上的积垢和眼镜片上的灰尘都没有时间擦拭。

(王蒙《风筝飘带》)

"连眼镜框上的积垢和眼镜片上的灰尘都没有时间擦拭",极言工作忙碌。这是把时间往少里说。

四、夸张的修辞作用

(一)刻画人物,印象强烈。例如:

㉔ 我开始惊异于他们的脸。从来没有看见过,这么严肃的脸,有如昆仑的耸峙,这么郁怒的脸,有如雷电之将作;青年柔秀的颜色退隐了,换上了壮士的北地人的苍劲。他们的眼睛冒得出焚烧掉一切的火,吻紧的嘴唇里藏着咬得死生物的牙齿,鼻头不怕闻血腥与死人的尸臭,耳朵不怕听大炮与猛兽的咆哮,而皮肤简直是百炼的铁甲。

(叶圣陶《五月卅一日急雨中》)

"这么严肃的脸,有如昆仑的耸峙,这么郁怒的脸,有如雷电之将作""眼睛冒得出焚烧掉一切的火,吻紧的嘴唇里藏着咬得死生物的牙齿""皮肤简直是百炼的铁甲",这一连串的夸张性比喻生动逼真地勾画出了人们的愤怒与仇恨。

㉕ 他蓦地一声狞笑,跳起来抢到书桌边,一手拉开了抽屉,抓出一枝手枪来,就把枪口对准了自己的胸口。他的脸色黑里透紫,他的眼珠就像要爆出来似的。

(茅盾《子夜》)

"眼珠就像要爆出来似的",透过心灵窗户——眼睛的夸张性描写,人们仿佛看到了人物处于穷途末路时的绝望和疯狂。

㉖ 这个"弄潮儿"在旱地上好像不会走路,总是拔起腿来就连颠带跑,赤着那双能啃石头的硬脚板,在狭谷之间的芙蓉河岸,像野马

一样抖鬃扬蹄。

（丛维熙《洁白的睡莲花》）

"赤着那双能啃石头的硬脚板"，作家并没过多的描绘，只是略略点染，这个风里来雨里去粗壮坚实的船家姑娘，已经给人留下了鲜明的印象。

㉗ 你的胸怀竟如此宽广，抱住了一个月亮；你的长裙拖着红霞，从凉山飞到北京的舞台上。

（梁上泉《月亮里的声音——给彝族月琴手沙玛乌兹》）

女月琴手怀抱着乐器表演引起了作者新奇的想象、大胆的夸张，刻画人物的胸怀宽广，竟"抱住了一个月亮"。

（二）描述事物，感受深切。例如毛泽东《十六字令》其一：

㉘ 山，
快马加鞭未下鞍。
惊回首，
离天三尺三。

这首小令写于1934年到1935年的长征行军途中。"惊回首，离天三尺三"，这一夸张性的描写，表现了山峰之高之险，从而反映了红军二万五千里长征的艰苦卓绝，给人们以强烈的艺术感染。

㉙ 下午三点钟光景，人像快要干死的鱼，张开了一张嘴……
……
你汗也流尽了，嘴里干得像烧，你手里也软了，你会觉得世界末日也不会比这再坏。

（茅盾《雷雨前》）

"人像快要干死的鱼，张开了一张嘴""嘴里干得像烧""你会觉得世界末日也不会比这再坏"，这些夸张性描述，充分表现了雷雨之前令人难以忍受的闷热。

㉚ "啪！啪！"两颗信号弹划过夜空，发射进入30分钟倒计时。发射架上的工作人员开始撤离，长长的车队从发射架方向疾驶过来，在黑夜中连成了一条火龙。"地下室还有人没有？观察室还有人

没有?"工作人员手持对讲机在广场上高声询问。凛冽的寒风紧张得凝固起来。

(杨健《新的跨越——我国载人航天工程首次飞行试验侧记》)

"凛冽的寒风紧张得凝固起来",这是夸张,它使人们真切地感受到了发射场上人们那种极度兴奋而又担心不安的心情。

㉛ 这两点一确定,气得办案人员火冒三丈,堂堂两个身居要职的共产党员,竟置党和人民的利益于不顾,如此肆无忌惮地与走私犯沆瀣一气,成了赖昌星一伙的看家狗!

(张贤华等《风暴——查处厦门特大走私案纪实》)

"气得办案人员火冒三丈",表现了办案人员的极度愤怒,表现了他们疾恶如仇的正义感。

㉜ 面对东北角
早已义愤填膺
我拉圆
大地的弓。

(塞风《弓》)

例㉜是继东三省沦陷之后,1937年又发生了日军侵华的"七七事变",当时只有16岁的河南诗人塞风,写下了这令人震撼的诗句。"拉圆大地的弓",这夸张的诗句,表达了不屈的中国人抗日到底的决心和力量,曾打动了许多人。

(三)语言有味,引人入胜。例如:

㉝ 新年一过,各个地方开始忙着"办实事",一般要办10件、20件或几十件不等的实事。办事总比不办事好,办实事总比办虚事好,办事多总比办事少好。老汉我就喜欢那些办实事的同志哥,一看见他们就从心眼里头乐开了花,笑得嘴都合不拢。

不过,办实事就办实事吧,不一定整天把"办实事"挂在嘴边,吵吵嚷嚷地让满世界都知道同志哥在"办实事"呢。

(苏文洋《"办实事"正反问》)

"从心眼里头乐开了花""笑得嘴都合不拢""吵吵嚷嚷地让满世界都知道同志哥在'办实事'呢",均为夸张,笔调轻松活泼,饶有趣味。

㉞ 眼看快过年了,大李特别忙。倒不是忙着过年,他连年都顾不上过了,一天几趟地往医院跑,那嘴呀,都咧到耳朵根儿啦。原来,妻子一"努力",给他们家添了一位"小龙女"。这回,大李那龙子龙孙的情结终于得到了满足,他说:"我就属龙的,咱孩子也属龙,都是龙的传人呐。"

(扬威《腊月盘点龙子龙孙》)

"那嘴呀,都咧到耳朵根儿啦",夸张手法。它表现了人物喜添"小龙女",父女均为"龙的传人"的喜悦。语言幽默风趣。

㉟ ……母亲问我中午都吃了什么,是八个碟子还是八个碗儿。

我说是四个碟子,四个碗儿。

母亲问,有三尖吗?

"三尖"就是把带着肉皮的猪肉切成三角块儿,在碗底下垫上三角形的土豆块儿,加好各种作料,放在锅里,蒸熟。一块儿入口,满嘴是油,能香你一个跟头。这是硬菜。

(荆永鸣《坐席》)

"能香你一个跟头",夸张得有趣,肉的香味能让你摔倒在地,香之极,香得多么神奇。

㊱ 西瓜节、芝麻节都找到了,就是鸡毛节、蒜皮节还没查到……

(漫画中人物语,华君武)

画面为两位老人在愁眉苦脸地查阅《中国现代节日大辞典》。漫画讽刺现在的节日太多、太滥,一些"鸡毛蒜皮"之类也随便给定了节。漫画家把节日之多需要"编纂"一部名之为《中国现代节日大辞典》的工具书,而且把某些节日称之为"鸡毛节""蒜皮节",构思巧妙,词语风趣而含锋芒。

㊲ 程老说:"你肚子里的怨气都快引爆一颗原子弹了。你这样的怨气是错的。"

(电视剧《假如生活欺骗了你》第28集)

这是剧中老革命程老对因没当上副局长而生气的女婿的批评。语言极有分量,也不失风趣和锋芒。

五、夸张要注意的问题

虽说夸张是对描述的客观事物故意"言过其实",但也要有客观基础,要有事实依据,而且要有节制,掌握一定分寸。西晋文学理论家挚虞说:"夫假象过大,则与类相远;逸辞过壮,则与事相违。"(《文章流别论》)他认为虚构的形象过分夸大,就会和事物距离过远;超逸、夸张的言辞过火,就会和事物背离。鲁迅在谈到漫画的夸张时告诫人们:"漫画虽然有夸张,却还是要诚实。'燕山雪花大如席',是夸张,但燕山究竟有雪花,就含着一点诚实在里面,使我们立刻知道燕山原来有这么冷。如果说'广州雪花大如席',那可就变成笑话了。"(《漫谈"漫画"》)这些是我们应该记取的。下面的例子不妥当:

㊳ * 她蹲下身来,问道:"你们为什么住在这里,你们的家呢?"哪料到,这一问,所有的孩子们都仰起几乎看不见肤色的小脸,齐声道:"我们没有家!""你们吃饭了吗?"这一次娃娃们更是回答得山呼海啸,包括那位正抱着捡来的剩饭盒的男孩也加入行列:"我们没吃——"

前面曾讲到孩子共五六人。"这一次娃娃们更是回答得山呼海啸"——这么几个人的声音竟然有如"山呼海啸",夸张失实了。

㊴ * 话还没出口,那车猛地向右一拐,"吱"的一声停在了路边,幸亏我反应快车闸灵,否则非让它别倒不可。我倒吸了一口冷气,心腾地一下窜到了嗓子眼儿,要不是有舌头挡着非蹦出来不可。还没等我回过神来,车上的售票员又对着扩音器发出了炸雷般的揽客声:"张庄李店小马场,两块一位两块一位!"这声音直刺耳膜,惊得我头皮发炸。

"心腾地一下窜到了嗓子眼儿",这是感觉的夸张,并非实写,所以下面说"要不是有舌头挡着非蹦出来不可"。"这声音(炸雷般的揽客声)直刺耳膜,惊得我头皮发炸","炸",表示突然破裂、爆破轰炸、因愤怒而激烈发作、因受惊而四处乱逃等意思,这里这样用于夸张,令人费解。

第五节 双　关

一、什么是双关

双关就是借助于语境的特定条件,故意让语句表面上说的是一个意思,实际上说的是另外一个意思,即所谓言在此而意在彼。后一个意思往往是主要的。

双关是一种传统的修辞手法,南朝民歌中就已广泛运用,多表现男女之间的爱情。如以"莲"双关"怜",以"丝"双关"思"等。诗人、作家汲取民间文学创作的营养,在自己的创作中也采用这一手法。唐代诗人刘禹锡的《竹枝词》就是广为传诵的一首:

① 杨柳青青江水平,闻郎江上唱歌声。
　 东边日出西边雨,道是无晴却有晴。

竹枝词是流行于巴渝(今四川东部)一带的民歌,此为刘禹锡任夔州刺史时的拟作。它表现一名初恋少女的不安心态。其中"晴"双关"情"。古代文学作品中,其他体裁运用双关的也不少。例如:

② 孔明曰:"连日不晤君颜,何期贵体不安?"瑜曰:"'人有旦夕祸福',岂能自保?"孔明笑曰:"'天有不测风云',人又岂能料乎?"瑜闻失色,乃作呻吟之声。孔明曰:"都督心中似觉烦积乎?"瑜曰:"然。"孔明曰:"必须用凉药以解之。"瑜曰:"已服凉药,全然无效。"孔明曰:"须先理其气,气若顺,则呼吸之间,自然痊可。"瑜料孔明必知其意,乃以言挑之曰:"欲得气顺,当服何药?"孔明笑曰:"亮有一方,便教都督气顺。"瑜曰:"愿先生赐教。"孔明索纸笔,屏退左右,密书十六字曰:"欲破曹公,宜用火攻;万事俱备,只欠东风。"

(《三国演义》)

"天有不测风云"和"人有旦夕祸福",元明时常连用的成语。曹操率八十三万人马南下,大军压境,周瑜焦虑不安,当孔明前来探望,询问病情时,便说了一句:"'人有旦夕祸福',岂能自保?"孔明深知周瑜"病"因所在,所以借用连用成语的下一句笑答:"'天有不测风云',人又岂能料乎?"表面上似在闲谈,实际上意有所指。下文孔明所说也是如此。"须先理其气",表面上说的是"气",实际上指的是周瑜内心的忧闷。清初小说评论家毛宗岗在这一段的对话中曾这样评点说:"一语道着心病,巧绝,妙绝。""都是哑语,妙绝。""大家借病说哑谜,写来真是好看。"小说这一段文字双关运用得十分精彩,毛宗岗的评论对我们也很有启发。

二、双关的类型

(一)语义双关。利用词语或句子的多义性构成的双关叫语义双关。例如:

③ 海洋既是各种珍奇生物的家乡,也蕴含着数不清的宝藏。说出来令人难以置信,海水中溶解的化学元素有5亿亿吨!海洋如此"海量"的包容能力,不充分加以利用实在可惜。

(《北京晚报》)

"海量",通常表示宽宏的肚量或很大的酒量;这里实指,表示海洋的容量。

④ 如今,楼盘园林不再单纯强调大面积平铺绿地,立体绿化、坡地绿化成为更佳选择。堆坡做立体园林,挖地做透天花园——园林设计不甘"平"庸。

(《北京晚报》)

"平庸",通常表示平凡、不突出。这里表示地的表面非立体,无坡度。

(二)谐音双关。利用声音相同或相近的条件构成的双关叫谐音双关。例如:

⑤ 周恩来深谋远虑,费尽心思。在他的精心安排下,各民主党派的主要领袖或社会贤达、知名人士差不多都安排进了政务院及其下属机构……许多民主人士对此十分感动,称赞道:"周总理不愧为'周'总理啊!"

(南山《周恩来筹建新中国首届内阁纪实》)

"'周'总理",表面上指周总理的姓,实际上兼指周到、周全。

⑥ 今天"久久"婚事多

(标题 《北京晚报》)

报道说的是：以前中国人举行婚礼比较看重"双日子"，自从 1999 年 9 月 9 日以来，为图"久久"的吉利，每年选择在 9 月 9 日结婚的人多了起来。标题的"久久"既表示日期，又有祝贺新人白头偕老之意。

三、双关的修辞作用

（一）寓意深长，耐人咀嚼。例如：

⑦　　这一年，经他亲自指导的二十亩棉花，平均亩产皮棉一百四十六斤，开创了这个大队的丰产新纪录。这不能不引起人们的惊奇。事情终于让那些迫害吴吉昌的人知道了。他们立刻召开大会，说吴吉昌到别队去搞科研，是阶级斗争的新动向！又强令吴吉昌去瓜园"立功赎罪"，永远不准他再进棉花地。

　　但是，瓜蔓真能把吴吉昌拴住吗？

（穆青《为了周总理的嘱托——记农民科学家吴吉昌》）

"瓜蔓真能把吴吉昌拴住吗"中的"瓜蔓"，表面上指瓜园中瓜缠绕的茎，实际上是指"迫害吴吉昌的人"对吴吉昌的限制打击，禁止他去完成周总理托付的任务——培育棉花良种。

⑧　　在群众的支持下，在无数临床实践的基础上，小分队作了"针麻下胃大部切除术生理功能变化的总结"和"针灸治疗痛症的总结"等。黄家驷为了把全国针麻促上去，经常工作到半夜一两点，制订全国规划，强调针刺麻醉中西医结合。

　　但是，蜀道难呵！

（陈祖芳《黄家驷道路——记胸外科专家黄家驷》）

这一段写的是黄家驷和医学科学院针麻原理小分队在溃疡病高发区四川某地工作的情形，他们取得了很大成绩，但前面的道路却十分坎坷。"蜀道难呵"表面上讲的是小分队所在地区的蜀道难行，实际上指的是小分队开展医学科学研究困难重重，阻力很大。

⑨ 邓小平访日笑谈寻找"长生不老药"

（《扬子晚报》）

1978 年 10 月 22 日，邓小平抵达日本开始正式访问。24 日邓小平前往日本国会,进行礼节性拜访。邓说此次访问,第一是交换《中日和平友好条约》批准书,对日本老朋友所做的努力表示感谢;第二,寻找"长生不老药",也就是寻找日本丰富的经验而来。竹入(义胜)一语双关地说:"(长生不老)最好的药,不就是《日中和平友好条约》吗?"邓小平看着竹入,微笑着点了点头。这里"长生不老药"即双关,指日本丰富的经验和《中日和平友好条约》。

(二)含蓄委婉,富有机趣。例如:

⑩ 钱学森说:"钱归你,奖归我。"
(中央电视台《谢谢了,我的家》中钱学森的儿子钱永刚讲述)

钱学森五年归国路,十年导弹成,获得了科学奖。蒋英说:"这回钱(奖金)归我了。"钱说:"钱(钱学森本人奖金)归你,奖(蒋英)归我。"这句简洁含蓄的双关语,幽默富有机趣,反映了钱学森和蒋英的真挚爱情和深情。

⑪ 那是九月初的一个下午,我拨通了海迪的电话,激动之情难以言表,我开口就说:"姐姐,我好紧张。"话筒里传来快乐的笑声,海迪逗我说:"小妹妹,我的名字叫不紧张。"笑声中,我立刻轻松自如。海迪声音温和爽朗,如邻家大姐般亲切。
(《永远的海迪姐姐》)

"不紧张",表面上是海迪玩笑式地将临时给自己起的名字告诉对方,实际上是为了安慰这个刚刚工作的年轻女记者,让她采访时不必紧张。海迪用这种谐音双关语,一下子拉近了两个人的距离,让人感到轻松愉快,风趣亲切。

⑫《读者》正式"登台" 成为首本获准在台湾发行的大陆期刊
(《解放军报》)

"登台",本指演员登台表演,这里的"台"双关为台湾的"台",含蓄而且有亲切感。

(三)尖锐犀利,语含讥刺。例如:

⑬ 从"五官科"说起
(标题 《光明日报》)

文章说的是:辽宁某县一个机关的基建科,总共有五个成员,现在都是科长、副科长,人们戏称"五官科"。"五官科",表面上是指医院的机构,实际上是嘲笑五个成员五个官。

⑭ 戏讽专家是"砖家"

(标题　《扬子晚报》)

2010年1月16日,电影《孔子》剧组到上海造势,当有人问及有专家指出该片漏洞百出,并列出6处重大错误时,该片有关人员笑道:"您说的专家是砖头的砖吧。"把专家戏讽为"砖家",就是利用谐音"砖"来表示对"挑刺"的态度。

⑮ 修不好路老百姓是要骂街的

(标题　《北京晚报》)

"骂街",字面上指骂没有修好的路,这里是"骂大街"、公开批评之意。

思考与练习七

一、什么是比喻?

二、明喻、暗喻和借喻三者之间有什么不同?请各举一例。

三、下列句子中加着重号的地方是否运用了比喻?

(1) 长江口开发治理规划已经完成,上海港吞吐量增加一倍。

(2) 她不像是客气,大概真吃过饭了。

(3) 洪水像一头发疯的野兽,翻滚着,咆哮着,向人们扑来。小岛被吞噬了,水涨到了胸部,班长把仅有的两件救生衣让给了战士。

(4) 他们想去的地方很多,像巴黎、伦敦、纽约、莫斯科等,都想去看看。

四、什么是借代?请举例说明。

五、常见的借代方式有哪几种?

六、下面句子中加着重号的地方是运用了借喻还是借代?

(1)《请注意:"孔方兄"在向孩子们招手》这篇报道所反映的问题,值得大家关注。

(2) 现代医学器官移植有了很大发展,给人体换"零件"在过去简直是不可想象的事情。

七、什么是拟人?什么是拟物?请各举一例。

八、下面句子中加着重号的地方是运用了拟人还是拟物?

(1) 南京紫金山下,有一个"熊猫"家族,它们不是深山竹林的熊猫,而是人们喜爱的、以"熊猫"命名的一系列电子产品。
(2) 经济学有个只有一句话就能说完的大名鼎鼎的需求定律:如若价格(或代价)下降,需求量必定增加。
(3) 敌人遭到伏击,终于夹着尾巴逃跑了。

九、什么是夸张?

十、直接夸张和间接夸张有什么不同?请各举一例。

十一、什么是扩大夸张?什么是缩小夸张?请各举一例。

十二、下面句子中加着重号的地方运用了什么修辞格?请简要分析其修辞效果。

(1) 乐观与长寿结伴而行。每一个人,尤其是老年朋友,保持愉快的心情非常重要。
(2) 北京不仅官多,大官多,一些人的"官"念还相当陈旧。……曾经发生过这样一件事:有一位企业干部的工作有变动,组织部门的同志在与他谈话时问他有什么要求,这位干部提出的唯一要求是在他的"任职"后面加上括号,注明相当的级别。看来,尽管国有企业改革已进行多年,但一些干部对企业的级别问题依然看得很重。
(3) 昨天下午1时30分左右,守护者用望远镜观察到已经有两只小雁出壳,和小鸭大小相当,毛茸茸的。今晨其中一只已经下水"散步"了。
(4) "天鹅"翩翩越海峡,中央芭蕾舞团赴台演出。
(5) 这些人真是胆大包天,至今仍不顾国家法令,在盗猎珍稀动物藏羚羊。
(6) 你们当中的大批优秀教师所表现出来的崇高品格,不愧为全国人民的一代楷模。你们像春蚕那样,在为祖国奉献自己的一切。

第六节 仿 词

一、什么是仿词

仿词是更换现成词语中的某个成分,使之成为一个临时性的新词语。仿词这一修辞方式的运用有日益增多的趋势,也有由仿词而形成的短语短句的。

二、仿词的类型

(一)相类仿词。相类仿词即临时仿造的词语和原有词语的某个成分在意义上类似,或有某种关系。例如:

① 父友,有"忘年交"之说,它能消除年龄带来的隔阂,变"代沟"为理解;当了官,也不妨提倡"忘官交",把自己当做普通一员,与群众结成知心朋友,同心,协力,去促进我们的事业。

(陈汉忠、赵永林《提倡"忘官交"》)

"忘官交"是"忘年交"的仿词。

② 他(王洛宾)只知音乐而不知其余。甚至他已成了一名解放军的军人,却忽发奇想要回北京,就不辞而别。正当他在北京的课堂上兴奋地教学生唱歌时,西北来人将这个开小差的逃兵捉拿归案。我们现在读这段史料真叫人哭笑不得,他真的是"艺令智昏","乐(yuè)令智昏"。

文中"艺令智昏""乐令智昏",是"利令智昏"的仿词,突显王洛宾对音乐的喜爱与热爱。

③ 他的球商非常高。

(《参考消息》)

转载法西社莫斯科7月15日电:克罗地亚足球队队长莫德里奇获2018年世界杯赛金球奖。法国队主帅说:"他有着良好的技术底子,他的球商非常高。"我们常说"智商、情商",这里由此仿造"球商"。

（二）相反仿词。相反仿词即临时仿造的词语和原有词语的某个成分在意义上相反或相对。例如：

④ 满心"婆理"而满口"公理"的绅士们的名言暂且置之不论不议之列，即使真心人所大叫的公理，在现今的中国，也还不能救助好人，甚至于反而保护坏人。

（鲁迅《论"费厄泼赖"应该缓行》）

"婆理"，是"公理"的仿词。鲁迅运用这一仿词，一方面是讽刺"满口'公理'的绅士们"嘴上说得冠冕堂皇，心里完全不是那么回事；另一方面也暗指以封建家庭婆婆自居的女师大校长杨荫榆（女）。

⑤ 我们说社会上出现"家庭主夫"增多的现象，是一种发展，一种进步，是值得高兴的事情，而不能去非议。

（《工人日报》）

"家庭主夫"是"家庭主妇"的仿词。

⑥ 我常对别人说北大荒是我从军的预备学校，有北大荒那两年垫底儿，什么样的艰苦困难都能对付。

（赵险峰《重回乌苏里》）

文中"有北大荒那两年垫底儿"，是仿照京剧《红灯记》中李玉和临去鸠山处"赴宴"时对李奶奶说的话："妈，有您这碗酒垫底，什么样的酒我全能对付。"

⑦ 中老铁路变"陆锁国"为"陆连国"

（《朝闻天下》）

连接中国和老挝的万（象）昆（明）铁路，使老挝这个内陆国家变成连接东南亚几个国家的中心。

（三）谐音仿词

谐音仿词即借助于语音的相同或相近而临时仿造的词语。所仿词语和原有的词语在意义上有的有某种关系，有的可能完全没有关系。例如：

⑧ 从中国制造到中国智造（智慧地造）

⑨ 用我的中国心造我的中国芯(芯片)
⑩ 扶贫扶志还要扶智(教育、智力)
⑪ 述说中国——数(用数字表示出的成就)说(介绍)中国
⑫ 南丁格尔——男丁格尔

（《"男丁格尔"，这个冬天你最暖》，《解放军报》）

"男丁格尔"，谐音"南丁格尔"，这里指在2020年1月开始的抗新冠病毒传染病的战斗中，奋战在武汉金银潭医院的12位陆军军医大学医疗队的男护士。

⑬ 战役——战疫

2020年初，武汉、湖北及全国人民投入到"抗击"新冠病毒的战役中，随之产生了由"战役"而"战疫"这一谐音仿词。

所仿造的词语借助于语音的相同或相近，有的和原有的词语在意义上有某种关系，有的完全没有关系。例如：

⑭ 亚历山大——压力山大

"亚历山大"本是外国人常用的姓名，中国"人大"发言人傅莹借助其语音而临时仿造新词——压力山大，说自己作为发言人，深感责任重大，觉得压力(像)山(一样)大。中国中央电视台主持人谈到，英国首相特蕾莎·梅在脱欧问题上因在英国议会不获通过，也"压力山大"。

⑮ 由"屦贱踊贵"而"拒贱拥贵"

（毕文波《龙江春波集》）

有北大中文系毕业的夫妻二人，一日，妻突问夫可知"屦贱踊贵"一词的意思。夫闻其声，据其音而解释曰："拒绝卑贱者之所求，拥戴权贵者唯恐不及。"教古汉语的妻子愤而批评他乱释成语，告之此语乃出自《左传》，晏子讽齐景公酷刑繁多，民多被刖足，至集市上鞋子卖不出去，假肢假足却价格昂贵、供不应求。夫听其言后似惭，俄而，又另有所悟：可否作为谐音仿词而写作新词"拒贱拥贵"，以讽当世末流压下媚上之丑态？夫妻二人又略加思索，认可此新创之谐音仿词——拒贱拥贵。

（四）由仿词而创新的仿句、短语

近年来，由仿词而创造的新的仿句、仿短语越来越多，用这类仿句、仿短语作为文章标题,令人耳目一新,它易懂、易记、易读、亲切、暖心。例如:中央电视台为宣传湖南制作的广告语"湖南如此多娇",仿自毛泽东词《沁园春·雪》"江山如此多娇"。毛泽东是湖南人,这个仿句理所应当。再如:

⑯ 黄河之水"歌"中来

(《光明日报》)

这是仿李白诗"黄河之水天上来",表现了冼星海创作的交响乐曲《黄河大合唱》的雄浑气势。

⑰ 十年"磨"一书,点校本《隋书》修订本问世

(《光明日报》)

这是仿自"十年磨一剑","磨"一书,言点校《隋书》之难、用的功夫之深之苦,磨剑"磨"书,所磨对象不同,用心用功相同。

⑱ 每逢佳节倍思粥

(《扬子晚报》)

"每逢佳节倍思亲"是我们常说的,作者模仿此句而临时创造新的仿句"每逢佳节倍思粥",把思亲、思家、思乡、思家乡的文化的感情朴实地表现出来。出远门而归家的游子一进家门最想吃的是什么?粥!"待粥香已然在屋子里弥漫开来,心花共了粥花一起怒放"!

⑲ 一江清水向东流

(中央电视台综合频道《今日说法》)

这是仿自电影名《一江春水向东流》,讲述中国保护中华水塔三江源所得成效。

⑳ 夜幕下的新津河

(中央电视台综合频道《今日说法》)

这是仿自王刚播讲的小说《夜幕下的哈尔滨》,讲述破案故事。

㉑ 一声"到"! 一生到!

(标题 《解放军报》)

"一生到"仿自短语"一声'到'"。一声"到",是中国人民解放军这群习惯答"到"的人的一句承诺;一生到,是不惧牺牲,随时都能听从召唤,放下亲情爱情随时准备为祖国、为人民冲锋陷阵的人,他们是新时代最可爱的人!

㉒ 桃李满天上

(中央电视台综合频道《寻找最美教师》)

这是仿自"桃李满天下",是讲述中国民航飞行学院优秀教员王恒培养了大批飞机机长的事迹。

三、仿词的修辞作用

(一)映照对比,言简意赅。例如:

㉓ 最近,中国学界泰斗季羡林先生说,我们在学习、借鉴和吸收国外先进文化方面要在坚持鲁迅"拿来主义"的同时,还应提倡"送去主义",即把中国文化中的优秀部分主动向外传播,以利于让世界其他民族、其他国家的人民了解中国,了解中国文化。

(国昌《也说"送去主义"》)

季羡林先生依据鲁迅提出的"拿来主义",仿造并倡导"送去主义",有助于人们对文化交流的完整理解。在学习、借鉴和吸收国外先进文化上要"拿来",同时,对中国文化中的优秀部分也要主动"送去"。一个仿词,不仅使人们了解了说话人对这个词自身意义的阐述,而且了解了它和所仿词语之间的关系,获取的信息更为丰富。

㉔ 一个人有生日,就有死日。两个人死时的年龄差,我名之为"死日差"。最近,有两个人的"死日差",很是令人动心。一位是胡挈青老人,活了96岁;一位是梁左,活了44岁,顶多算跨入中年人的门槛,放到青联、科协一类组织还算青年。他们的"死日差",用老百姓的话:人家老太太比他多一倍还拐弯。

(苏文洋《"死日差"的断想》)

"死日"是"生日"的仿词;"死日差"则是"时间差"的仿词。仿词因为有所仿原词的依托、补充,所以轻而易举地表达了一个有关概念。此例如不用仿词,将会多费笔墨,而且很可能显得笨拙。

㉕ 从荤菜解馋到素菜解腻　百姓一日三餐越来越香

(标题　《文摘周报》)

"解腻",是"解馋"的仿词。从"解馋"到"解腻",反映了中国老百姓生活水平的巨大变化。标题借助于原词和仿词的比照,表现了丰富的内容。

(二)语言新鲜,风趣幽默。例如:

㉖ 60年代初,毛泽东就意识到,如果我们不能迅速实现现代化,中国就有被开除球籍的危险,可惜,后来的政治运动走上了一条缘木求鱼的歧途。

(《人民日报》)

这里不说"难以在世界上生存"之类的话,而是仿照"国籍""学籍"等创造了"球籍",说明有被开除出地球的危险,避免了一般化,给人以新鲜感,同时发人深思。

㉗ 经济大潮滚滚而来,时髦的青年家庭机制也随之而变。目前北京、海南等地青年夫妇家庭中,悄然出现了"一家两制":小两口一个留在国有企业中,作为"生存保险";一个去干个体或小集体,增加经济收入,充实生活内涵。

(《每周文摘》)

"一国两制"是人们所熟悉的,此例把青年夫妇的就业选择名之曰"家庭机制",并仿照"一国两制"创造了"一家两制",新鲜而有趣。

(三)尖锐辛辣,语含警策。例如:

㉘　　他很严肃地回答:"填出身定成分的政策界限是硬碰硬的。她上大学时,乡里填送的表格上写着:出身,地主。"

"老秦五一年上大学,这是土改后的结论吗?"

"这次运动,我们外调了。地主出身是肯定的。"

"那为什么老秦说,政府没给他父亲戴地主帽子。"

"人总是要为自己辩护的。"他说。

"人总是要为自己辩护的。"我说。

　　　　唉,植物界没有两片相同叶脉的叶子;而人界,却有着统一的
　　　　表格,出身一栏只够写三五个字,怎么表达出中国社会长期以来
　　　　那么复杂的情况……

(黄宗英《大雁情》)

"人界",据"植物界"仿造。将社会情况复杂的"人界"和"没有两片相同叶脉"的"植物界"加以比较,更显现出了在"出身"问题上处理的简单化。

　　㉙ 毛泽东主席教导我们要"为人民服务",可是现在的某些人却是
　　　"为人民币服务"。

(意大利留学生大明)

"为人民币服务"是据"为人民服务"而仿造,语言俏皮,但批评也尖锐,令人警醒反思。

　　㉚ 中国只有"一汽""二汽",哪来的"三汽"呢?这是用废旧零件组装
　　　成车的厂,被人们讥讽为"三汽",现在这已成了"一个方面军"。

(中央电视台《焦点访谈》)

"三汽",据第一汽车制造厂和第二汽车制造厂的简称"一汽""二汽"仿造。一些非法经营者竟然"用废旧零件组装成车"出售,而且成了"一个方面军""三汽",这不能不引起人们的严重关注,必须坚决予以打击、取缔,以免危害人民生命财产安全。

第七节　顶　真

一、什么是顶真

　　顶真就是上文结尾的词语、句子用来作为下文的起头,前后首尾相连,上递下接,下接的文意往往是上文的拓展加深、加强。这种辞格又称顶针、连珠、联珠、蝉联。
　　顶真格的运用也很早,《诗经》中就已经不少,在后来的历代作品中更是常见。例如:

① 参差荇菜,左右流之;窈窕淑女,寤寐求之。求之不得,寤寐思服;悠哉悠哉,辗转反侧。

(《诗经·周南·关雎》)

《诗经·周南·关雎》是一首爱情诗,以上所引是第二章。"窈窕淑女,寤寐求之"和"求之不得,寤寐思服;悠哉悠哉,辗转反侧",生动地表现了年轻小伙子对文静美好姑娘的爱慕,以及不能如愿以偿的苦恼。一个顶真格的运用,把两个画面和谐地组接在一起了。

② 渔人甚异之。复前行,欲穷其林。林尽水源,便得一山,山有小口,仿佛若有光,便舍船从口入。

(陶渊明《桃花源记》)

"欲穷其林"和"林尽水源","便得一山"和"山有小口",都运用了顶真格。文章借助于这些词语的上递下接,使读者仿佛随同"渔人"一起行进在这幽静而奇异的桃花源中。

③ 说时迟,那时快,武松见大虫扑来,只一闪,闪在大虫背后。那大虫背后看人最难,便把前爪搭在地下,把腰胯一掀,掀将起来。武松只一躲,躲在一边。

(《水浒传》第二十三回)

"只一闪,闪在大虫背后""把腰胯一掀,掀将起来""武松只一躲,躲在一边",都运用了顶真格。它表现了老虎的凶猛和武松在危急情况下动作的迅疾,读来惊心动魄。金圣叹在这一回的回前总评中赞叹说:"写虎能写活虎,写活虎能写其搏人,写虎搏人又能写其三搏不中,此皆是异样过人笔力。"确实如此。

二、直接顶真和间接顶真

(一)直接顶真。即顶真部分的相同词语直接递接。这一种顶真最典型,数量也较多。例如:

④ 一而再,再而三。
⑤ 穷则变,变则通,通则久。
⑥ 人同此心,心同此理。

⑦ 远亲不如近邻,近邻不如对门。
⑧ 议而不决,决而不行。
⑨ 干一行学一行,学一行专一行。

（二）间接顶真。即顶真部分的相同文字之间,有其他文字间隔。这种顶真较少。例如:

⑩ 向南望,向北望,一望无边,从幽静的水里看扯连不断的青山,听不见蝉鸣,听不见鸟声,偶尔有一只鱼鹰箭头似的带着朝曦从半空里直射到水面上来。

（臧克家《镜泊湖》）

⑪ 谁知,从夏盼到秋,从秋盼到冬,整整4个月,张奇寒却得了惊人的噩耗:三毛在浴室里上吊自杀。这只坚强达观的"不死鸟",抛下成千上万的挚爱着她的读者,抛下了父母和亲友,悄悄地走完了她的生命旅程。

（孙宇《梦中的橄榄树——三毛茶楼记》）

三、词的顶真、词组顶真和句子顶真

根据顶真递接部分词、语、句的不同,可以分为:

（一）词的顶真。即顶真递接部分的相同文字为词。例如:

⑫ 人尽其才　才尽其用

（标题　《文汇报》）

⑬ 他的力气似乎能达到车的各部分。脊背微俯,双手松松拢住车把,他活动,利落,准确;看不出急促而跑得很快,快而没有危险。

（老舍《骆驼祥子》）

⑭ 在古今中外的革命家、军事家、政治家中,像毛泽东这样酷爱读书、读有所得、得而能用、用而生巧的人,确实非常罕见。

（陈晋《毛泽东的读书生涯和政治实践》）

⑮ 稳定才有发展,发展才有幸福。

（中央电视台综合频道《晚间新闻》）

（二）词组顶真。即顶真递接部分的相同文字为词组。例如:

⑯ 我曾经使用过一辆纺车,离开延安那年,把它跟一些书籍一起留在蓝家坪了。后来常常想起它。想起它,就像想起旅伴,想起战友,心里充满着深切的怀念。

(吴伯箫《记一辆纺车》)

⑰ 王继才说,他就不信,人能在岛上活下来,树怎么就活不下来!他说:"有树,就会有生机;有生机,就会有希望。"

(《王继才小故事 苦楝树开出了大美的花》,《光明日报》)

"有生机"为动宾词组。

⑱ 胡锦涛表示,我们深刻认识到,党的先进性和党的执政地位都不是一劳永逸、一成不变的,过去先进不等于现在先进,现在先进不等于永远先进;过去拥有不等于现在拥有,现在拥有不等于永远拥有。

(《胡锦涛:党的先进性和执政地位都不是一劳永逸的》,中国新闻网)

"现在先进""现在拥有"均为词组。

(三)句子顶真。即顶真递接部分的相同文字为句子(或句子形式)。例如:

⑲ 他是我的本家,比我长一辈,应该称之曰"四叔",是一个讲理学的老监生。他比先前并没有什么大改变,单是老了些,但也还未留胡子,一见面是寒暄,寒暄之后说我"胖了",说我"胖了"之后即大骂其新党。

(鲁迅《祝福》)

⑳ 结婚?谈何容易。现在黄花闺女还嫁不出去,何况她这离过婚的、四十岁的女人。更何况她还有一个儿子。而且人的年纪越大,便越发地清醒。越发地清醒,便越发地难以结婚。她们往往会把婚姻看成是一种灾难。

(张洁《方舟》)

四、顶真的修辞作用

(一)顶真由于上递下接,环环相扣,所以显得结构严密,气势连贯。

例如：

㉑ 我也不比你们强啊！自食其力，凭良心干了一辈子啊，我一事无成！七十多了，只落得卖花生米！个人算什么呢？我盼哪，盼哪，只盼国家像个样儿，不受外国人欺侮。可是……哈哈！

(老舍《茶馆》)

"我盼哪，盼哪，只盼国家像个样儿"，前面重复了两个"盼哪"，蓄势待发，下文借助于"盼"的递接，笔锋一转，引出了"只盼国家像个样儿"，千钧之力便落到了这个句子上。这不是戏剧人物的个人言语，而是广大中国人民的呼喊。语句上下贯通，颇有气势。

㉒ 1964年2月6日，毛泽东邀请钱学森、竺可桢、李四光到他的中南海卧室畅谈科学工作。谈话中，毛泽东和钱学森谈到反导弹问题时提出：搞少数人，专门研究这个问题，五年不行，十年；十年不行，十五年，总要搞出来。

(《国家领导人与科学家的互动》,《扬子晚报》)

"五年不行，十年；十年不行，十五年"这一顶真手法的巧妙运用，使文字显得连贯紧凑，有力地表现了毛泽东对反导弹研究制造的急迫感和决心，十分感人。

㉓ 我国乒乓球队从五十年代以来，一代接一代，代代出英才，辉耀世界乒坛，这不是偶然的。

(《体育报》)

"一代接一代"，文章借助于"代"，又引出"代代出英才"，从而使下文"辉耀世界乒坛"更具有充实的内容。顶真手法的运用，使"我国乒乓球队"在队伍建设上所取得的成就，一环扣一环地得到了充分表述。

顶真这一修辞手段不仅可以连接语句，而且可以连接段落，使全篇成为一个结构紧凑的整体。这种方法在诗歌中用得较多。例如：

㉔ 此身常想向天游，无奈双脚被地留。
踊跃奔驰离不得，九州万国共一球。

> 九州万国共一球,东方自在西方囚。
> 安得一夜似电变,人间净化塑琼州?
>
> 人间净化塑琼州,万方亿兆喜心头。
> 应知人定胜天定,看我中华跃上游。
>
> 看我中华跃上游,革故鼎新事事侔。
> 共产主义飞天外,万国岂必共一球?
>
> 万国岂必共一球,太阳之外太阳稠。
> 谁能给我新世界?宇宙红光照上头。
>
> 宇宙红光照上头,理想现实两相投。
> 不要空言不事事,不要近视无远谋。
>
> (陈毅《示儿女》)

《示儿女》全诗共六段,每段的最后一句,是下一段的第一句,上下连接,浑然一体,涌动在字里行间的思想感情,有如江水滔滔,奔腾而下,表现了这位人们敬重的元帅、诗人的高尚情操以及对子女的严格要求。

(二) 顶真由于步步推进,层层深入,所以能揭示事物的内在联系。例如:

> ㉕ 指挥员的正确部署来源于正确的决心,正确的决心来源于正确的判断,正确的判断来源于周到和必要的侦察,和对于各种侦察材料的连贯起来的思索。
>
> (毛泽东《中国革命战争的战略问题》)

指挥员的"正确部署"是怎样做出的?毛泽东运用顶真这一修辞手段一层一层地进行剖析,深刻地揭示了决心→判断→侦察和思索的内在联系。认识和掌握这一客观规律,对军事指挥员乃至其他方面的"指挥员",都具有极其宝贵的指导意义。

> ㉖ 我只有一个私见,以为剧本虽有放在书桌上的和演在舞台上的两种,但究以后一种为好;诗歌虽有眼看的和嘴唱的两种,也究以后一种为好;可惜中国的新诗大概是前一种。没有节调,没有韵,它

唱不来；唱不来，就记不住，记不住，就不能在人们的脑子里将旧诗挤出，占了它的地位。

（鲁迅《书信·致窦隐夫》）

鲁迅在这里也是运用了顶真这一修辞手段，分析了某些新诗由于没有节调，没有韵，所以"唱不来"→"记不住"，不能取代旧诗占据主导地位。这一内在联系的揭示，无疑对人们的认识有重大帮助。

㉗ 治穷之本在治山　治山之本在兴林

（标题　《人民日报》）

标题借助于顶真辞格的运用，一层层地指出了"治穷"和"治山""兴林"之间的关系，使人们明确了贫困山区的努力方向。

㉘ 中国需要发明　发明需要青年

（标题　《中国青年报》）

标题也是借助于顶真格的运用，指明了"中国"和"发明"、"发明"和"青年"之间的关系，帮助人们提高了对事物的认识。

（三）运用顶真格的句子，有的由于上下文句子结构一致，音节又相等，再加上有相同的词语递接，所以读来如明珠相连，圆活自如，滚滚而下，流畅自然。例如：

㉙ 中国的改革始于农村，农村的改革始于凤阳。

（《人民日报》）

㉚ 古泰顺（浙南边陲小城）逢村必有溪，有溪必建桥……

（顾志伟《神秘中国探游》）

㉛ 有山就有水，有水就有脉，有脉就有苗……

（杨朔《香山红叶》）

㉜ 世界市场上有三种著名珍珠，即意大利产的西珠，日本产的东珠，中国产的南珠。国际市场上有"西珠不如东珠，东珠不如南珠"之说，而南珠尤以北海合浦为最优。

[《人民日报》（海外版）]

第八节　拈　连

一、什么是拈连

拈连就是两个事物连着说时,把适用于前一事物的词语顺势拈过来,连用于本来不适用于该词语的后一事物。前一事物称为本体,后一事物称拈体,把两个事物拈连起来的词称为拈词。拈词多为动词,也有形容词、名词等词类的。拈词和本体的组合关系是合乎常规的,而拈词和拈体的组合关系是超越常规的,即一种变异。本体、拈词和拈体必须全部出现。

拈连在古代诗文中也常见到。例如宋代文天祥《过零丁洋》:

① 惶恐滩头说惶恐,零丁洋里叹零丁。
　　人生自古谁无死,留取丹心照汗青!

以上四句诗是中国诗史上的名句,历代广为传诵。其中"惶恐滩头说惶恐,零丁洋里叹零丁",即运用了拈连手法。惶恐滩,原名黄公滩,在今江西万安县赣江,是一处水流湍急的险滩。人们乘船渡过此地时惊恐万分,所以又称"惶恐滩"。文天祥的军队被元兵打败后曾经过这里。"零丁洋"是文天祥被俘后押解路过的地方。作者巧妙地拈用两个地名中的"惶恐"和"零丁",表现了深沉的忧虑惶悚和孤立无援的叹息。

② 撼山易,撼岳家军难。

　　　　　　　　　　　　　　　　(《宋史纪事本末·岳飞规复中原》)

此例借助于"撼"的拈用,将"撼山"与"撼岳家军"比较,做出了一"易"一"难"的结论,表现了"岳家军"不可动摇的威武气概。

二、拈连的类型

根据拈词和拈体的组合关系,常见的有:

(一)主谓拈连。主谓拈连即拈体和拈词是主谓结构。例如:

③ 桂芬慢慢地坐到炕沿上,"他活着!"这些天来,她第一次恍悟到他

活着,他学的这些技术也活着,他那个倔强的性格也活着,这才是一个人最主要的东西。

(茹志鹃《离不开你》)

这一段是写大庆女工刘桂芬的丈夫因工伤失去双臂,刘非常难过,可是社会主义的光辉未来鼓舞她振作了起来。"他活着"中的"他"为本体;"活着"为拈词。"他学的这些技术(拈体)也活着(拈词)""他那个倔强的性格(拈体)也活着(拈词)",都是主谓结构,为主谓拈连。

④ 人穷志不穷(民谚)

"人",本体;"穷",拈词。"志(拈体)不穷(拈词,否定形式)",主谓结构,为主谓拈连。

(二)述宾拈连。述宾拈连即拈词和拈体是述宾结构。例如:

⑤ 手拿针线灯下坐,为我熬夜缝军衣,线线缝在军衣上,情意缝进我心里。

(《部队歌谣选·情意缝进我心里》)

"缝在军衣上","缝(在)",拈词;"军衣上",本体。"缝(进)(拈词)我心里(拈体)",述宾结构,为述宾拈连。(说明:此例为歌谣,有一定特殊性。所以作以上的分析。严格说来,"缝在军衣上"是述补结构,"缝"述语,"在军衣上"是由介词结构充当的补语。)

⑥ 落榜不落志

(标题 《北京晚报》)

这篇报道讲的是有的参加高考但没有被录取的考生并没有因此消沉,对生活仍然充满信心。"落榜"中的"落"为拈词性语素;"榜"为本体。"不落(拈词,否定形式)志(拈体)",述宾结构,为述宾拈连。

三、拈连的修辞作用

(一)拈连通过拈词和拈体的超常规组合,常常别出新意,有的还寓含哲理,能引起人们的联想、感悟。例如:

⑦ 她神情自若,文静地凝视着迷茫的北岸。她早就听说,在遥远的

北方,古老的北京城,有一座绿瓦覆盖的大楼,到那里去可以学得深奥的医术。老师和同学们都夸她生得一双巧手,怂恿她这样做。在那时,对一个少女来说,真是一种勇敢的抉择。她所依据的是一条稚气的信念:既然男人可以在社会上立足,有自己的职业、家庭、爱人和孩子……这些,女人也应拥有。妇女不能永远做别人的附庸!小木船在江心吱吱哑哑地摇呵摇,年轻姑娘的天真理想也在眼前摇呀摇,她想得太美了。

(理由《她有多少孩子——记妇产科专家林巧稚》)

"小木船在江心吱吱哑哑地摇呵摇,年轻姑娘的天真理想也在眼前摇呀摇",作者富有诗意的笔触,借助于"摇呵(呀)摇",顺势把写景和"年轻姑娘"的内心活动联系了起来。人们仿佛感受到了她思绪万千,心潮荡漾,她在想自己的理想、追求,男女的社会平等,妇女的自尊自强。作品拈连修辞手段的运用,向人们展现了姑娘内心深藏的美的未来。

⑧ 我的心不禁一颤:多可爱的小生灵啊!对人无所求,给人的却是极好的东西。蜜蜂是在酿蜜,又是在酿造生活;不是为自己,而是为人类酿造最甜的生活。蜜蜂是渺小的,蜜蜂却又多么高尚啊!

(杨朔《荔枝蜜》)

"蜜蜂是在酿蜜,又是在酿造生活""不是为自己,而是为人类酿造最甜的生活",散文借助于"酿(造)"的拈连运用,文字由写实进一步升华,提出了富有诗意和哲理的判断,加上那深情的赞美——"蜜蜂是渺小的,蜜蜂却又多么高尚啊",不能不使人有所触动,有所领悟。

(二)拈词和本体、拈体分别组合成的两项,彼此相互映衬,思想感情显得更深切。例如:

⑨ 他连平日的根本信念也动摇了,深觉当初以为惟有这一条路是值得走的,其实只是浮泛的认识;这一条路荆棘充塞,并不亚于其他的路。于是不但两手空空,心头也空空了。

(叶圣陶《抗争》)

小说写的是20世纪20年代由于政府长期拖欠薪水,教师们无法生存。

郭先生竭力主张联合起来同政府抗争,但是由于当局实行高压和分化瓦解的策略,罢教未能实现,而郭先生却被免职。"(不但)两手空空,心头也空空了",借助于拈词"空空"的拈连,借助于本体对拈体的衬托,郭先生内心的失落和迷惘得到了更有力的表现。

⑩ 亲爱的爸爸,十一年了,我不知在默默中给您写了多少封信,我既不能让人知道,又没有可投之处,可我却不停地写,不停地写……写在纸上的我不得不一封封毁掉,可写在心上的却铭刻得越来越深。

(陶斯亮《一封终于发出的信——给我的爸爸陶铸》)

"写在纸上的我不得不一封封毁掉,可写在心上的却铭刻得越来越深",借助于拈词"写"的拈连,使"写在纸上的"和"写在心上的"相互比照,作者痛苦、愤怒的情感显得更深沉。

(三)用于和本体组合的拈词,由于拈用于不合常规的拈体,具有嘲讽的效果。例如:

⑪ 大观园违反规定供奉香火
　　香客拜"假佛"　公园拜金钱

(标题　《人民日报》)

对"佛"用"拜"表现了香客的虔诚,标题将拈词"拜",拈用于"金钱",无情地嘲弄了"公园"的贪婪。

⑫ 他"捞"到了一副手铐

(标题　《工人日报》)

报道讲的是四川省阆中棉纺织厂党委副书记杨光辉。他心想,现在要是不抓紧捞一把,将来就没有机会了,于是进行贪污等犯罪活动。终于事发,被判处五年徒刑。标题拈用报道中"捞一把"的"捞",与拈体构成"'捞'到了一副手铐",把罪恶的梦想和最终的结果联系到一起,具有强烈的讥讽作用。

第九节 回　文

一、什么是回文

回文又称回环。它是利用词语相同或基本相同而顺序不同的语句，来表现两种事物或事理之间的关系。原来的语句称本体，顺序变动的语句称变体。

回文这种修辞手段历史也很悠久。例如：

① 祸兮福之所倚，福兮祸之所伏。

(《老子》第五十八章)

② 文犹质也，质犹文也，虎豹之鞟(kuò，去毛的兽皮)犹犬羊之鞟。

(《论语·颜渊》)

③ 是故弟子不必不如师，师不必贤于弟子，闻道有先后，术业有专攻，如是而已。

(韩愈《师说》)

④ 黛玉从不闻袭人背地里说人，今听此话有因，便说道："这也难说。但凡家庭之事，不是东风压了西风，就是西风压了东风。"

(《红楼梦》第八十二回)

二、严式回文和宽式回文

（一）严式回文。严式回文的本体和变体的词语相同，结构也一致，只是词语的顺序不同。例如：

⑤ 人人为我，我为人人。
⑥ 难者不会，会者不难。
⑦ 忧中有喜，喜中有忧。
⑧ 上情下达，下情上达。

（二）宽式回文。宽式回文的本体和变体词语不完全相同，也有的结构不同。例如：

⑨ 艺高人胆大,胆大艺更高。
⑩ 香港好,国家好;国家好,香港更好。

(董建华)

⑪ 人民代表,代表人民。
⑫ 不怕一万,就怕万一。

例⑨本体多一"人"字,变体多一"更"字。例⑩变体多一"更"字。例⑪本体为偏正结构,变体为述宾结构。例⑫本体的"一万"为名词,指各种各样的常规的正常的情况;变体的"万一","万分之一的情况",名词,指可能性极小的意外变化,非正常情况。

三、词语回文和句子回文

(一)词语回文。词语回文是指句子内部两个相关的词语构成的字词相同,但顺序不同。这一类回文较少。例如:

⑬ 新编中小学大纲今天出台
　　教育思想:"学会"变为"会学"

(标题 《北京晚报》)

⑭ "要我学"变成"我要学"

(标题 《中国教育报》)

⑮ 莫让"打假"变"假打"

(标题 《每周文摘》)

⑯ 黄丽群深爱的和深爱黄丽群的曾宪梓就站在她的面前,面对憨厚、朴实、对她爱得痴迷的曾宪梓,黄丽群既甜蜜又羞涩,但还是毫不犹豫地答应了他的求婚。

(夏萍《曾宪梓传》)

例⑬本体"学会"为述补结构,变体"会学"为述宾结构。例⑭本体"要我学"为兼语式,变体"我要学"为主谓结构。例⑮本体"打假"为述宾结构,变体"假打"为偏正结构。例⑯本体"黄丽群深爱"为主谓结构,变体"深爱黄丽群"为述宾结构。

(二)句子回文。句子回文是指两个相关的句子,彼此的词语相同或基本相同,但顺序不同。这两个相关的句子有的是独立的句子,有的不是

独立的句子,而是被包容于大句子之中的一个成分,只不过这个成分是句子的形式。句子回文数量最多。例如:

⑰ 一些事没人做,一些人没事做。

(《每周文摘》)

⑱ 谈起艺术上的交流,岳阳语重心长地说:"台湾需要了解大陆,大陆也需要了解台湾。"

[《人民日报》(海外版)]

⑲ "阿呀阿呀,真是愈有钱,便愈是一毫不肯放松,愈是一毫不肯放松,便愈有钱……"圆规一面愤愤的回转身,一面絮絮的说。

(鲁迅《故乡》)

⑳ 曾有一位乒坛人士说:自36届世乒赛中国囊括了所有7项冠军之后,中国队已成为众矢之的,世界各队都已将目标瞄准中国队,似乎参加世乒赛的目的是击败中国队,而非夺冠军。世界乒坛的格局是"中国打世界,世界打中国"。

(《体育报》)

例⑰"一些事没人做,一些人没事做",本体、变体都是独立的句子。例⑱"台湾需要了解大陆,大陆也需要了解台湾",本体、变体也都是独立的句子。例⑲"愈有钱,便愈是一毫不肯放松,愈是一毫不肯放松,便愈有钱"是"真是"的成分,但它们是句子形式。例⑳"中国打世界"和"世界打中国"是"世界乒坛的格局是……"里的一个成分,但它们也是句子形式。

四、回文的修辞作用

(一)揭示事物的内在联系,表明事物或事理的相互关系。例如:

㉑ 学而后知不足　知不足而后学——记漫画家和非

(标题　《讽刺与幽默》)

标题揭示了"学"与"知不足"之间的内在联系,正是二者之间的良性循环,促使漫画家不断地去探索漫画艺术的新天地。这对人们是有启示意义的。

㉒ 习俗文化,是人类文明的一部分,文明不断进步,习俗也不断发

展。有发展就有淘汰,有淘汰才能发展。燃放烟花爆竹,虽然不是落后的习俗,但却是有危险的习俗。制作、运输、燃放都让人们担惊受怕,没有安全感。

(张雨生《京城春夜不飞烟》)

"有发展就有淘汰,有淘汰才能发展",此例从事物发展客观规律的高度,论述了如何看待禁止燃放烟花爆竹的问题,深刻精辟,很有说服力。

㉓ 推行计划生育后出现的"四—二—一"家庭人口结构趋势,将使农民老有所养的问题日益突出。如果完全靠家庭养老,其后果是养儿防老,农民只能是"越生越穷,越穷越生",这既不利于计划生育国策的贯彻,也不利于促进农村经济的发展,更不利于社会的稳定和农民的奔小康。

(苏金必《完善农村社会保险制度迫在眉睫》)

这篇文章主要是论述完善农村社会保险制度的迫切性。"越生越穷,越穷越生",深刻地指出了农村人口问题深层的社会原因,有力地论证了文章的主题。

㉔ 在有趣的小说中,它是最难懂的;在最难懂的小说中,它是最有趣的。

(《〈尤利西斯〉究竟多难读,你想挑战一下吗?》,《扬子晚报》)

萧乾、文洁若夫妇翻译的《尤利西斯》是爱尔兰作家詹姆斯·乔伊斯的作品,被认为是意识流小说的开山之作。这句话是《乔伊斯传》的作者艾尔曼说的,有趣和难懂也许是《尤利西斯》诞生近百年(该书1922年第一版出版发行)后,还能再次畅销并引发新的阅读潮流的根本原因。

㉕ 目前,我国出版发行关系没有理顺,读者想买的书书店没有,书店积压的书读者不要,然而天津读者书店的宗旨是"为书找读者,为读者找书"。

(《中国青年报》)

"为书找读者,为读者找书",这为困扰人们的书店卖书难、读者买书难的矛盾,提出了一个有效的解决办法;也是对广大的服务工作人员,乃至所有的人,在如何对待自己的服务对象上的宝贵启示。

㉖ 这二十多年老百姓的生活确实大大提高了,过去是"一衣多季",现在是"一季多衣"。

(中央电视台)

"一衣多季"和"一季多衣",组成的词语相同,仅仅顺序不一样,却反映了人民生活水平的提高。

(二)表现动作行为或某种状况的来回往复,交替出现。例如:

㉗ "宝宝"都上山了,老通宝他们还是捏着一把汗。他们钱都花光了,精力也绞尽了,可是有没有报酬呢,到此时还没有把握。虽则如此,他们还是硬着头皮去干。"山棚"下熹了火,老通宝和阿四他们伛着腰慢慢地从这边蹲到那边,又从那边蹲到这边。他们听得山棚上有些屑屑索索的细声音,他们就忍不住想笑,过一会儿又不听得了,他们的心就重甸甸地往下沉了。

(茅盾《春蚕》)

"从这边蹲到那边,又从那边蹲到这边",表明同一动作的反复,而这又生动地表现了人们对"宝宝""上山"的密切关注和"捏着一把汗"的紧张不安。

㉘ 她们用手扶着栏杆,慢慢地抬起腿,龇牙咧嘴的,有的还发出"哎唷","哎唷"的呻吟声。每上一个梯阶,都这么艰难。上上停停,停停上上,凭借着淡黄色的灯光,互相瞧瞧,一个个都是这副狼狈相,真是哭笑不得。

(鲁光《中国姑娘》)

"上上停停,停停上上",表现动作的变换,而这又表明中国女排姑娘们为了比赛的胜利,为了祖国的荣誉,在训练中消耗了多少体力,表现了多么顽强刻苦的精神!

㉙ 进唐山的救灾部队已经源源不断地赶来,公路上人山人海,常常挤得水泄不通。我在车上听人喊:让运伤员的车先走!运物资的车到稻田里开!车停停走走,走走停停,伤员越拉越多。

(钱钢《唐山大地震》)

"停停走走,走走停停",表现动作的交替,而这又表明道路堵塞汽车行驶艰难,以及伤员不断增加的情况。

㉚ 解净活这么大,可是头一回经受这样的阵势,她的脸红了又白,白了又红,她感到自己是这样的软弱无力,孤立无援,不能辩白,不能发作,甚至不能哭。

(蒋子龙《赤橙黄绿青蓝紫》)

"红了又白,白了又红",表现了人物面部颜色的反复变化,而又表现了人物面对取笑、嘲弄,内心的气恼和委屈。

(三)或是由于变体有悖事理,或是本体、变体均有悖事理,二者相互映照,具有讽刺效果。例如:

㉛ 《笑和尚》草稿于四十年代,正是抗日战争最艰苦的阶段,人民处于水深火热之中,而一些买办官僚却巧取豪夺,大发其抗战横财,当时流传的民谚中就有这样两联:"前方吃紧,后方紧吃";另一则则曰:"一边是流血牺牲,一边是荒淫无耻"。

(柯岩《国画大师李可染》)

"吃紧","紧张"意,抗战期间人们口头常说的词语。"前方吃紧"与"后方紧吃"互相映照,讽刺"买办官僚"不顾国难、贪图享乐的无耻。

㉜ 公安部采取措施整治民警中的"冷硬横(hèng)推"
"有困难找民警"岂能变为"找民警有困难"

(标题 《北京晚报》)

"有困难找民警",表现了人民群众对民警的信任;而"找民警有困难"则反映了有的民警对人民群众的冷漠,这是不允许存在的现象。变体与本体比照,含有讽意。

㉝ 事实上,"数字出官,官出数字",已经成了近几年屡禁不止的一个严重问题……

(《国家统计局启动重要改革》,《求知》)

"数字出官,官出数字",本体、变体互为因果,揭露了存在于某些官员身上的丑恶行为和腐败现象,尖锐辛辣。

㉞ 我国不少地方报刊,无视著作者权益,肆意盗稿,小报抄大报,大

报养小报,天下文章大家抄,这种事情发生在对宣传知识产权责无旁贷的新闻媒体身上,实在是一种悲哀。

(《报刊文摘》)

"小报抄大报,大报养小报",本体、变体运用回文手法表现了二者之间一种极不正常的关系,语含讽意,确实使人"悲哀"。

(四)由于本体、变体词语顺序不同,可以避免词语的雷同,使语言富有趣味;或者由于词语回环往复,感情更显得深沉,并且使语言具有音乐美。例如:

㉟ 四川人、云南人、湖南人都爱吃辣,但说法不同。四川:"不怕辣";云南:"辣不怕";湖南:"怕不辣"。

㊱ 人吃错了药了不得,植物吃错了药也一样不得了。

(谢东光《探访"植物医院"》)

㊲ 既然这么多人对自己的名字不满意,为何不办个手续,正式改名呢?问题就在于,取名既由不得你,改名也由你不得。

(安可《名字问题》)

例㉟的"不怕辣""辣不怕""怕不辣",例㊱的"了不得""不得了",例㊲的"由不得你""由你不得",构成的词语顺序不同,意思微别,语言显得幽默风趣。

㊳ 往事万端,万端往事说不完。
　　大的一桩桩,小的一件件,
　　带着鲜明的色彩在眼前闪光。
　　带着清晰的声音来到耳边。

(臧克家《哭郭老》)

"往事万端,万端往事",词语的回环,表现了诗人对郭老的绵绵情思和深沉回念。

㊴ 呵 ……
　　一九七六年,
　　惊心动魄的十月!
　　天安门城楼

连接着遵义城堞,
大会堂前
似见当年
那会址的台阶。
每一天,
每一夜,
怎能不牵动
世界人民的心呵,
和我们人民
心中的世界?

(贺敬之《中国的十月》)

"世界人民的心(呵)"和"(和我们)人民心中的世界",回文。它被组织于"怎能不牵动……"之中,整个诗句显得节奏鲜明,和谐流畅,更完美地表现了中国人民和世界人民心心相连,表现了诗作的高远意境。

㊵ 人民的总理人民爱,
人民的总理爱人民。
总理和人民同甘苦,
人民和总理心连心。

[七机部五〇二研究所、中科院自动化所《革命诗抄》编辑组
《革命诗抄》(代序)]

"人民爱"同"爱人民","总理和人民"同"人民和总理",均为回文。其语言具有节律美,回环美,表现了人民群众和周恩来总理之间的亲密深厚感情。

第十节 引 用

一、什么是引用

引用就是引述有关的语言材料来阐述自己的观点认识,表达自己的思想感情。这里所说的"有关的语言材料"包含较广,如名人的言论、有关

人物的话语、有关著作的论述、诗句、格言、熟语等。

古人很重视引用的修辞作用。刘勰《文心雕龙·事类》说:"事类者,盖文章之外,据事以类义,援古以证今者也。……然则明理引乎成辞,征义举乎人事,乃圣贤之鸿谟,经籍之通矩也。"他认为,文章中的事例,是作者在自己的思想情感之外,援引同类事物来证明文义,引用古时事例来论证今义。说明某个道理而引用现成的论述,阐述某个意义而列举有关的事例,是贤圣论著、经书典籍一般都遵循的规则。

古代作品中,引用是常见的修辞手法。例如:

① 悟已往之不谏,知来者之可追。实迷途其未远,觉今是而昨非。

(陶渊明《归去来兮辞》)

"已往之不谏""来者之可追",引自《论语·微子》:"凤兮凤兮,何德之衰?往者不可谏,来者犹可追。""实迷途其未远",引用屈原《离骚》"回朕车以复路兮,及行迷之未远"。

② 《书》曰:"满招损,谦受益。"忧劳可以兴国,逸豫可以亡身,自然之理也。

(欧阳修《五代史·伶官传序》)

"满招损,谦受益",引自《尚书·大禹谟》。

③ 绝巘(yǎn,山顶)多生怪柏,悬泉瀑布,飞漱其间,清荣峻茂,良多趣味。每至晴初霜旦,林寒涧肃,常有高猿长啸,属引凄异,空谷传响,哀转久绝。故渔者歌曰:"巴东三峡巫峡长,猿鸣三声泪沾裳。"

(郦道元《水经注·江水注》)

"巴东三峡巫峡长,猿鸣三声泪沾裳",引自《巴东三峡歌二首》之一。

④ 麝月笑道:"野坟里只有杨树,难道就没有松柏不成?最讨人嫌的是杨树,那么大树,只一点子叶子,没一点风儿,他也是乱响。你偏要比他,你也太下流了。"宝玉笑道:"松柏不敢比,连孔夫子都说:'岁寒然后知松柏之后凋'呢。可知这两件东西高雅,不害臊的才拿他混比呢。"

(《红楼梦》第五十一回)

"岁寒然后知松柏之后凋",引自《论语·子罕》。

二、明引、暗引、意引

根据引用形式的不同,引用可以分为明引、暗引和意引。

(一)明引。明引指引文十分明确的一种引用。具体说来,即引文部分加有引号,有形式上的标记。明引的引文要求很严格,文字、标点与原文必须完全一致。明引又分两类:

1. 交代出处的明引:即引文有作者、书名或某说话人等。例如:

⑤ 立名,是人生的第一要义。《论语》中说:"君子疾没世而名不称焉",就是这个意思。屈原在《离骚》中说:"老冉冉其将至兮,恐修名之不立。"这样一位大文豪,也不曾忘记了他的"修名"。……所以,在社会上稍有成就的人,稍有地位的人,都懂得爱惜他们的名誉。

(冯英子《且说名誉》)

⑥ 儿时听过一些关于鬼的故事,便有些怕鬼。但奶奶说"人有三分怕鬼,鬼有七分怕人",也便增长了些不怕鬼的胆量。

(周云武《"正阳"之气》)

2. 未交代出处的明引:即引文没有作者、出处或某说话人。之所以没有交代,有的是因为引文内容是人们所熟知的,有的是因为不交代不致影响人们对文章的理解。例如:

⑦ 总之,在任何工作中,都要记住:"虚心使人进步,骄傲使人落后。"

(吴晗《说谦虚》)

"虚心使人进步,骄傲使人落后",是毛泽东同志在《中国共产党第八次全国代表大会开幕词》中所说的话。这一引语在中国人民中广为流传,具有格言性质,所以没有说明出处。

⑧ 在近代工业的错综复杂的工艺过程中,往往就不是像泡茶喝这么简单了。任务多了,几百几千,甚至有好几万个任务。关系多了,错综复杂,千头万绪,往往出现"万事俱备,只欠东风"的情况。

(华罗庚《统筹方法》)

"万事俱备,只欠东风",《三国演义》赤壁之战中故事。意为周瑜计划火攻曹军战船,一切均已准备停当,但没有东风,计划难以实现。后以此喻指什么都已安排好,只差最后的一个重要条件。这一成语家喻户晓,故出处从略。

(二)暗引。暗引指形式上看不出的一种引用。它引文部分既没有引号,也没有说明何人所说或出自何处。暗引引文的要求不像明引那么严格,只要与原文基本一致即可。暗引由于没有形式标记,如果读者对引文不熟悉,很可能都觉察不出来。暗引与非引文的联系很紧密,彼此已经融合成为一个整体。例如:

⑨ 习近平主席说,正所谓"不要人夸颜色好,只留清气满乾坤"。党员干部加强道德修养,途径方法很多,其中重要的是从中华优秀传统文化中汲取营养,老老实实向人民群众学习,时时处处见贤思齐,以严格标准加强自律,接受他律。

(《平语近人》,《人民出版社》)

这段话中,习近平既明引了元代画家、诗人王冕的《墨梅》诗句,又暗引了《论语·里仁》篇"见贤思齐焉,见不贤而内自省也"。"时时处处见贤思齐"句,已完全觉察不出是引自《论语》,和习近平讲话浑然一体,十分自然。

⑩ 1979年,山本秀夫去日本探亲。消息传开,在同事们的祝贺、羡慕的目光中,各种各样的议论、猜测也飘进他的耳朵。
"山本这一走,怕是黄鹤一去不复返啰。"

(张国荣《他有一颗中国心——记"五一"劳动奖章获得者、中国籍日本人山本秀夫》)

"黄鹤一去不复返",引自唐代崔颢诗《黄鹤楼》:"昔人已乘黄鹤去,此地空余黄鹤楼。黄鹤一去不复返,白云千载空悠悠。晴川历历汉阳树,芳草萋萋鹦鹉洲。日暮乡关何处是?烟波江上使人愁。"

⑪ 广厦千万间　寒士尽开颜
　　琼海村镇建设成绩斐然

[标题 《人民日报》(海外版)]

"广厦千万间 寒士尽开颜",引自唐代杜甫诗《茅屋为秋风所破歌》:"自经丧乱少睡眠,长夜沾湿何由彻!安得广厦千万间,大庇天下寒士俱开颜,风雨不动安如山。"

⑫ 忽如一夜春风来 趵突泉边春花开

(标题 《北京晚报》)

唐代岑参《白雪歌送武判官归京》开头四句为:"北风卷地白草折,胡天八月即飞雪。忽如一夜春风来,千树万树梨花开。"标题为第三句、第四句的引用和活用。

(三) 意引。意引指引文交代了出处,但引用部分没有引号。意引所引文字要求比较宽松,可以与原文一致,也可以大体相同,甚至可以只引述大意;不过都不可背离原意。意引通常是因为读者对所引文字只要知道一个大概即可,无须对原文的语句、提法、语气等进行细致的体会、研究。例如:

⑬ 烧掉房子的事,据宋人的笔记说,是开始于蒙古人的。因为他们住着帐篷,不知道住房子,所以就一路的放火。然而,这是谎话。

(鲁迅《关于中国的两三件事》)

⑭ 在李公朴同志被害之后,警报迭起,形势紧张,明知凶多吉少,而闻先生大无畏地在群众大会上,大骂特务,慷慨淋漓,并指着这群败类说:"你们站出来!你们站出来!"

(臧克家《闻一多先生的说和做》)

⑮ 巴老九四初度之际,我读到寿登九二的文化老人黄源谈巴金的文章。黄老说,巴金是个十分重友谊、重情义的人。他俩建立文学因缘始于 30 年代初期,尽管后来走的路不完全一样。

(陈菲《涛声依旧》)

以上例子中的"意引"文字,都是作者转述的话。也有些意引的重要语句仍引用原文。例如:

⑯ 其实,有"三把火"总比没有"三把火"好。范仲淹在《岳阳楼记》中提到的那个滕子京,贬官到巴陵,本可以忘情于山水,悄然以终,但他却"不以物喜,不以己悲",不忘上任后的"三把火"。于是"越

明年,政通人和,百废俱兴"。他的谋政精神,不仅感动了范仲淹,就是在今天,不也被人们广为称道吗!

(李志远《"三把火"别议》)

此例中的"三把火"是文章题目中的词语,其他引号内的文字,如"不以物喜,不以己悲","越明年,政通人和,百废俱兴",都是《岳阳楼记》原文中的句子。

三、正引和反引

(一)正引。正引是作者肯定、赞同的话语、文字。前面所举的例子都是正引。再例如:

⑰ "不懂就是草,懂了变成宝。"这是山区采药人常讲的一句话。这话,饱含着生活的哲理。

(秦牧《足下之宝》)

(二)反引。反引又称"翻引"。反引是作者否定、不赞同的话语、文字,其中有的是作者提出来要加以分析、批评的错误认识,或予以揭露驳斥的荒谬言论。例如:

⑱ "我的劳动所得,我愿怎么花就怎么花,你管得着吗?"

啊哟哟,同志,何必那么生气?我们并不是吝啬鬼,并不是那种临死的时候看见点两根灯草就闭不上眼睛的人,适当地改善自己的生活,有节制地满足自己合理的物质要求,岂但"你管得着吗",而且是顺乎天理、合乎人情的。我们只是认为:无节制地信手乱花,即使是自己的劳动所得,也是有悖于节约精神的。

(马铁丁《俭以养德》)

"我的劳动所得……你管得着吗",是文章提出来要加以分析的一种错误论调。"临死的时候……闭不上眼睛的人",指《儒林外史》中的人物严监生,这是一个吝啬鬼的典型。他临终时见油灯中点着两根灯草,伸出两个指头,不肯咽气。后来家人明白了他的意思,灭了一根灯草,他这才死去。文章引文是一种否定性的暗引。

⑲ ……不道国民党政府却在十二月十八日通电各地军政当局

文里,又加上他们"捣毁机关,阻断交通,殴伤中委,拦劫汽车,攒击路人及公务人员,私逮刑讯,社会秩序,悉被破坏"的罪名,而且指出结果,说是"友邦人士,莫名惊诧,长此以往,国将不国"了!

好个"友邦人士"!日本帝国主义的兵队强占了辽吉,炮轰机关,他们不惊诧;阻断铁路,追炸客车,捕禁官吏,枪毙人民,他们不惊诧。中国国民党治下的连年内战,空前水灾,卖儿救穷,砍头示众,秘密杀戮,电刑逼供,他们也不惊诧。在学生的请愿中有一点纷扰,他们就惊诧了!

(鲁迅《"友邦惊诧"论》)

"捣毁机关……悉被破坏""友邦人士……国将不国"都是反引,是文章痛加驳斥的谬论。

四、引用的修辞作用

(一)议论文字引用某些有说服力的、权威性的语言材料,可以使论述充分展开,论据坚实有力。例如:

⑳ 我们中国人是有骨气的。

战国时代的孟子,有几句很好的话:"富贵不能淫,贫贱不能移,威武不能屈,此之谓大丈夫。"意思是说,高官厚禄收买不了,贫穷困苦折磨不了,强暴武力威胁不了,这就是所谓大丈夫。大丈夫的这种种行为,表现出了英雄气概,我们今天就叫做有骨气。

(吴晗《谈骨气》)

"我们中国人是有骨气的",这是这篇文章要论述的论题,如何进行论述呢?"骨气"这个词比较抽象,论述很容易流于空泛,所以文章第一段提出论题后,紧接着第二段就引用了孟子的话"富贵不能淫,贫贱不能移,威武不能屈,此之谓大丈夫",这就使"骨气"具体化了。整篇文章所论述的不同时代的一些"有骨气的人","我们是有着优良革命传统的民族",就是以此为线索展开的。引用在这篇文章里起到了穿针引线、开拓议论的作用。

㉑ "风声、雨声、读书声,声声入耳;
家事、国事、天下事,事事关心。"
这是明代东林党首领顾宪成撰写的一副对联。时间已经过去三百六十多年,到现在,当人们走进江苏无锡"东林书院"旧址的时候,还可以寻见这副对联的遗迹。

……

既要努力读书,又要关心政治,这是愈来愈明白的道理。古人尚且知道这种道理,宣扬这种道理,难道我们还不如古人,还不懂得这种道理吗?无论如何,我们应该比古人懂得更充分,更深刻,更透彻!

(马南邨《事事关心》)

这篇文章主要论述应该把努力读书和关心政治紧密结合起来,同时批评"片面地强调读书,而不关心政治,或者片面地强调政治,而不努力读书"的错误。文章一开头先引用明代顾宪成撰写的一副对联,这就使论述具有高屋建瓴之势,因为古人尚且知道"既要努力读书,又要关心政治"的道理,我们就应该"懂得更充分,更深刻,更透彻"。无论是正面的阐述或者是对片面认识的批评,都像顺流而下,不可阻挡,显示出强大的逻辑力量。

㉒ 总之,人们的才能主要是由勤奋努力学习得来的。所以牛顿说:"天才就是思想的耐心。"爱迪生说:"天才,是百分之一的灵感加百分之九十九的血汗。"门捷列夫说:"终身努力便是天才。"高尔基说:"天才就是劳动。"古人曰:"锲而舍之,朽木不折;锲而不舍,金石可镂。"也是说的这个道理。

(钱伟长《才能来自勤奋学习》)

这篇文章主要论述才能来自勤奋学习。作者在充分的分析说理以后,在文章的最后部分又引用了古今中外许多名人的论述。他们勤奋终身,这是实践的宝贵总结,闪耀着智慧的光辉,引用把人们的认识又带上了一个新的高度。

(二)描述文字运用引用修辞格,尤其是引用美丽的传说、优美的诗歌等,可以丰富情景,使语言更具文采。例如:

㉓ 西陵峡比较宽阔,但是江流至此变得特别凶恶,处处是急流,处处是险滩。船一下像流星随着怒涛冲去,一下又绕着险滩迂回浮进。最著名的三个险滩是:泄滩,青滩和崆岭滩。初下泄滩,看着那万马奔腾的江水,到这里突然变成千万个漩涡,你会感到江水

简直是在旋转不前。"江津号"剧烈地震动起来。这一节江流虽险,却流传着无数优美的传说。十一点十五分到秭归。秭归是楚先王熊绎始封之地,也是屈原的故乡,后来屈原被流放到汨罗江,死在那里。民间流传着:屈大夫死日,有人在汨罗江畔看见他峨冠博带,骑一匹白马飘然而去。又传说:屈原死后,被一条大鱼驮回秭归,终于从流放之地回到故乡。

(刘白羽《长江三峡》)

这一节是写由西陵峡到秭归的所见所闻。作者的笔墨并没有局限于描述沿江的景色,而是也记叙了当地有关屈原的传说。人们的思绪被带回到两千多年以前,缅怀这位伟大爱国诗人坎坷而光辉的一生。它拓展了游记的空间,增加了思想的厚度。文章原来呈现在人们眼前的,多为急流、险滩、旋涡等惊险画面,这里引入关于屈原美丽而动人的故事,文字色调也显得瑰丽多彩。

㉔ 唐代诗人王维的《九月九日忆山东兄弟》这首诗,一千多年来脍炙人口,每逢佳节,离乡游子,谁不在心里低徊地背诵着:

独在异乡为异客,
每逢佳节倍思亲。
遥知兄弟登高处,
遍插茱萸少一人。

(冰心《每逢佳节》)

这篇散文表达了每逢佳节对海外亲人的思念,并且以此为线索,叙说与海外华侨、游子相逢时的热烈场面,叙说他们爱国思乡的情景。文章开头引用了王维《九月九日忆山东兄弟》一诗,由此引出具体的内容,结构上新颖巧妙。尤其是诗句那深沉的情感更传达了海外同胞的心声,表现了祖国亲人和海外同胞之间的浓浓亲情。

㉕ 那些新芽,条播的行列整齐,撒播的万头攒动,点播的傲然不群,带着笑,发着光,充满了无限生机。一颗新芽简直就是一颗闪亮的珍珠。"夜雨剪春韭"是老杜的诗句吧,清新极了;老圃种菜,一畦菜怕不就是一首更清新的诗?

(吴伯箫《菜园小记》)

这篇散文写的是40年代初在延安蓝家坪种菜的情景。这一段文字是对瓜菜新芽的描述。文中引用了杜甫诗句,它出自《赠卫八处士》:"夜雨剪春韭,新炊间黄粱。"作家说杜甫诗句"清新极了",而一畦菜"怕不就是一首更清新的诗",表现了作家对自己劳动成果的喜悦之情。整个文字更显得活泼风趣,色彩斑斓,富有动人的艺术魅力。

(三)直接引用有关人物的话语,往往可以表现出说话人的语气、神情,使人有更真切的感受。例如:

㉖ 再说,我们这些拿笔杆子的人,不免经常收到读者来信,他们提出的问题,话并不多,但范围大得惊人:"请问,怎样才能把意思完美地表达出来?""你们运用文学语言的经验是怎样的?"等等,等等。接到这些信的时候,我时常感到"头大如斗",只好苦笑。不答吗,他们是很诚恳来提问的;回答吗,一个人又哪有功夫写几万字、几万字一封的信来回答!况且,自己又是所知无多呢!腾出时间写这么一本小书,就可以督促自己进行学习,并算做对这部分读者的总的回答了。

(秦牧《语林采英·后记》)

这一段是作家说他为什么要写《语林采英》。其中引有两位读者来信中的话:"请问,怎样才能把意思完美地表达出来""你们运用文学语言的经验是怎样的",问得那么恭敬,那么恳切,正是为了不让这些读者失望,才促使作家来写这本书。如果不引用原话,改用作家自己的转述,恐怕读者那份期盼的心情就不容易表达出来了。

值得注意的是,现在有些新闻尤其是社会新闻的标题常常直接引用有关人物的语言,效果很好。例如:

㉗ 10岁男孩从烈火浓烟中救出30多位邻居,但面对遭灾的家园——江皇宏:我宁愿不出名

(《文摘报》)

㉘ 被确诊为癌症中晚期时她作出了捐献遗体的决定
让他们延续我的生命

(《北京晚报》)

㉙ 因患白血病受到北京人关爱的小耀作想要寻找一位好心人——

胖叔叔您在哪儿?

(《北京晚报》)

㉚ "我们生意火着呢" "一元"擦鞋并未失踪

(《北京晚报》)

以上标题如果改用客观的叙述语言,就不会那么真切感人,就会失去原有的情味。

第十一节　模　糊

一、什么是模糊

所谓模糊修辞,就是在语言交流中因不能、不便、不愿或不必明确清晰地表达时,自觉地、刻意地选用模糊的、意义宽泛的、界限边缘不清晰的词语或表述,以达到非准确、非清晰、非鲜明,或表面上非准确、非鲜明而实际上却是可以理解意会的表达效果,造成语言交流中意思的模糊性、不确定性以及话语的弹性,给接受者留下回味思考的余地和想象空间的表达手法。

一般来说,修辞是为了提高表达效果,但表达的"效果"不应仅仅是或者说不能局限于准确、鲜明、生动,也包含着接受者的接受和感悟程度、交流双方的契合度。也就是说,通过表达者的表达和接受者的被说服,除了明确、认同交流的信息以外,还包含着促使交流双方的理解和融洽,和谐与和睦,或者心有灵犀一点通。这样看来,人际间的交流除了清楚明确外,在某种语境中也需要亦此亦彼、似此似彼的模糊,说不定这种模糊还能达到更好的表达效果。表达者自觉有意地运用模糊修辞手法来提高或取得自己所希望的模糊的表达效果,并不是消极的,而是要达到互相理解、减少矛盾、缓和气氛、规避冲突、保护自己、安抚对方以及和谐和睦的目的。这在语言的交流中也是必要的。

模糊修辞手法,古已有之。《论语·宪问》篇,就有这样的记载:

① 或问子产,子曰:"惠人也。"问子西,曰:"彼哉! 彼哉!"

对子产,孔子明确地称赞;对子西呢,孔子没有正面回答,只用了模糊的表述"彼哉! 彼哉",让问话人自己去想吧。

《史记·留侯世家》中写道:

② 　　良尝闲从容游下邳圯上,有一老父,衣褐,至良所,直堕其履圯下,顾谓良曰:"孺子,下取履!"良愕然,欲殴之,为其老,强忍,下取履。父曰:"履我!"良业为取履,因长跪履之。父以足受,笑而去。良殊大惊,随目之。父去里所,复还,曰:"孺子可教矣。后五日平明,与我会此。"良因怪之,跪曰诺。

　　五日平明,良往。父已在先,怒曰:"与老人期,后,何也?"去,曰:"后五日早会。"

　　五日鸡鸣,良往。父又在先,复怒曰:"后,何也?"去,曰:"后五日复早来。"

　　五日,良夜未半往。有顷,父亦来,喜曰:"当如是。"出一编书,曰:"读此则为王者师矣。"……旦日,视其书,乃《太公兵法》也。

这段文章里的"平明",是老父为考察张良而规定的时间,张良按照自己所理解的"平明",去了一次又一次,直到"夜未半往",去等老父。文中的"旦日",也是一个模糊的时间词。

随着社会的发展,文明的进步,人们的生活既丰富多彩,也复杂多变。在人际交往中,模糊修辞也越来越有实用意义。自觉恰当地运用模糊修辞手法,可以起到人与人之间的润滑剂和调和剂的作用。例如:

③ 　　白嘉轩问:"老三,今黑咧吃啥饭?你想吃啥我给你做啥。哈!你再尝尝兄弟我做的饭!"

　　鹿三也呵呵笑着朗声说:"随便。你做啥我吃啥。"

　　　　　　　　　　　　　　　　　　(陈忠实《白鹿原》)

这里的"随便"是个很模糊的回答,白嘉轩无法知道鹿三到底要吃"啥"。鹿三这种模糊的表达"随便",将两个人的关系亲密地融合到一起。在我们日常生活中,如果表达者说"随便",虽然表示了人与人之间关系的亲密、和睦,也会令接受者颇费脑筋:随便,最不好办!

④ 　　"一家人家生了一个男孩,合家高兴透了。满月的时候,抱出

来给客人看,——大概自然是想得一点好兆头。

"一个说:'这孩子将来要发财的。'他于是得到一番感谢。

"一个说:'这孩子将来要做官的。'他于是收回几句恭维。

"一个说:'这孩子将来要死的。'他于是得到一顿大家合力的痛打。

"说要死的必然,说富贵的许谎。但说谎的得好报,说必然的遭打。你……"

"我愿意既不谎人,也不遭打。那么,老师,我得怎么说呢?"

"那么,你得说:'啊呀!这孩子呵!您瞧!多么……阿唷!哈哈!Hehe! He,hehe hehe!'"

(鲁迅《野草·立论》)

鲁迅先生的"您瞧!多么……阿唷!哈哈!Hehe! He,hehe hehe!",是绝妙的模糊修辞手法,绝妙的模糊表达。这孩子怎样?——"您瞧!多么……哈哈……hehe"而已。

二、模糊修辞手法的类型

(一)利用自然语言中中心含义明确、外延边界不分明、不清晰、意思宽泛的模糊词语。例如:

⑤ 金正恩即将访俄。

(中央电视台综合频道《朝闻天下》)

该新闻中的"即将",当然是朝方为保密起见而用的模糊修辞,它勾起了多少政要、多少国家的关注,也勾起了多少新闻记者的企盼,吊起了多少人的胃口。朝鲜用"即将"这一模糊的时间词,取得了最有效、最鲜明的宣传效果。

⑥ 我马上就到公司门口了。

这是公共汽车上一位女士给她的上司打电话时说的话。可是打完电话后,汽车已经过了三四站了,该女士还没下车,这个"马上就到"的"马上",是多长时间,真的已经很模糊了。"马上"对于该女士自己是个安慰,对于公司领导是善意的欺骗还是马上有人干活的指望?这些都有可能。

⑦ 晨尿是几点钟的尿？是早晨五六点还是七八点？到底是早晨几点？

（一位女工程师问医生）

这类表达时间的模糊词语还有很多，如"拂晓、黎明、傍晚、夜间、老年、中年、青年、一会儿、过两天、从前、现在、最近、前不久、尽快"等，都可以用于模糊修辞。

⑧ "某些原因""有关部门"难倒了我这个当翻译的

（标题 《扬子晚报》）

⑨ 哪些官话套话你最反感？ "高度重视""亲自过问"当选

（标题 《扬子晚报》）

其他还有"按照法律程序，该怎么办就怎么办"，"将会同有关部门，正在研究"，"下一步将协调"，"正在进行"。

以上这些模糊修辞中的词语，也可以作为推诿和逃避责任的遁词。

（二）利用描述性的模糊词语，去创造语言美、文学美。例如：

⑩ 他长着一副微黑透红的脸膛，稍高的个儿，站在那儿，像秋天田野里的一株红高粱那样的淳朴可爱。

（魏巍《谁是最可爱的人》）

这是魏巍笔下一个可爱的志愿军战士的形象，他脸是"微黑透红的"，个儿是"稍高"的。"稍高"到底有多高呢？是一米八还是一米九？这里如果用精确的数字来表达，反而索然无味了。但是用"稍高"来描述，就可以让读者去想象年轻战士的可爱和健壮美。

⑪ 老渔民长得高大结实，留着一把花白胡子。瞧他那眉目神气，就像秋天的高空一样，又清朗，又深沉。

（杨朔《雪浪花》）

杨朔文中的老渔民已经七十多岁了，作家用眉目"清朗""深沉"、身材"高大结实"创造了一位文学美艺术美的劳动者的形象。法国诗人马拉美说："过分精确的意义，会使你的模糊文学变得面目全非。"（转引自伍铁平《模糊语言学》）

⑫"小栓进来罢!"华大妈叫小栓进了里面的屋子,……他的母亲端过一碟乌黑的圆东西,轻轻说:"吃下去罢,——病便好了。"

(鲁迅《药》)

"乌黑的""圆"东西,作者用了这模糊的词语来描写,给读者留下了很大的想象空间。

⑬ 山色逐渐变得柔嫩,山形也逐渐变得柔和,很有一伸手就可以触摸凝脂似的感觉。

(碧野《天山景物记》)

"柔嫩""柔和""凝脂"这类模糊词描写的天山,让我们从中去感受、体味横亘在新疆南部大地的天山的柔美和可爱,这种感受的"感",也是不容易说清楚的。

描述性的模糊词语所创造的语言美,文学的模糊美、艺术美,可以让读者尽情去琢磨、去思考、去想象。想象是文学创作的翅膀,是作者和读者共同创作并完成作品的凭借。

(三) 利用意思不确定、宽泛且无法确指的语句,造成一种让人似乎明白、能够领悟但又无法确切认定的表达效果。例如:

⑭ 邓小平说,让一部分人先富起来。

"一部分人",是多大范围?"先富起来","富"的标准是什么?这是不好确切的认定,但我们都明白、能领悟邓小平的想法,按照他说的去做,争取先富起来。

⑮ 你说,你"曾经有过……"
　　愿你不在"有过"中眷念旧情,
　　要在"有过"中思考未来的模型。

(杨少华《爱情哲理诗·失恋集》)

"曾经有过"什么?这只能让读者去联想、去补充了。

⑯ "小李,你最近在写什么?"
　　"写一篇东西。"小李回答得既干脆又巧妙。

"写一篇东西",多么清楚又多么令人捉摸的回答,多么模糊又多么高明的表达!

⑰　　我所预期的打击果然到来。双十节的前一晚……局里的信差交给我一张油印的纸条。……印着的就是——

　　奉局长谕史涓生着毋庸到局办事……

　　……但我的心却跳跃着。那么一个无畏的子君也变了色,尤其使我痛心;她近来似乎也较为怯弱了。

　　"那算什么。哼,我们干新的。我们……"她说。

(鲁迅《伤逝》)

子君的"新的"是什么?"我们……","我们"该怎么办?不清楚,无法确定。

曹雪芹已深谙这种表述的力度,他写《红楼梦》中林黛玉死前:

⑱　……猛听黛玉直声叫道:"宝玉!宝玉!你好……"说到"好"字,便浑身冷汗,不做声了。

(《红楼梦》第九十八回)

黛玉这一声"你好……",叫人揪心,令人心痛。曹雪芹刻意用"你好……"这样的句式,进行模糊表达,此时无声胜有声。

其他如:

⑲　A:去哪儿?

　　B:出去一下。

⑳　A:最近怎么样?

　　B:忙着哪。

㉑　A:请问你买点什么?

　　B:随便看看。

这些问答也是用意思宽泛的语句来进行交流,意思模糊不明确,甚至无法确定。

(四)以抽象、笼统的一般性词语,如"这样、那个、如此、几乎、基本上"之类,来代替具体的表述。

例如:

㉒　安娜:哎,你看这件外套怎么样?

　　玛丽:哇!这件也太那个了吧?

(刘德联、刘晓雨编著《中级汉语口语1》,北京大学出版社)

"太那个了","那个"什么呢？好？土气？时髦？贵？便宜？"太那个"的模糊表达,自己去捉摸吧!

㉓ 方达生:竹筠,怎么你现在会变成这样?
陈白露:这样什么?
方达生:呃,呃,这样地好客,——这样地爽快。

(曹禺《日出》)

方达生对陈白露的行为心里不满意,又不便直说,只好说"变成这样"。"这样"是什么样？后边方达生被白露逼问的回答"这样地好客"的"这样",也是模糊的表述,但与"变成这样"的"这样",意思已有所不同。

㉔ 但忽然得到一个可靠的消息,说柔石和其他二十三人,已于二月七日夜或八日晨,在龙华警备司令部被枪毙了,他身上中了十弹。
原来如此……

(鲁迅《为了忘却的记念》)

作者在那白色恐怖的环境里,只能用"原来如此"进行概括地表达,虽然简短笼统,但读者还是能体会到作者那极度悲愤的心情的。

㉕ ……窥探舱里,不很分明,她像是捆了躺在船板上。
"可恶！然而……。"四叔说。
……
"阿呀阿呀,我真上当。我这回,就是为此特地来说说清楚的。……这回我一定荐一个好的来折罪……。"
"然而……。"四叔说。

(鲁迅《祝福》)

以上㉓、㉔、㉕例句中,都用一般性的词语"那个、这样、如此"进行笼统而模糊地表述。例㉕中(鲁)四叔的"然而"是个抽象的连接词,"然而"什么？让读者去想吧。

㉖ 我饿了,给我做点什么吃的吧。

例㉖"做点什么"呢？这"什么"真不知道该是什么,用的也是模糊修辞的表述。但真的要去"做"的话,应该还是能清楚的。

三、模糊修辞的作用

（一）在人际交往中，有些事是我们不便、不愿、不能也不必告知别人的，这时我们往往自觉地运用模糊修辞手法来保护自己，进行交流。例如：

㉗ A：你一个月挣多少钱？
　　B：没多少，够花的。
㉘ A：你多大了？
　　B：你看呢？
㉙ 问某演员：你的工资是多少？
　　该演员回答：演员的工资是由观众决定的。
㉚ 妈妈：你出去干嘛？
　　孩子：我出去有事。
㉛ 让最强者继承。

（《这些古欧洲政要死于瘟疫之手》，《扬子晚报》）

马其顿国王腓力二世之子亚历山大(公元前356年—公元前323年)曾先后统一希腊全境，横扫中东，占领埃及全境，荡平波斯，大军开到印度河流域，只手建立了横跨欧亚的亚历山大帝国，却于公元前323年6月13日在巴比伦离世，后人考证他死于传染病。他死时并未留下帝位的合法继承者，只含糊说"让最强者继承"。强的标准是什么？何谓最强？"最强者"就是模糊的表述。于是在他死后，发生了一系列的战争，他的母亲、妻子和孩子都横遭杀身之祸。

（二）回避话锋，缓和矛盾，使双方和睦。例如：

㉜ 拉斐尔说："在我们那里看歌剧，可见不到这么年轻的观众。"

（刘立祥《演讲的艺术》）

2013年1月12日19点30分，上海东方艺术中心歌剧厅，意大利卡塔尼亚市市长拉斐尔率团来华演出的歌剧《茶花女》正待开演，一阵孩子的啼哭声打破了剧场的宁静肃穆。不得已，乐手们只好放下已经拿起的乐器，等待剧场恢复安静才正式开始。演出结束后，记者就"小孩啼哭致演出推迟"一事,请拉斐尔谈谈看法。拉斐尔对记者提出的问题,作了上述模糊的回答,他巧妙地回避了话锋,既没有让东道主难堪,又保持了意大利歌剧表演的尊严,达到了和谐和睦的效果。

㉝ 在上海世博会期间,杨澜采访了新加坡总理李光耀。李谈到投资的法制环境很重要。他说:"说句得罪人的话,虽然中国已立法保护合法的私有财产,但现在有不少的中国有钱人还是选择把相当一部分财产存在新加坡。"杨澜追问:"那您是希望中国进一步完善法制,让老百姓安心把钱存在国内呢,还是宁可他们有顾忌,继续把钱存在新加坡呢?"已经80多岁的李光耀反应灵敏,他探着身子两眼盯着杨澜,面露狡黠地说:"你猜。"

(杨澜《一问一世界》)

李光耀的心思是不言而喻的,但他用"你猜"这种模糊的表述,两方都不得罪。

(三)在外交场合,有时也要用模糊的修辞手法,达到既能表达、坚持自己的原则立场,又不损害彼此之间的关系的目的。例如:

1972年2月,周恩来总理举行盛大宴会,欢迎尼克松总统访华。席间,周恩来总理致辞,在回顾中美关系时,他说:

㉞ "由于大家都知道的原因,两国人民之间的来往中断了20多年。现在,经过中美双方的共同努力,友好往来的大门终于打开了。"

(《周总理在欢迎尼克松总统宴会上的祝酒辞》,《人民日报》)

这一段话是周总理在特定的条件下,把不便直言的、忌讳的事巧妙地表达出来,笼统的"大家都知道的原因",是表达者和接受者都清楚的。总理灵活机智地表明了中国的立场和态度,不失大国风范,又不使在场的美国人感到尴尬和难堪。

(四)模糊修辞可以给人以希望、向往和诱惑,达到积极的表达效果。例如:

㉟ 我们会很快通知他的。

(胡银芳《英雄大爱》,华夏出版社)

邓稼先在参加"两弹"工作时,完全不能顾及家里。他老母亲病危时,也正是他在大漠研制最紧张的时刻。妻子许鹿希给邓稼先单位的领导打电话,希望他能与老母亲见上一面,单位领导回话说:"我们会很快通知他的。""很快通知"的"很快"是多长时间,什么时候,都非常模糊。但这"很快"给许鹿希以希望和期盼,达到了表达者和接受者所要的积极效果。

⑯ 朱先生正准备开学大典,被来人(寻牛的人)纠缠得心里烦厌,然而他修养极深,为人谦和,仍然喜滋滋地说:"牛在南边方向。快跑!迟了就给人拉走了。"那青年农民听罢转身就向南跑。

(陈忠实《白鹿原》)

"南边"是笼统的大方向,但给寻牛人以激励和希望。巧的是他果然在南边找到了他的牛和这头牛刚生下的小牛犊。

⑰ 过几天你女儿就回来了。

(电视剧《星火云雾街》第17集)

剧中匀城商人赵启泰要挟其对手大茶商卢家的薛管家,绑架了薛的独生女。薛为了赎回女儿而出卖卢家,说出了足以让卢家破产的金库的秘密,赵启泰这才答应放回薛的女儿。这是赵对薛当面说的话。赵用"过几天"这模糊的词语,给薛管家以引诱和希望。

(五)在法律条文、法令法规、条例条令之类的公文里,也可以用外延宽泛、界限边缘模糊、概括性强的词语进行表述,作为执行者根据实际情况处理或裁决的依据。例如法律上使用的"从重、从轻、从宽、从严,酌情、数额巨大、主要责任、次要责任、不低于、类似""肢体冲突"等。

⑱ 2010年国家曾公布了一个《新拆迁条例》征求意见稿,规定明确了"补偿金额不得低于被征收房屋类似房地产的市场价格"。

(《扬子晚报》)

"'类似房地产的市场价格',是指房产交易市场报备的交易价格还是中介挂牌价格",没说清楚,有一定的模糊性,有操作的空间。

再如,一些食品、医药安全的法规条例中说到的制作标准,也有一定的解释空间。例如:

㊴ 奶茶里没有奶

(马冠生《网红食品　严防"红与黑"的转换》,《光明日报》)

我国《茶饮料》国家标准(GB/T21733—2008)中将"奶茶饮料和奶味茶饮料"定义为:以茶叶的水提取液或其浓缩液、茶粉等为原料,加入乳或乳制品、食糖和(或)甜味剂、食用奶味香精等的一种或几种调制而成的液体饮料。尽管该标准对奶茶的蛋白质的含量有要求($\geqslant 0.5\%$),但乳或乳制品仍然只是多种可选配料中的一种,并不是硬性要求,因此由于现制奶茶缺少明确的标准,就出现了"奶茶里没有奶"的尴尬局面,同时增加了商家的可操控空间。

同样的问题还有"燕麦奶"。

㊵ 一些"燕麦奶"是燕麦加水、加酶等混合磨制而成,而非燕麦加牛奶。

(《燕麦奶成白领新欢》,《扬子晚报》)

(六)一些广告用语,常常用模糊修辞进行夸大宣传,诱导消费者。如"世界一流""设计完美""别具一格""遥遥领先""自制""特制""传统秘方"之类。这类模糊词语可以用来保护自己的权益,还可以用来规避责任或安抚对方。但是也可以因此而受到处罚。例如:

㊶ "遥遥领先"宣传语失实　瓜子二手车被罚1250万元

(标题　《扬子晚报》)

报道中说,(2018年)11月30日,北京市工商局海淀分局公布,认定瓜子二手车在广告宣传中使用的"创办一年,成交量就已遥遥领先"宣传语缺乏事实依据,与实际情况不符。该分局责令瓜子公司停止其广告宣传,并在相应范围内消除影响,同时罚款1250万元。

模糊修辞,在当今社会的语言交流中,已越来越多地被人们所关注、所使用,我们运用它,丰富它,可以取得更全面、更积极的表达效果和交流效果,同时,模糊修辞也可以在和谐我们的社会、融洽我们人与人之间的关系方面起到一些积极的作用。

思考与练习八

一、什么是仿词？相类仿词与相反仿词有什么不同？请举例说明。

二、什么是顶真？请举例说明。

三、什么是拈连？请举例说明。

四、什么是回文？请举例说明。

五、什么是引用？请举例说明。

六、什么是模糊修辞？请举例说明。

七、下面句子中加着重号的地方运用了什么修辞格？请分析其修辞效果。

(1) 这孩子人小心不小，好好培养，将来是个人才。

(2) 他太忙了，忙得饭都顾不上吃。

(3) 我站在湖边上，望着四周险峻的峰峦，清澈幽深的湖水，想象一百万年前，火山着魔似的突然一声震天巨响，地心里的水汹涌而出："高峡出平湖"！

(4) 别看他眼睛那么近视，可思想上一点也不近视，看问题敏锐得很，和他熟悉的人对他都很佩服。

(5) 语言美是精神文明的重要内容，可是有些人满嘴脏话，简直是"语言丑"，这和作为礼仪之邦的中国人身份极不相称。

(6) 药补不如食补，食补不如神补（指精神愉快）。

(7) 英国著名科学家牛顿有一句名言："假若我能比别人瞭望得略为远些，那是因为我站在巨人的肩膀上。"为给人民多培养数学科学人才，华罗庚愿意让青年人站在他的肩膀上，更快地向高峰攀登。

(8) 现在有些地段的人行道被小摊贩和乱停乱放的车占了，又脏又乱，真是人行道上难行人。

八、填空（每一空格填写一个词语）：

(1) 他们说那是群众运动，人们讥讽说，其实是_____群众。

(2) 在日常生活中，我们年轻人交友要慎重。做到既_____，又交善友。

九、下面句子中加着重号的地方分别运用了修辞格"仿词"和"引用",请简要分析其修辞效果:

(1) 改革前,我们厂的"安全科"只有几名老弱病残,人们说"安全科"成了"安置科",现在改变了。

(2) 俗话说:"一寸光阴一寸金,寸金难买寸光阴。"年轻人要珍惜青春年华,抓紧时间,努力学习上进啊!

十、就下面的"光明时评"谈谈你的看法。

据媒体近日报道,江苏南京警方抓获涉嫌"利用航班延误实施保险诈骗"犯罪的李某。自2015年以来,李某用亲戚朋友的身份证件,专门购买可能会因天气原因而延误的航班机票及其延误险,如果其所购机票的航班飞机起飞,达不到延误险理赔条件,李某就退掉机票。靠对航班及航路天气分析,李某累计骗取保险理赔金高达300多万元。

李某的行为是否构成犯罪,构成什么罪名的犯罪,法律界争议颇大。有律师指出,李某是利用合同约定以及航班延误的事实,争取合同利益,行使赔偿权利的正当行为。

不过,从与上述观点相对立的法理铺陈来看,"李某的'虚构事实或隐瞒真相'的行为,并非是其购买机票和延误险的行为,而是其'非以乘机为目的买延误险获利'的购买行为。非以乘机为目的,航空运输合同就失去了成立的理由,其附加于航班的延误险也同样失去了合同成立的理由。因此,'非以乘机为目的'就是此罪构成中的'虚构'和'隐瞒'"。

(盛星北《非以乘机为目的买延误险获利难脱罪》,《光明日报》,有改动)